잠깐,
멈춰서,
생각

잠깐,
멈춰서,
생각

2016년 3월 10일 초판 1쇄 인쇄
2016년 3월 18일 초판 1쇄 펴냄

지은이 정상근

편집 최연순 오순아 신성식 박보람 노희선
디자인 가필드
마케팅 박소영 정세림

펴낸이 윤철호
펴낸곳 ㈜사회평론

등록번호 10-876호(1993년 10월 6일)
전화 02-326-1182(영업), 02-326-1185(편집)
팩스 02-326-1626
주소 서울시 마포구 성산동 114-10
이메일 editor@sapyoung.com

ISBN 978-89-6435-815-3 03100

문득 바쁜 내 삶이 무의미하게 느껴질 때

잠깐,
멈춰서,
생각

정상근 지음

사회평론

"대학만 가면 되는 줄 알았는데, 뭐가 이렇게 산 넘어 산인지 모르겠네요."
"나를 지키며 일하고 싶었는데, 점점 포기하게 되는 것 같아요."
"학생 때는 직장에서 돈만 벌면 되는 거라고 생각했는데, 막상해 보니 그게 아닌 듯…"

오랜만에 만난 후배들이 털어놓은 이야기입니다. 어떻게 해서든 위로의 말을 건네고 싶었지만, 머릿속에는 드라마 〈다모〉의 유명한 대사가 맴돌았습니다.

"아프냐…나도 아프다."

여러 인문학 책에서 이야기하듯이, 인생은 고난의 연속입니다. 어쩌면 어떤 상황에서도 불만을 만들어내는 인간의 본성이 고통의 본질인지도 모르겠습니다. 하지만 이유야 어쨌든 살아간다는 것은 결코 쉬운 일이 아닙니다.

20대의 저를 떠올려보면 다시는 돌아가고 싶지 않을 만큼 힘들 때가 많았습니다. 큰 포부를 안고 학문의 세계에 들어왔지만, 불확실하고 막연한 미래가 계속해서 저를 괴롭혔습니다. 상아탑의 순수함을 추구하기보다 잡 마켓job market에서 어떻게 살아남을 것인지를 늘 고민해야 했으니까요. 대학원 공부를 하면서 동시에 생계를 위해 늦게까지 학원 강사도 해야 했습니다. 이쯤 되니 문득 이런 생각이 들더군요. "내가 이 짓을 왜 하고 있는가?"

도망치듯 휴학도 했습니다. 돈도 벌고 흥청망청 놀면서 늦잠도 자봤지만 공허함은 끊이지 않았습니다. 외로움 때문에 찾은 사랑은 늘 실패로 끝났습니다. 지금 생각해보면 당연한 결말이었습니다. 내가 채워야 할 내면의 풍성함을 타인에게 채워달라고 구걸한 것에 불과했으니까요. 밥을 먹어도 허기지고, 사람을 만나도 외로웠습니다. 정말이지 그때는 '내 안에 내가 없던 시절'이었습니다.

"영감을 찾는 사람은 아마추어이고, 우리는 그냥 일어나서 일하러 간다." 필립 로스의 소설 『에브리맨』의 한 구절입니다. 전 누군가가 깨워주길 기다리고 있었습니다. 아마추어였던 것이죠.

그걸 깨닫고는 그냥 박차고 일어나서 주어진 일들을 하나씩 처리하기 시작했습니다. 어쩌면 끝없는 방황에서 저를 끄집어내준 것은 '시간'이었을지도 모르겠습니다. 하지만 나이가 든다고 저절로 성숙해지지 않듯이 시간이 모든 것을 해결해주지는 못했습니다.

결정적으로 저를 깨워준 것은 사회학을 공부하면서 배웠던 '인문학적 가치'였습니다. 그것은 단순한 경험을 '인문학적 체험'으로, 무의미를 의미로 바꿔주었죠. 인문학의 다양한 이야기와 개념은 저에게 상황에 휘둘리지 않고 내면을 지키는 것에 대해서, 그리고 작은 것에서도 의미를 발견하고 나를 둘러싼 세상을 해석하는 방법에 대해서 말해주었습니다. 그것을 통해 가장 먼저 나를 이해하고 위로할 수 있었습니다. 나를 향한 이해와 공감은 타인에게 향할 수 있었고, 저의 세계가 조금씩 넓어지고 있다는 것을 느꼈습니다. 에너지를 얻는 방향이 바뀐 것이죠. 세상에서 나로 향했던 에너지의 방향이 내 안에서 세상으로 뻗어나갔던 것입니다.

"영감은 누가 주는 것이 아니라, 내가 깨우는 것이다."

힘들었던 20대에 깨달았던 교훈입니다.

내 안에 내가 없던 시절, 취업도 졸업도 군대도 모두 미뤘습니다. 그래서 31살이라는 뒤늦은 나이에 박사과정을 수료하고 장교로 입대했습니다. 제가 맡은 보직은 공군 본부에서 교육 자료를 만드는 것이었는데, 어느 날 과장님께서 장병들에게 인문학을 가르쳐보자고 제안하셨습니다. 익숙했던 집을 떠나 낯선 사람들과 생활해야 하는 병사들에게 저의 내면을 다듬어 주었던 인문학의 가치를 전해주었습니다. 그리고 사회학을 공부하면서 고민했던 '더 좋은 공동체, 더 성숙한 문화'에 대해 이야기했습니다. 그렇게 강연했던 내용을 다듬어 책으로 출판하게 됐습니다. 우리 사회 곳곳에도 분명 필요한 메시지라고 생각했기 때문입니다.

이 책은 '더 좋은 사회better society'에 대한 고민을 담고 있습니다. 그리고 그 고민에 대한 대답으로 '건강한 개인'과 '성숙한 공동체의 문화'를 제시합니다. 건강한 개인이란 어떤 기원이나 소속으로도 환원시킬 수 없는, 그 자체로 고유한 존재를 의미합니다.

우리는 종종 한 사람을 성별, 학력, 종교, 출생지역, 선배와 후배, 상사와 부하, 심지어는 혈액형이나 별자리로도 구분합니다. 상대방이 어디에 속하는지에 따라 상대방을 대하는 태도가 달라지죠. 그러나 그러한 구분은 단지 그 사람의 특징이나 역할을 나눌 뿐, 태도를 결정짓는 도구가 아닙니다. 바로 이 지점에서 개인에게 도덕적 언어와 자원을 제공하는 성숙한 공동체의 문화가 선행되어야 합니다. 이것이 바로 제가 군대에서 이야기하고 싶었던 '상호존중과 배려의 문화'였고, 우리 사회에 필요한 이야기라고 생각합니다.

영화 〈킹스맨〉에 등장해 화제가 됐던 헤밍웨이(Ernest Hemingway)의 말이 있습니다. "타인보다 더 뛰어나고 우수하다고 해서 고귀한 삶은 아니다. 과거의 자신보다 더 우수한 것이야말로 진정 고귀한 것이다." 단순히 양적인 스펙을 늘리는 것이 아니라, 내적으로 질적인 발전을 이루는 사람들의 삶이 고귀한 삶이며, 그들이 만들어가는 사회가 좋은 사회라고 생각합니다.

어느 때보다 속도를 중시하는 사회에서 각자의 내면을 들여다보고, 더 좋은 사회를 만들기 위해 고민하는 것은 결코 쉬운 일이 아닙니다. 하지만 제 삶에서 무의미를 의미로 만들어 주었던 것은 거창한 슬로건이 아니라, 제 내면과 주변을 돌아보게 해 주었던 순간의 생각들이었습니다.

생각에는 성찰의 힘이 있습니다. 잠깐, 멈춰서, 생각하는 것만으로도 많은 것이 바뀔 수 있습니다. 깊은 사유에는 각자의 내면을, 그리고 우리 사회의 문화를 되돌아보는 성찰의 힘이 있기 때문입니다. 우리는 상처로 얼룩진 나의 내면과 우리의 문화를 치유할 수 있는 유일한 주인공입니다. 그리고 저는 한 걸음씩 우리의 문화를 성숙하게 만들 때, 비로소 우리의 삶도 고귀해질 수 있을 거라고 믿습니다.

부족한 글이다 보니 책이 출간되기까지 많은 분들의 도움을 받았습니다. 가장 먼저 하나님께 모든 감사와 영광을 올립니다. 그리고 사랑하는 우리 가족, 특히 원고를 출판하는 동안 최초의 청취자로, 때로는 공저자로 모든 과정에 도움을 준 아내 박송이에게 감사한 마음을 전합니다. 아울러 책이 출판되는 과정에서 아낌없이 격려해주시고 응원해주신 경희대학교 사회학과 교수님들과 선후배들에게도 감사 인사를 전합니다. 의미 있는 군 생활을 선물해주고 책이 출판될 수 있도록 아낌없이 지원해준 공군본부 정훈공보실 선후배 그리고 동료 여러분들께 감사드립니다. 마지막으로 어려운 출판 시장에서도 과감하게 출판의 용단을 내려주신 윤철호 대표님을 비롯한 사회평론 직원 분들께도 감사드립니다.

2016년 3월

정상근

I 생각 앞에 선 인간

III 함께하는 우리의 품격

I

생각
앞에 선
인간

01

인생,
정답을 찾고 있습니까?

잘 사는 법에 대한 각종 지침서가 넘쳐납니다. 성공에 대한
것이든 행복에 대한 것이든 사람들에게 더 나은 삶을 사는
방법을 알려준다 하죠. 사람들은 언제나 어떤 인생을 살아야
할지 고민하고, 또 더 나은 인생을 살기 위해 답을 찾아 헤맵
니다. 그런데 도대체 더 나은 삶이란 어떤 삶일까요? 좋은 삶
에 대한 정답이 정해져 있을까요? 아마 이런 질문에 답하기
위해서는 내가 무엇을 원하고 어떤 삶을 살고 싶은지를 먼저
알아야 할 것입니다.

함께 읽을 책
『공부논쟁』, 김대식·김두식 공저, 창비, 2014

나를
안다는 것

여러분은 스스로를 얼마나 잘 알고 있나요? 자신이 진정으로 무엇을 원하는지, 무엇을 좋아하고 싫어하는지 생각해봤나요?

요즘처럼 속도를 중시하는 세상에서는 바쁜 일상에 치여 자신의 환경을 돌아보기가 어렵습니다. 내가 어떤 세상에 살고 있고, 어떻게 살아야 하는지 깊게 생각할 여유와 시간을 잃기 십상이죠. 그러다 보니 오랜 고민을 통해 자신만의 삶을 찾기보다 많은 사람들이 선택하고 남들이 좋다고 하는 것을 따라하게 됩니다. 그게 자신에게 실제로 얼마나 의미 있고 좋은 것인지 성찰하지 않죠. 그러다 어느 순간 우리는 내면이 텅 비어버린 자신을 발견하게 됩니다.

이는 한 사람 한 사람의 내면의 문제만이 아니라 우리 사회가 마주한 현실일지도 모릅니다.

『공부논쟁』이라는 책이 있습니다. 이 책은 물리학자 김대식과 법학자 김두식 형제가 한국 학계의 고질적인 문제들을 비판하면서 새로운 공부 환경을 제안하는 내용을 담고 있습니다. 이 책을 관통하는 하나의 주장은 바로 자신만의 생각을 담은 '자기 집'을 지어야 한다는 것입니다.

여기서 자기 집이란 고유한 자기만의 공부 영역, 사고의 독립성, 그리고 새로운 연구 문제를 창출하는 내면의 공간을 의미합니다. 저자들은 현재 우리나라의 학문은 외국의 문제의식과 연구방법론, 심지어 결론까지 똑같이 복제하는, 이른바 학문의 식민화 현상이 지속되고 있으며, 이로 인해 자기 집을 짓기는커녕 남의 집을 짓는 데 기둥 세워주는 처지가 되었다고 말합니다. 용감한 두 형제의 이러한 주장은 왜 그동안 우리나라에서 독창적이고 독자적인 연구가 진행되지 못했으며, 노벨상 수상자를 한 명도 배출하지 못했는지를 잘 설명하는 대목입니다.

스스로를 잘 알고 있는 사람들은 오랜 기간 축적된 자신만의 생각 즉, 자기 집을 가지고 있습니다. 그들은 자신을 잘 알기 때문에, 스스로를 배려하며 감정을 잘 통제합니다. 자신만의 문제의식을 통해 삶에 몰입하는 사람들이죠. 그들은 다른 사람의 집 또한 인정하고 존중합니다. 이를 통해 공감과 소통의 능력을 갖게 되고, 더욱 성숙한 인간으로 자라게 되는 것이죠.

자신을 잘 모르는 사람들이 자존감은 낮으면서도 자존심만 높아지기 쉽습니다. 폭력적이거나 무기력해지기도 하고요. 이러한 사람들은 자기 내면에서, 혹은 외부 세계에서 무슨 일이 일어나는지 스스로 해석하지 못하는 사람일 가능성이 높습니다.

삶의 길을 찾는
두 가지 방법

우리가 자신의 집을 짓는 데 익숙하지 못한 이유 중 하나는 지나치게 연역적인 학습법에 익숙해져 있기 때문입니다. 여기서 잠시 연역적 추론과 귀납적 추론의 차이에 대해 알아보겠습니다. 연역적 추론은 이미 존재하는 전제를 검증하는 논증 방식입니다. 쉽게 설명하자면, "사람은 모두 죽는다"라는 명제를 전제로 현상을 관찰한 결과 정말로 사람이 모두 다 죽는다는 것이 확인되면 그 가설을 채택하고, 그렇지 않으면 기각하는 논리입니다.

반면 귀납적 추론은 경험적으로 결론을 도출하는 논증 방식입니다. 한 사회를 유심히 관찰하다가 많은 사람들이 언젠가 반드시 죽는다는 것을 알게 되면 그제야 "인간은 모두 죽는다"라는 명제를 얻게 되는 것입니다.

또 다른 비유를 살펴볼까요? 여행을 할 때 이미 존재하는 지도를 보면서 길을 찾는 것은 연역적인 방식이고, 자신이 가는 길을 지도로 그리면서 여행하는 것은 귀납적인 방식이라고 할 수 있습니다. 귀납적 방식을 택한 여행자는 모든 여행이 끝난 후에야 완성된 지도를 얻게 되겠죠.

귀납적 방식과 연역적 방식의 차이는 한의학과 서양의학에서 가장 극명하게 드러납니다. 한의학은 개개인의 특성에 초점을 맞춰 개인의 체형과 식습관, 심지어는 잠버릇까지도 고려해 병을 진단하는 반면, 서양의학은 기존에 알려진 병의 증상과 특징에 따라 환자의 질병을 진단합니다. 연역적 방식에 기반을 둔 서양의학이 잘못되었다거나 틀렸다는 의미는 아닙니다. 그저 지식에 접근하는 방식이 서로 다르다는 것입니다.

다만 이러한 추론 과정을 우리의 삶에 무비판적으로 적용할 경우 연역적인 방식은 장점보다는 단점이 더 크게 드러나기 쉽습니다. 새로운 현상에 대한 유연성이나 대응력은 약해지고, 기존에 가지고 있던 편견에 빠지게 될 위험성이 있기 때문입니다.

귀납적 추론과 연역적 추론의 가장 큰 차이점은 '명제를 다른 곳에서 가지고 오느냐' 아니면 '관찰을 통해 나만의 명제를 가지게 되느냐'입니다. 가령, 수능 만점자가 쓴 『이것만 알면 수능 만점』이라는 책을 읽고 그 방법을 따라 공부하는 사람은 연역적인 방식을 택한 것이고, 자신의 최대 집중 시간, 공부 습관, 좋아하는 과목과 어려운 부분 등을 고려해서 공부를 하는 사람은 귀납적인 방식을 택한 것입니다.

연역적 방식과 귀납적 방식의 또 다른 차이점은 속도에 있습니다. 연역적 방법은 이미 몇 차례 입증된 결론을 가지고 시작하다 보니 연구 속도가 상대적으로 빠를 수밖에 없습니다. 반면, 귀납적 추론은 어떠한 결론을 얻게 될지 모른 채 연구대상을 오랜 시간 관찰하기 때문에 상대적으로 오랜 시간이 걸립니다. 그래서 대부분의 사람들은 새로운 지식을 얻을 때 상대적으로 짧은 시간이 걸리는 연역적인 방식을 선호합니다. 이미 많은 사람들을 통해 그 효율성이 입증되었을 가능성이 더 높기 때문입니다.

성공 법칙에
정답이 있을까?

잠시 지식을 대하는 우리의 태도를 살펴보도록 하죠. IMF이후 한국사회에서 자기계발 서적은 언제나 독자들의 관심과 주목을 받으며 베스트셀러 순위에서 상위권을 차지하고 있습니다. 사람들이 이런 책을 찾는 이유는 성공한 사람들이 부럽고, 그들의 방법이 궁금해서일 것입니다. 그렇다면 과연 성공한 사람들은 그 몇 가지 원칙 때문에 성공한 것일까요, 아니면 성공한 이후에 자신의 원칙을 돌아보고, 그저 그것을 사람들에게 소개한 것일까요? 또한 그들은 이전에 성공한 사람들의 원칙을 모두 익히고 따라 해서 성공한 것일까요? 아니면 자기만의 방식을 세워보고 실패하면 수정해나가다 보니 어느새 그 자리에 오른 것일까요?

　한때 스티븐 코비라는 사람이 쓴 『성공하는 사람들의 7가지 습관』이라는 책이 큰 관심을 받았습니다. 성공한 사람들의 비밀을 담은 『시크릿』이라는 책도 엄청난 판매량을 기록했죠.

물론 성공한 사람들에게 배울 만한 가치와 좋은 습관들이 많은 것은 사실입니다. 하지만 그것을 있는 그대로 따라 하면 백만장자가 될 수 있다는 주장은 삼척동자도 비웃을 이야기입니다. 결국 그 책에 담긴 7가지 습관이나 비밀은 스티븐 코비와 성공한 사람들의 것일 뿐, 실제로는 성공과 실패로 나아가는 데 변수가 너무나 많습니다. 그래서 자신의 환경을 치밀하게 분석해 적용하고 수정하면서 자신의 이야기를 쓰고, 자신만의 집을 지을 수 있어야 합니다. 치열하게 자기를 알고, 뼈아픈 성찰을 겪어내는 것이 바로 그 시작입니다.

개인뿐 아니라 국가나 사회도 마찬가지입니다. 우리나라, 내가 속한 조직의 환경은 다른 곳과는 확연히 다릅니다. 물론 처음에는 성공한 사회나 조직이 밟아온 길을 따르는 연역적 방법도 중요합니다. 특히 전쟁으로 초토화된 1950년대의 우리나라에는 그 어떤 기반도 없었기 때문에 외국에서 학교, 군대, 의료, 법, 제도와 같은 다양한 하드웨어를 그대로 가져와 적용할 수밖에 없었습니다.

하지만 대한민국이 소위 말하는 경제 강국의 반열에 오른 지금, 더 좋은 사회better society로 나아가기 위해서는 우리만의 독자적인 소프트웨어와 문화적 인프라가 있어야 하지 않을까요?

그동안 우리가 모델로 삼았던 국가들은 삶의 방식, 규범 그리고 문화 등 많은 부분에서 우리와 다릅니다. 따라서 '선진국에선 다들 이렇게 한다'는 이유를 들먹이며 무비판적으로 새로운 제도와 지침을 시행하는 것은 이제 그만두어야 할 방법입니다.

타인의 말만
좇는 사람들

자기 집을 짓지 못하는 것은 사회구조나 학계만의 문제가 아닙니다. 오히려 일상생활에서 더 심각하고, 빈번하게 일어납니다. 한 사람이 사회적 삶을 살아가면서 자신의 관점으로 여러 가지 개념에 대해 스스로 정의를 내리는 것은 매우 중요한 작업입니다. 그 개념을 어떤 관점으로 바라보느냐에 따라 그에 대한 결과도 전혀 다르게 나타나기 때문이죠. 그런데 늘 타인의 생각을 빌려다 쓰는 사람들은 종종 말도 안 되는 억지를 부리게 됩니다. 때로는 어처구니없는 판단을 내리기도 하고, 스스로 무슨 말을 하는지 모른 채 앵무새처럼 떠들기도 합니다.

그런 행동은 "많은 사람이 줄을 서서 기다리는 식당이 맛집이다"라는 정의를 듣고, 회사나 학교의 구내식당도 맛집이라고 우기는 것과 마찬가지입니다.

그저 오래 기다려서 먹는다고 해서 회사나 학교의 구내식당을 맛집이라고 생각하는 사람이 있을까요? 타인의 관점을 무비판적으로 수용하는 사람은 자신이 들어본 단 한 가지 관점에 따라 세상을 판단합니다. 책을 한 권만 읽은 사람이 제일 무서운 법입니다. 만약 이러한 사람이 중요한 직책에 앉아 중차대한 결정을 내린다면 문제는 더욱 심각해지겠죠.

밀란 쿤데라의 소설 『농담』에는 한 어린 장교가 등장합니다. 그 장교는 이제 막 소위로 임관한 듯 보이는 20대 중반의 청년으로, 많은 병사들에게 애국심과 충성심에 대해 강조하는 역할을 맡았습니다. 하지만 주인공 루드빅을 포함한 대다수의 병사들은 그가 고래고래 소리치는 애국과 충성에 대해 깊이 공감하지 못합니다. 그들은 왜 그 젊은 장교의 말에 공감하지 못했을까요? 소설 속 루드빅은 이렇게 말합니다.

젊음이란 참혹한 것이다. 그것은 어린아이들이 그리스 비극 배우의 장화에, 다양한 무대 의상 차림을 하고, 무슨 말인지도 잘 모르면서, 광적으로 신봉하는 대사를 외워서 읊으며 누비고 다니는 그런 무대이다.

루드빅이 이야기한 것처럼 분명 우리 주변에는 멋들어진 단어만 내뱉을 뿐, 그 의미는 전달하지 못하는 사람들이 있습니다. 이런 사람들은 일단 큰 소리로 위협적으로 말하거나 자신의 권위를 이용해 이야기를 시작하겠죠. 하지만 듣는 사람들은 모두 다 알 겁니다. 설득은 목소리 크기나 권위로 하는 게 아니라는 것을 말이죠.

착각에 빠진
인생

자신만의 생각을 가지고 자기 집을 짓지 못하면 감정적으로도 궁핍해질 수 있습니다. 잠시 제 이야기를 해볼까 합니다. 저는 한때 대학원 생활에 회의를 느끼고, 학업을 잠시 중단한 적이 있습니다. 공부하는 삶을 꿈꿨지만, 여러 가지 이유로 많이 지쳐 있었습니다. 그때 저는 새벽까지 예능 프로그램을 보면서 야식을 먹고, 늦은 오후에 일어나 아르바이트로 학원 강의를 다녀온 뒤, 다시 밤늦게까지 TV를 보고 야식을 먹는 생활을 반복했습니다.

한마디로 내 안에 내가 없던 시절이었습니다. 누군가에게 연락이 오는 것도 아닌데, 끊임없이 스마트폰을 만지작거렸습니다. 스마트폰으로 수많은 이야기들을 접하고, 다양한 사람들과 소통하며 대화를 나누기도 했지만 마음에는 아무런 감흥도 느껴지지 않았습니다. 그저 스마트폰을 만지고 있는 손이 말하고, 손이 웃으며, 손이 분노하고, 기뻐할 뿐이었습니다. 여행 프로그램이나 맛집을 탐방하는 프로그램을 봤지만, 정작 '나'는 실제로 아무것도 경험하지 않고, 지각하거나 인지하지도 않으면서, TV를 보며 대리만족을 느끼기만 했습니다. 삶이 궁핍해지고 내면이 허기지니 야식을 시켜 먹으면서 스스로를 이렇게 위로했습니다.

"아…나는 배부르다."

TV 영상은 잠시도 꺼두지 못했습니다. TV 속 다른 사람들의 목소리가 끊기면 내 안이 텅 비어 있는 것이 들통 날까 두려웠던 것이죠. 결국 내 안에 나는 없고, 타인의 목소리로 가득 채운 시간을 보내야만 했습니다.

여러분들에게도 저와 같은 경험이 있을지 모르겠네요. 제가 알기로는 우리 사회에 꽤나 많은 사람들이 이러한 문제에 시달리고 있습니다. 물론 본인들은 문제라고 인식조차 하지 못할 수도 있고요. 이는 일종의 관음증과 크게 다르지 않습니다. 그저 보는 것으로 만족하면서 뇌가 체험하는 것을 실제로 '느꼈다'고 착각하는 것입니다. 마치 데카르트 철학에서 유래된 통 속의 뇌*처럼 말입니다.

이런 착각에 빠진 사람들은 실제로 경험하고 사람들과 교류하는 것을 조금씩 두려워하기 시작합니다. 무언가를 고민하고 나의 것으로 만들려는 시도는 더욱이나 하지 않습니다. 그저 문화를 소비하고 싶을 뿐, 무언가를 만들어내는 생산자가 되기를 거부합니다. 어느덧 익숙해진 방관자적 삶은 우리를 서서히 좀먹고, 내면의 목소리를 희미하게 만듭니다.

> **통 속의 뇌** 데카르트의 방법적 회의를 현대적으로 해석한 가설. 뇌를 머리에서 떼어 통 속에 넣고 자극을 준다면 우리는 그 감각이 진짜라고 느끼겠지만, 그것이 우리 몸이 실제로 느끼는 감각이 아니라 뇌가 느끼는 가상의 감각이란 사실은 모를 것이다. 합리주의자인 데카르트는 끝없는 의심을 통해 불확실성을 없애야 한다고 주장했는데, 그 가운데 위의 가설처럼 전지전능한 존재를 인정해 인간의 이성마저도 의심하는 방법론을 제시했고, 현대 철학에서 이를 '통 속의 뇌'로 재해석했다.

제가 그런 생활에서 벗어나게 된 이유는 내 생각과 감정의 주인이 되고 싶었기 때문입니다. 내 인생의 주인은 나라고들 하지만, 주변의 작은 소음에도 쉽게 휘둘리는 사람이 많다는 것은 참으로 아이러니합니다.

자신의 언어로 자신의 삶과 세상을 해석하지 못하는 사람들은 극단적으로 하나의 관점만이 옳은 것이라고 주장하는 폭력적인 사람이 되거나, 크게 소리만 낼 뿐 주변 사람들에게 공감은 얻지 못하는 사람이 될 것입니다. 자신의 체험을 바탕으로 스스로의 집을 짓는다는 것은 정말 중요한 작업입니다. 끊임없는 성찰을 통해 자신만의 집을 만들어가야 합니다. 그래야 타인의 집도 존중하고 인정할 수 있는 힘이 생깁니다. 그렇지 않으면 직접 체험하고 발로 뛰는 선수는 사라지고, 필드 뒤에서 가타부타 소리 지르는 해설자와 평가자만 가득한 사회가 될지도 모르겠습니다.

진정한
나의 삶을 찾아서

아무리 멋진 슬로건을 내세운다 해도 자신만의 경험과 해석이 뒤따르지 않는다면 삶의 깊이에 대한 갈증은 계속될 것입니다. 만일 성공한 사람들의 공통점이 있다면, 그들은 타인의 삶이 아닌 자신의 삶의 체험에 집중했다는 것이 아닐까요?

중국 춘추전국시대에 살았던 이탁오는 그의 저서 『속분서』에 이러한 말을 남겼습니다.

나는 어려서부터 성인의 가르침을 읽었으나 성인의 가르침을 제대로 알지 못했으며, 공자를 존경했으나 왜 공자를 존경해야 하는지를 스스로 알지 못했다. 그야말로 난쟁이가 광대놀음을 구경하다가 사람들이 잘한다고 소리치면 따라서 잘한다고 소리를 지르는 격이었다. 나이 오십 이전의 나는 정말로 한 마리의 개에 불과했다. 앞의 개가 그림자를 보고 짖으면 나도 따라서 짖어댔던 것이다. 만약 남들이 짖는 까닭을 물으면 그저 벙어리처럼 쑥스럽게 웃기나 할 따름이었다.

사회학에는 '체화된 지식'이라는 개념이 있습니다. 이를 영어로 표현하면 embodied knowledge입니다. 투박하게 직역하자면 '육체가 된 지식', 혹은 '육체에 새겨진 지식'이 됩니다. 체험적으로 각인된 지식은 머릿속에만 떠다니는 지식보다 그 힘이 배가 되기 마련입니다.

독일의 철학자 니체는 "내 안에 고뇌가 없으면 별을 볼 수가 없다"라는 명언을 남겼습니다. 이 말을 처음 들었던 20대 중반에는 아무 생각 없이 남용했던 것 같습니다. 유명한 사람이 한 말이고, 충고하기에도 적절하니 지적 허세를 부리기 참 좋은 표현이었습니다. 저 또한 유명한 사람들이 한 말을 앵무새처럼 따라했던 것입니다. 그러니 그 말이 제 인생에 힘이 될 리가 없었습니다.

그런데 지금은 이 말의 깊이를 조금씩 실감하고 있습니다. 하나를 이루기 위해 수없이 고뇌해야 하는 시간들을 겪으면서 말이죠. 몸이 이 말을 기억하고, 몸이 고뇌를 시작하면서 이 문장이 제 생활 깊숙이 자리 잡게 됐습니다. 물론 이 '고뇌'는 앞으로 제가 겪는 체험에 따라 의미의 깊이가 또 달라질 것입니다. 이것이 바로 귀납적인 인생을 사는 것이고, 연역의 오만함을 피하는 방법입니다. 이제 이 표현은 비로소 제 집에 들어온 것입니다.

체화된 지식

체화된 지식은 이론을 통해 도출된 지식이 아닌 현장 중심의 지식, 우리
의 육체에 각인된 지식을 말합니다. 체화된 지식의 중요성을 옹호하는 학
자들은 무비판적으로 지식을 받아들이는 태도를 반대합니다. 연구 상황
이 과거와 현재에 각각 다를 수 있음을 지적하고, 권위자의 말을 그대로
따르기보다 비판적으로 접근해야 하며, 선입견을 가지지 않고 주어진 상
황을 토대로 결론을 도출해야 한다고 주장합니다.

최근에는 체화된 인지, 체화된 마음, 체화된 기술 진보 등 매우 다양
한 분야에서 '체화'라는 개념을 활용합니다. 미국의 사회학자 필 브라운
교수Phil Brown가 주장한 '체화된 보건사회운동'이 그 대표적인 사례입
니다.

브라운 교수는 기존 의학에서 밝혀내지 못했던 질병이나, 학계에서 주
목하지 않았던 질환이 비전문가들에게서 새롭게 밝혀지는 현상에 주목
했습니다. 일례로, 기존 의학에서는 산업현장에서 발생하는 유해물질과
천식이 아무런 관계가 없다고 주장했지만, 노동자들이 그 상관관계에 문
제를 제기했습니다. 현장에서의 경험과 자신의 육체에 드러난 증상을 기
반으로 유해물질과 질환이 관계가 있음을 주장하면서 산업 보건의 문제
를 공론의 장으로 끄집어낸 거죠. 하나의 현상을 기존에 존재하는 지식의
틀에 끼워 맞추는 것이 아니라, 현상을 설명할 수 있는 새로운 지식의 틀
을 만들고 역학관계를 발견한 겁니다.

'체화된 지식'의 존재는 우리가 지나치게 연역적인 방식으로 지식을 대
하면 선입견과 관성에 쉽게 빠질 수 있다는 것에 경각심을 불러일으킵니
다. 최근 여러 분야에서 단순히 이론을 검증하는 차원에서 벗어나, 경험
과 축적된 데이터를 통해서 현상을 해석해야 한다는 연구방법론이 크게
각광받는 이유가 여기 있습니다.

02

모두가 YES라고 할 때,
당신의 선택은?

나의 신념과 배치되거나 명백히 잘못된 것에 대해 언제나 자신 있게 아니라고 말할 수 있을까요? 우리는 종종 옳은 것을 옳다, 틀린 것을 틀렸다고 말할 수 없는 상황에 부딪힙니다. 특히 나를 제외한 모든 사람들이 내 생각과 다른 말을 할 때 그렇죠. 인간의 이런 특성은 나치의 유대인 학살과 같은 역사적 비극을 만들어내기도 합니다. 하지만 분명 스스로 상황을 통제하고 좀 더 나은 쪽으로 유도해내는 사람들도 있습니다.

함께 읽을 책
『인간의 두 얼굴』, EBS 제작팀 저, 지식채널, 2010

그땐 상황이
그랬습니다

본론에 앞서 간단한 질문을 드리겠습니다. 다음과 같은 두 가지 상황에 처한다면 여러분은 어떻게 행동하시겠습니까?

첫 번째 상황. 혼자 도서관에서 공부를 하고 있는데, 갑자기 이상한 냄새가 나면서 문틈으로 새하얀 연기가 새어 들어오기 시작했습니다. 이 상황에서 여러분들은 어떻게 행동하시겠습니까? 당연히 자리에서 일어나 문을 열고 무슨 일인지 확인을 해보신다구요? 아마 대부분의 사람들도 그렇게 할 것입니다.

그럼 두 번째 상황입니다. 다른 조건은 첫 번째 상황과 동일하지만, 이번엔 주변에 많은 사람들이 있습니다. 첫 번째 상황과 마찬가지로 이상한 냄새와 함께 뿌연 연기가 방안에 가득 찼습니다. 그런데 함께 있는 사람들이 꿈쩍도 하지 않고 그저 제 할 일 하기에 바쁩니다. 여러분이라면 이 상황에서 어떻게 하시겠습니까? 역시나 밖에 무슨 일이 있는지 확인해보시겠습니까? 대부분 당연히 그렇게 해야 하지 않겠냐고 생각할 것입니다.

그런데 심리학자들이 진행한 실험에 따르면 그렇지 않았습니다. 두 번째 상황에서 대부분의 참가자들은 꽤나 오랜 시간 동안 무슨 일인지 확인도 하지 않고 그 자리를 지켰다고 합니다. 참으로 이상한 일입니다. 밖에 화재가 났을 수도 있고, 큰 사고로 이어질 수도 있는데 왜 사람들은 혼자 있을 때와 다르게 행동했을까요? 이 사람들은 단순히 행동이 굼뜨거나 상황 판단을 잘 못하는 사람들이었을까요?

EBS 다큐멘터리 팀은 이 실험을 재현했습니다. 실험은 간단한 퀴즈를 푸는 것으로, 한 방에는 피실험자를 포함하여 4명의 실험 참가자가 더 있었고, 다른 한 방에는 피실험자 혼자 참여했습니다. 시험 시간은 10분. 출제자가 10분 후 답안지를 걷으러 오겠다고 말하고 방을 나갔습니다. 그런데 얼마 지나지 않아 갑자기 뿌연 연기가 방문 틈새로 계속 들어왔습니다. 사람들은 당황하기 시작했고, 수군대는 사람들도 있었습니다. 과연 이들은 각각 어떻게 행동했을까요?

실험에 참가한 사람들은 매우 평범한 사람들이었습니다. 그런데 실험 결과는 놀라웠습니다. 방 안에 혼자 있던 사람들 대부분은 약 1분에서 3분 안에 방에서 빠져나온 반면, 여러 명과 함께 있던 실험 참가자는 10명 중 8명이 10분이 지나도록 나오지 않고, 이상한 냄새와 연기를 그대로 견디고 있었습니다. 어떤 위험한 일이 벌어질지 모르는 상황 속에서도 여럿이 함께 있던 실험 참가자들은 쉽게 그 자리를 피하지 않았습니다. 예상을 벗어난, 믿기 힘든 행동이었습니다.

대략 눈치를 채신 분들도 있겠지만, 이 실험은 2003년 대구 중앙로역에서 50대 남자의 방화로 발생했던 지하철 화재 사건을 가정하여 재현한 실험입니다. 당시의 상황도 이와 같았습니다. 누군가가 현장에서 찍은 핸드폰 사진을 보면 모두 다 어리둥절한 표정을 짓고 있을 뿐 누구도 자리에서 일어나거나, 그 자리를 피하려고 하지 않았습니다. 단 한 사람도 말입니다. 실험에 참가한 사람들과 지하철 사고에서 생존한 사람들의 말을 몇 마디만 비교해보겠습니다.

(실험 책임자분이) 당연히 오실 줄 알고요. '10분 이따 오겠습니다' 하고선 시계를 확인하셨잖아요. 아 그러면 시간 맞춰 오시겠구나, 생각했어요.

-EBS 연기실험 참가자-

대피를 해야 되나, 말아야 되나? 생각했죠. 왜냐하면 곧 출발하니까. 앉은 자리에서 "곧 출발합니다"라는 방송을 들었으니까요.

-대구 지하철 화재 사건 당시 생존자

괜히 다른 분들 문제 잘 풀고 계시는데 저만 혼자 나갔다가 아무것도 아닐 수 있잖아요.

-EBS 연기실험 참가자

상황을 모르니까. 어디가 안전한지를 판단을 못 하잖아요.

-대구 지하철 화재 사건 당시 생존자

실험에 참가한 사람들이나 대구 지하철 사건의 희생자들은 스스로 위험한 상황을 인지하고 행동할 수 있는 지극히 평범한 사람들이었습니다. 그럼에도 이들은 한결같이 이렇게 말했습니다.

"그땐 상황이 그랬습니다."

이들이 말한 '상황'이라는 단어는 과연 어떤 의미일까요? 이들의 증언 속에 계속해서 등장하는 상황이라는 힘의 실체를 좀 더 자세히 살펴보도록 하겠습니다.

거부할 수 없는
상황의 힘

그리스어에는 페르소나persona*라는 단어가 있습니다. 이 단어는 다른 사람의 눈에 비치는, 특히 그의 실제 성격과는 다른 한 개인의 모습이라는 뜻으로, 심리적 가면을 지칭하는 용어입니다. 심리학자들은 주로 인간 행동의 이중성을 표현하기 위해 이 용어를 사용합니다.

우리 모두는 다중의 인격과 정체성을 가지고 있습니다. 직분이나 신분, 역할에 따라 행동이 달라지죠. 가정에서는

페르소나 가면을 나타내는 그리스 말로 인간의 다양한 인격을 설명하는 용어. 원래는 고대 그리스 무대에서 배우들이 썼던 가면을 지칭했지만, 심리학 용어로 사용되면서 인간이 개발한 자아상의 의미로 쓰인다. 사람이라는 person과 인격을 나타내는 personality도 persona에서 파생되었다.

자상한 남편이지만, 회사에서는 호랑이 같은 상사가 되기도 하고 그 반대일 수도 있습니다. 심리학자 칼 융은 "빛이 강하면 그림자도 길어진다"라고 했습니다. 인간의 행동은 모두 이중성에 기반을 두고 있다는 의미이죠.

이러한 이중적인 행동의 정체는 무엇일까요? 무엇이 우리의 행동에 영향을 주는 것일까요? 일상생활 속에서 만나는 사람들 중에는 그다지 이상한 사람들이 없는데, 왜 뉴스에는 그렇게 이상한 사람들이 가득한 걸까요? 많은 사회심리학자들은 사람들에게서 이중적 모습을 만들어내는 이 가면을 바로 상황이라고 생각했습니다.

상황의 힘은 많은 실험을 통해 입증되었습니다. 그중에 한 가지 실험을 살펴보도록 하죠. 1950년대 하버드 대학의 심리학 교수였던 솔로몬 아시는 흥미로운 실험을 설계했습니다. 그는 이 실험을 통해 꽤나 많은 사람들이 명백히 틀린 것이라도 다른 사람들이 모두 옳다고 말하는 경우에 다수의 의견을 그대로 수용한다는 사실을 입증했습니다.

실험 과정은 다음과 같았습니다. 먼저 6명의 실험 참가자들에게 흰색 카드를 두 장씩 나눠주었습니다. 흰색 카드 한 장에는 그림 A와 같이 x라고 표시된 세로선이 하나 그려져 있고, 다른 한 장에는 그림 B와 같이 길이가 다른 세로선 세 개가 있었습니다. 아시 교수는 실험 참가자들에게 a~c 중 x선과 길이가 같은 선이 무엇인지를 물었습니다. 보시다시피

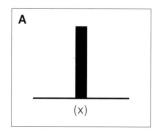

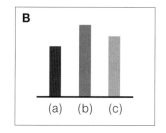

x선과 같은 길이의 선은 b입니다. 사실 6명의 실험 참가자 중에서 5명은 실험을 위해 틀린 답을 고르기로 미리 이야기가 된 사람들이었습니다. 이렇게 바람잡이 역할을 맡은 5명은 계획대로 x선과 길이가 같은 선이 c라고 했습니다. 이때 진짜 실험 대상자였던 나머지 한 명이 뭐라고 대답했을까요?

조금 의아한 표정을 짓기는 했지만 대부분 틀린 답을 고른 5명을 따라서 c라고 답했습니다. 그렇게 다수의 의견을 따른 참가자가 무려 76퍼센트에 달했습니다.

이 실험을 두고 괜히 다른 답을 내놔서 이상한 사람으로 보일 필요는 없으니까 그럴 수도 있다고 생각할 분도 있을 겁니다. 하지만 진짜 문제는 다른 데 있습니다. 인간은 도덕적인 판단을 해야 할 때도 양심보다는 상황의 힘에 더 쉽게 휘둘립니다. 위의 실험처럼 말이죠.

매년 새 학기가 되면 언론에 빠지지 않고 등장하는 사건이 있지요. 바로 신고식 문화입니다. 신입생 오리엔테이션에서 선배들이 군기를 잡는다는 명목으로 후배를 구타해서 심각한 상해를 입힌 사건, 마시지도 못하는 술을 강제로 먹이는 바람에 혼수상태에 빠지게 한 사건 등은 여러 번 사회적 문제로 지적됐지만 연례행사처럼 일어납니다. 대학뿐만이 아닙니다. 학교, 군대, 회사 등 다양한 조직이 참으로 괴상한 신고식 문화를 가지고 있고, 그로 인해 벌어진 사고 소식들은 우리를 경악하게 합니다.

사건 당사자가 아닌 우리의 반응은 이러한데, 어째서 당사자들은 그 순간을 아무렇지 않게 넘겼을까요? 사건의 가해자들은 그저 우리와 달리 악하고, 비상식적인 사람들이었던 것일까요?

이런 사건의 가해자들은 하나같이 '예전부터 그렇게 해왔다'고 진술합니다. 그리고 사건의 피해자들 또한 강압적인 분위기에 압도당해 '원래 그렇게 해야만 하는 줄 알았다'고 말하곤 합니다. 이것이 바로 때로는 잔혹하기까지 한 상황의 힘입니다.

상황,
문화가 되다

한 가지 실험을 더 소개하겠습니다.

1970년대까지는 범죄자의 개인적 특성이 범죄를 일으키는 중요한 요인이라는 생각이 지배적이었습니다. 그런데 스탠퍼드 대학의 필립 짐바르도 교수는 "비인간적인 범죄를 저지른 사람들은 태어날 때부터 악한 본성을 타고난 것일까? 아니면 어떤 상황이 그들을 그렇게 몰고 간 것일까?"라는 문제를 제기했습니다. 그리고 그 해답을 찾기 위해 1971년 8월, 하나의 대담한 실험을 준비합니다. 일명 교도소 실험입니다.

짐바르도 교수는 스탠퍼드 대학의 지하 공간을 빌려서 3개의 수용실과 처벌용 독방까지 갖춘, 진짜 같은 가짜 교도소를 꾸몄습니다. 그리고 지역신문을 통해 실험 참가자를 모집했고, 지원자 75명 중 신체적·정신적으로 가장 건강하고 평범한 21명을 실험 참가자로 선발했습니다. 그리고 즉석에서 동전을 던져 교도관 역할을 할 사람과 죄수 역할을 맡을 사람을 나눈 후, 각자의 역할에 맞는 복장과 책임, 그리고 의무사항을 지시했습니다. 죄수 역할을 맡은 사람들은 집에서부터 눈을 가린 채 연행되어 어딘지 모르는 가짜 교도소로 이송되었고, 그렇게 실험은 시작되었습니다.

그러나 첫날부터 예상치 못한 일이 벌어졌습니다. 평범했던 실험 참가자들이 마치 진짜 죄수와 교도관처럼 돌변한 것입니다. 교도관 역할을 맡은 이들은 누가 시키지도 않았는데, 새벽 두 시에 죄수들을 깨워 팔굽혀펴기를 시키고, 그들의 침대를 빼앗고, 맨손으로 변기 청소를 시키는가 하면 머리에 봉지를 뒤집어 씌워 행진을 시키기도 했습니다. 그저 모의 실험일 뿐인데 말입니다.

죄수들이 반발하기도 했지만, 시간이 지날수록 교도관

역할을 맡은 이들의 가학적 수법은 더욱 창의적으로 변화했습니다. 가짜 교도관들의 가학 행위는 점차 극에 달했고, 가짜 죄수들은 심각한 신경쇠약 증세까지 보였습니다. 상황이 점점 심각해지고 실험 참가자들의 안전까지 위험한 상황이 되면서 2주로 계획되었던 실험은 단 6일 만에 중단되었습니다. 이 실험 과정은 이후 〈엑스페리먼트The Experiment〉라는 영화로 제작되기도 했습니다.

짐바르도 교수는 이 실험을 통해 우리의 내적 기질이 특정한 상황에 의해 통제될 수 있음을 증명했습니다. 집단적인 행위는 개인의 도덕성보다는 상황의 힘에 좌우된다는 불편한 진실이 밝혀진 것이죠. 교도관 역할을 맡았던 실험 참가자 중에는 평소에 자신을 평화주의자로 자처하던 사람도 있었습니다. 실험을 마친 짐바르도 교수는 이렇게 말했습니다.

결과는 매우 슬펐습니다. 인간성에 대한 슬픈 결과가 나왔습니다. 상황이 이기고 사람들이 졌습니다.

상황은 생각보다 힘이 셉니다. 관찰자의 시각에서는 잘못된 일이라고 손가락질할 일도, 정작 내가 그 입장에 처하게 되면 옴짝달싹 못 하고 상황의 논리를 따르게 됩니다. 이것이 바로 상황이고, 이런 상황이 모여 문화가 형성됩니다. 앞에서 말한 신고식 문화도 바로 이와 같은 것입니다. 밖에서 보면 결코 이해가 되지 않지만 내부에 있는 사람에게는 그 상황 혹은 그 문화가 거부할 수 없는 질서이고 규범입니다. 밖으로 나와 객관적으로 바라봐야 잘못된 것을 발견할 수 있습니다.

여러분이 속한 조직의 내부에는 이와 유사한 상황 혹은 문화가 있지는 않습니까? 잘못된 것임을 알면서도 말하지 못하는 상황이나 무엇이 잘못인지 전혀 모르는 그런 상황 말입니다. 이런 상황을 발견하고, 상황의 힘에서 벗어날 방법은 없을까요?

상황을
지배하는
방법

사람들이 항상 개인의 도덕적 신념과 상관없이 상황에 이끌려 잘못된 선택을 하는 것은 아닙니다. 앞선 실험에서도 모든 사람이 오답을 고르거나 교도소의 가해자가 되지는 않았습니다.

아시 교수의 실험에서 76퍼센트를 제외한 나머지 사람들, 즉 참가자의 약 4분의 1은 집단의 잘못된 판단에 흔들리지 않고 옳은 답인 b를 선택했습니다. 짐바르도 교수의 교도소 실험에서도 간수들 중 한두 명은 공정하게 처신했으며 죄수들에게도 예의를 잃지 않았습니다. 이들은 모두 집단의 압박에서 벗어나 주어진 상황에 저항하는 행동을 택했습니다.

몇몇 사람의 용기가 상황을 바꾼 사례도 있습니다. 2차 세계대전 중 나치의 프랑스 괴뢰 정부인 비시Vichy 정부는 모든 망명자를 독일의 집단 수용소로 강제 추방하라는 명령을 내렸습니다. 하지만 르 샹봉 쉬르 리뇽이라는 마을의 주민들은 유대인을 포함해 나치 정권을 피해 도망쳐온 수천 명의 사람들에게 피난처를 제공했습니다. 이들은 4년에 걸쳐 공포를 조장하고 협박으로 굴복하게 만드는 모든 시도에 맞서 싸웠습니다.

프랑스 대부분의 지역이 비시 정권에 협조하는 동안 르 샹봉 마을은 어떻게 권위에 저항할 수 있었을까요? 『타인의 영향력』의 저자인 마이클 본드는 르 샹봉 마을 사람들에게 공동의 도덕성이 있었다고 주장합니다. 올바름의 끈을 놓지 않은 사람들이 많을수록 강압적인 상황의 힘을 극복할 가능성도 높아진다는 것입니다.

하지만 앞에서 살펴본 것처럼 도덕성이 개인의 선택이 되면 실천하기가 생각보다 쉽지 않습니다. 사람들은 집단에서 일탈하기를 두려워합니다. 누구도 타인의 평가에서 자유롭지 않기 때문입니다. 게다가 일탈을 하려는 사람들은 약자일 가능성이 높기에 위험부담이 더욱 큽니다. 권력자들은 집단 내의 상황을 주도하는 사람들이어서 일탈을 시도할 가능성이 적고 일탈자들을 조직의 배신자로 몰아서 낙인을 찍으려 합니다. 상황이 잘못됐다는 것을 알고 이를 바꿔야 한다고 생각하더라도 먼저 행동하기 힘든 이유가 여기 있습니다.

또한 사람들은 여럿이 모여 있을수록 더욱 나서기를 주저합니다. 책임이 분산되기 때문이지요. 이때 "누군가는 하겠지…"라고 생각한 채 결국 누구도 행동하지 않는 방관자 효과가 나타나게 됩니다.

이를 뒷받침하는 실험 결과를 볼까요? 한 심리학자가 누군가 길가에 쓰러져 있을 때 주변 사람들이 어떻게 행동하는지를 살펴봤습니다. 결과는 놀라웠습니다. 사람들이 혼자 있을 때와 여러 명이 함께 있을 때, 각각 행동에 차이를 보였습니다. 여럿이 있을 때는 10명 중 2명만이 쓰러진 사람을 도와준 반면, 혼자 있을 때는 10명 중 8명이 쓰러진 사람을 도와줬습니다. 책임이 분산될 때 도덕성이나 의무감이 약화된다는 측면에서는 경제학에서 이야기하는 공공재의 비극*도 이와 유사하다고 할 수 있습니다.

세 사람이
모든것을 바꾼다

이런 상황을 어떻게 변화시킬 수 있을까요? 전문가들은 방관

공공재의 비극 공유지의 비극. 공적 자원의 사용을 구성원의 자율에 맡길 때 자원이 고갈될 수 있음을 설명하는 개념. 가령, 주인이 없는 방목장에 농부들이 경쟁적으로 더 많은 소를 끌고 나와 풀을 먹여 결국 방목장이 황폐지는 현상을 설명할 수 있다.

자 효과를 극복하는 데는 3인의 개입이 중요하다고 주장합니다. '3인의 효과'가 상황을 바꿀 수 있다는 것입니다.

교도소 실험을 진행했던 짐바르도 교수도 세 명이 모이면 그때부터 집단이라는 개념이 생기고, 그것이 사회적 규범 또는 법칙이 된다고 보았습니다. 사람들은 세 명이 움직이는 모습을 보면서 거기엔 그럴 만한 이유가 있을 거라고 믿고 그 권위를 따르게 된다고 합니다.

3인의 효과가 긍정적으로 작용한 실제 상황을 한번 살펴볼까요?

2005년 10월 17일, 지하철 5호선 천호역에서 열차와 승강장 사이에 사람이 끼이는 사고가 일어났습니다. 그런데 CCTV를 통해 녹화된 영상에서 이상한 장면이 목격되었습니다. 승객 한두 명이 전동차에 손을 얹어 밀기 시작했습니다. 그러자 점점 더 많은 사람들이 힘을 모아 전동차를 밀었고, 열차에 타고 있던 사람들도 내려서 힘을 보탰습니다. 처음에는 꿈쩍도 하지 않던 전동차가 조금씩 흔들렸고, 한 순간에 기우뚱하며 전동차가 기울었습니다. 그 사이에 다른 승객들은 선로에 끼인 사람을 무사히 구출할 수 있었습니다.

어떻게 이런 일이 가능했을까요? 당시 대부분의 사람들은 어찌할 줄 몰라 발만 동동 구르고 있었는데, 어떤 한 남성이 "밀어" 하며 전동차에 손을 댔다고 합니다.

어떤 아저씨가 큰 소리로 지하철을 함께 밀어보자고 제안을 하셨는데, 처음에는 아무런 반응이 없었어요. 그러다가 두 분, 세 분이서 같이 밀기 시작했습니다. 그러니까 전동차 가까이에 계셨던 분들이 모두 밀기 시작하는데, 많은 분들이 밀기 시작하니까 정말 전동차가 움직였어요.

-천호역 승강장 사고 목격자

처음으로 전동차를 밀자고 나선 사람이 있었고, 두세 사람이 더 손을 보태자 기적처럼 변화가 일어났습니다. 목격자도 진술하듯이 상황을 바꾸려는 사람이 세 명이 되자 많은 사람들이 동참하기 시작한 것입니다.

여기서 이 '세 사람'이 과연 누가 될 것인가의 문제가 남습니다. 이 사례를 보고 우리가 기억해야 할 것은, 소수가 전체를 바꿀 수 있는 능동적인 행위자가 될 수 있다는 점입니다. 아무도 행동하지 않는 상황에서 내가 먼저 적극적인 행동을 취하는 것은 쉽지 않은 일입니다. 하지만 세 사람이 모이면 모두가 움직일 수 있다는 사실을 가슴에 새겨둘 필요가 있습니다.

상황의 힘은 강합니다. 그래서 사람들은 부당한 일을 당하거나 부당한 일을 직접 해야만 하는 입장에 놓이면 입버릇처럼 말합니다. "그 상황에서는 어쩔 수 없었어요." 하지만 상황의 힘에 대해 무력감만 느끼기보다 상황을 바꾸는 세 사람이 될 수는 없는 걸까요? 행동하기 위해서는 먼저 상황의 힘을 이해해야 합니다. 그리고 이해할 수 없는 행동들, 타인을 괴롭히는 잔혹한 행동들이 개인의 힘이 아닌 상황의 힘에서 비롯된다는 것을 인정해야 합니다. 악은 평범한 곳에서 시작되기 마련입니다.

악의
평범함에 대한
보고서

1963년, 나치 유대인 학살의 주범이었던 아돌프 아이히만을 연구했던 한나 아렌트는 보고서의 부제를 이렇게 썼습니다. '악의 평범함에 대한 보고서.' 그녀는 지극히 평범한 사람이 괴물 같은 악행을 저지를 수도 있음을 이 제목으로 표현하고 싶었다고 합니다.

평범한 우리들은 상황에 휩쓸려 해서는 안 될 선택을 하기도 합니다. 그러므로 "나라면 절대 안 그럴 텐데…"라는 말은 어쩌면 인간의 오만함을 드러내는 것일지 모르겠습니다.

우리는 오히려 이렇게 자문해야 합니다. "지금 나는 어떤 상황에 놓여있는가? 이 상황이 나에게 어떤 영향을 미치고 있는가?" 이처럼 끝없는 질문과 성찰을 통해서야 비로소 '인간은 상황을 지배할 수 있다'는 결론에 이를 수 있을 겁니다.

영어로 비도덕을 '이모럴immoral'이라고 합니다. 이것은 적어도 무엇이 도덕이고 아닌지를 구별할 수 있는 상태를 의미합니다. 그런데 '에이모럴amoral'이라는 단어가 있습니다. 무도덕이란 뜻입니다. 무엇이 잘못인지조차 알지 못하는 상태를 뜻합니다.

무도덕 상태에서 벗어나기 위해서는 그 상태를 낯설게 바라보는 사람과 그 낯선 관점에 동조하는 사람이 필요합니다. 잘못된 것이 없다고 느낄 때 오히려 더 내 주변에 나쁜 관습들은 무엇이 있는지, 그동안 좌시하고 묵인했던 악습, 폐습은 없었는지 천천히 살펴보시기 바랍니다.

우리는 살아가면서 자신만의 원칙과 가치관을 가져야 한다고 배웠고, 또 그렇게 믿고 있습니다. 그러나 나를 둘러싼 타인의 시선과 상황으로부터 온전히 자유로울 수 있는 사람은 없습니다. 세상에서 소외당하지 않으려는 우리들의 욕망으로부터 상황의 힘이 탄생하기 때문입니다. 누군가에게는 변명처럼 들리겠지만 우리는 상황이라는 힘 아래 쉽게 무릎을 꿇는 평범한 인간입니다. 그리고 상황의 힘은 우리가 상상하는 것보다 훨씬 강합니다.

"인간은 상황에 지배당한다."

변화를 위해 우리가 가장 먼저 기억해야 할 문장입니다.

한나 아렌트의 '악의 평범함에 대한 보고서'

2차 세계대전 당시 유대인 학살의 실무 책임자였던 나치 친위대의 중령 아돌프 아이히만은 전쟁이 끝나고 도피 생활을 하던 중 체포되어 1961년 예루살렘에서 재판을 받았습니다. 그는 재판 과정에서 자신은 살인죄를 저지르지 않았다고 항변합니다. 자신은 오직 국가의 명령에 따라 충실히 움직인 관료에 불과했고, 자신이 한 일 또한 행정 절차의 작은 역할이었다고 주장했지요.

이 모든 과정을 지켜봤던 독일 태생의 유대인 철학자 한나 아렌트는 그녀의 저서 『예루살렘의 아이히만』에서 아이히만에 대해 이렇게 기술했습니다.

> 그는 아주 근면한 인간이다. 그리고 이런 근면성 자체는 결코 범죄가 아니다. 그러나 그가 유죄인 이유는 아무 생각이 없었기 때문이다. 그는 다만 스스로 생각하기를 포기했을 뿐이다.

아렌트는 이 책의 부제를 '악의 평범함에 대한 보고서'라고 지었습니다. 그녀는 가장 추악한 범죄는 본래 악하게 태어나지는 않았지만, 주어진 상황에서 도덕적 판단을 포기한 사람들이 진지하게 성찰하지 않고 무심히 저지른 것이라고 주장했습니다.

아렌트의 결론은 지금도 큰 논쟁거리가 됩니다. 아렌트를 비판하는 사람도 적지 않았습니다. 아이히만이 기계처럼 명령을 수행한 것이 아니라 열정을 다해 명령을 수행했고, 집단 학살에 기여한 것을 뿌듯해했다는 증언도 나왔기 때문입니다.

이후 아렌트의 의도와는 다르게 '모든 사람 안의 아이히만'이라는 '악의 평범성'이 유행처럼 쓰이면서 스탠리 밀그램의 복종실험과 같은 다양한 심리학 실험에 이론적 근거로 활용되었습니다.

03

사랑할 때
정말 필요한 것들

미숙한 사랑은 서로에게 아픈 상처를 남기기 마련입니다. 행복하기 위해 시작한 사랑이지만 원치 않게 집착, 원망, 애증, 우울함, 무기력 등에 빠지기도 하지요. 그래서 사랑에는 많은 노력과 공부, 그리고 나름의 전략이 필요합니다. 멋진 상대만 나타나면 모든 것이 해결될 거라 믿지만, 이런 준비가 없다면 그때부터 전쟁 같은 사랑이 시작되죠. 전쟁 같은 사랑을 평온한 사랑으로 바꾸는 유일한 방법은 외부적인 '조건'이 아니라 우리의 '의지'에 달려 있습니다.

함께 읽을 책
『사랑의 기술』, 에리히 프롬 저, 황문수 옮김, 문예출판사, 2006

사랑에
대하여

사랑과 이별, 그 이후에 찾아오는 씁쓸함을 경험한 사람들은 다시는 사랑 따윈 안 하겠다고 다짐을 합니다. 그러나 어느새 자신도 모르게 또 다른 사랑을 갈망하는 사람들을 보면 사랑은 마치 마약과도 같습니다. 연애, 결혼, 출산을 포기한다는 3포세대조차도 사랑의 과정에서 완전히 배제된 사람은 없을 것입니다. 결혼은 하지 않을지 몰라도, 연애를 하든 썸을 타든 좋아하는 이성에 대한 설레는 감정까지 막을 수는 없습니다. 이는 사랑이 우연한 만남, 변화무쌍한 감정과 같은 통제할 수 없는 요소로 구성되기 때문입니다.

사랑의 과정은 누가 뭐라 해도 지구상에서 가장 역동적이고 현실적인 게임입니다. 따라서 소설이나 드라마에 나오는 이야기가 아닌, 오직 실천을 통해서만 우리는 비로소 사랑을 알아갈 수 있습니다.

사랑에 대한 아무리 달콤한 말도, 사랑을 하면서 겪게 되는 다양한 감정 앞에서는 이론에 불과합니다. 종종 사람들은 사랑이 단지 아름답고 행복한 것인 양 생각하지만, 정작 당사자들은 사소한 상황에서조차 통제되지 않는 역동적인 감정 때문에 사랑 앞에 가장 치열한 시간을 보내곤 합니다. 약속 시간에 5분씩 늦거나, 식사할 때 소리를 낸다거나, 집에 와서 옷을 아무데나 벗어놓는 것 등 아주 작은 것에서도 상대방과 부딪히면서 말이죠.

사랑을 하다 보면 인생을 더욱 깊이 음미하게 됩니다. 연인에 대한 사랑뿐 아니라 부모, 친구, 이웃, 심지어 반려동물에 대한 사랑에서도 마찬가지죠. 사랑에는 필연적으로 갈등과 애증, 고통, 쓸쓸함이 동반됩니다. 이처럼 끊임없이 타인과 부딪히고 이해해나가야 하는 과정이 바로 사랑입니다. 그런 점에서 사랑은 사실상 나를 이해하는 과정입니다.

이 장에서는 사랑에 관한 무수히 많은 책 중 몇 권의 책을 살펴보며 사랑이란 과연 어떤 것인지, 성숙한 사랑을 위해서는 어떻게 해야 하는지 알아보도록 하겠습니다.

사랑은
나의 부족함을
채워줄까?

첫 번째 소개할 책은 고전평론가 고미숙 박사의 『사랑과 연애의 달인: 호모에로스』입니다. 이 책은 사랑에 빠진 사람들과 사랑을 기대하는 사람들, 혹은 실연에 슬퍼하는 사람들에게까지 매우 도전적인 메시지를 던집니다. 그녀의 첫 번째 돌직구는 '사랑은 대상의 문제가 아니다'입니다.

사실 이 말은 납득하기가 쉽지 않습니다. 일반적으로 대상이 있어야 사랑을 할 수 있고, 어떤 대상이냐에 따라 사랑의 시작이 결정된다고 생각하기 때문입니다. 사랑하기 전 우리는 나름의 조건을 머릿속에 가지고 있습니다. 연령과 상황에 따라 차이는 있겠지만 외모, 성격, 학력 등 자신의 예비 연인에게 기대하는 최소한의 기준이 있지요. 그런데 고미숙 박사는 더욱 강력하게 사랑은 대상의 문제가 아니라고 말합니다.

여기서 우리는 두 가지 의문을 제기할 수 있습니다. 첫째, 만일 사랑이 대상의 문제가 아니라면, 어떻게 짝을 찾을 수 있다는 것일까? 둘째, 지금 사랑을 하고 있다면, 그 대상이 매력적이어서 사랑하는 게 아니라 어쩌다 보니 만나게 된 우연의 결과라는 것일까?

아마도 고미숙 박사는 이러한 문제제기를 더욱 반가워할 것입니다. 그녀는 가장 먼저, 사랑은 내가 원해서 시작했기 때문에 대상의 문제가 아니라고 말합니다. 그보다 더 중요한 것은 대상만 잘 고르면 만사형통이라는 생각이 완전한 오판이라는 것입니다. 그녀는 우리가 '시절인연'에 따라 사람을 만나고 사랑을 하게 되는데, 이때 중요한 것은 사랑하는 대상보다 자신의 상태라고 말합니다. 내가 충만해 있으면 대상도 충만해지고, 내가 결핍되어 있으면 상대방도 결핍된다는 것이죠.

결국 그 시절인연이 하룻밤 인연으로 끝나게 될지, 완벽한 평생의 반려자가 될지는 대상의 완전함에 달려 있는 것이 아니라, 나의 상태와 의지에 달려 있다는 것입니다. 물론 그녀는 사랑 따로, 대상 따로, 나 따로가 아니라, 나와 사랑과 대상이 하나로 어우러질 때 사랑이라는 사건이 발생한다고 말합니다. 하지만 그중에서 가장 중요한 것은 나의 상태입니다. 상대방의 조건에 따라 내가, 혹은 우리의 사랑이 완전해질 거라고 믿는 것은 지극히 바보 같은 생각입니다.

사랑에
실패한 이유

고미숙 박사의 두 번째 돌직구는 '사랑의 대상은 상대방이 아니라 바로 나'라는 것입니다.

꽤나 많은 사람들이 사랑에 실패한 이유가 상대를 잘못 만나서라고 말합니다. 아직까지 행복한 사랑을 한 적이 없는 이유 또한 '이상형'을 만나지 못했다는 식으로 생각하죠.

하지만 결코 자기 존재의 크기를 넘는 사랑은 할 수가 없습니다. 내 안에 결핍된 무언가를 상대방을 통해 채우려는 시도는 결국 실패로 끝날 수밖에 없습니다. 사랑을 통해 상대방에게서 이득을 취하려 했다면 이득을 보지 못한 것에 분노하고, 대접받으려 했다면 대접받지 못한 것에 실패했다고 좌절합니다. 그래서 고미숙 박사는 목소리 높여 이야기합니다. "자기 자신을 먼저 채워라." 그에 이어 저는 이렇게 말하고 싶습니다. 당신의 꽉 찬 공간에 사랑하는 사람을 초대하라고 말입니다.

고미숙 박사는 "사랑은 매뉴얼로 하는 것이 아니라, 공부가 필요하다"라고 썼습니다. 이 책을 읽은 지 8년 가까이 지났지만, 아직도 저는 이 문장을 기억하고 있습니다.

현대인들은 드라마로 사랑을 배우고, 포르노를 통해 섹스를 배운다.

연애박사를 자처하는 사람들도 정작 이성을 만나면 어딘가 서툰 면이 있게 마련입니다. 심지어 자신은 완벽했다고 생각하고 데이트를 끝마쳤지만, 상대방은 "아니올시다"를 외치기도 합니다. 이는 사랑을 매뉴얼로 배웠기 때문입니다. 상황에 따라 어딘가에서 보고 들은 대로, 천편일률적으로 상대를 대하니 식상할 수밖에요.

지구상에 유일한 두 사람이 만나 사랑을 나눈다면, 그 이야기나 방법도 제각각이어야 합니다. 그런데 순간순간 발생하는 일들에 속수무책 당하는 이유는 사랑과 자신에 대한 공부가 부족하기 때문입니다. 드라마나 영화에서 보고 배운 것이 아닌, 실천과 경험을 통한 공부 말이죠. 그래서 고미숙 박사는 건강한 사랑을 원한다면, 꿈에 그리던 사랑을 원한다면, 지금부터 치열하게 공부하라고 조언합니다. 자신과 대상 뿐만 아니라 예술과 문학, 역사와 경제, 그리고 과학과 기술 등 세상의 다양한 지식들에 대해서요. 세상에 대한 공부는 자신의 내면을 가득 채우고, 상대방을 이해하게 합니다. 이는 타인과 보다 안정적인 관계를 맺도록 돕는 주춧돌 역할을 할 것입니다.

사랑할 때
필요한 것

불안한 사랑은 서로에게 많은 상처를 남깁니다. 사랑도 에너지이기 때문에 종종 한 사람이 더 많은 상처를 받는 경우가 있습니다. 대부분 더 많은 에너지를 쏟아부은 사람이 더 큰 상처를 입게 됩니다. 그 때문에 나타나는 집착, 원망, 애증, 무기력 등이 사랑의 대표적인 부작용들입니다.

　내 몸 한구석을 비워 상대방으로 가득 채우려 하는 것은 얼핏 로맨틱해 보입니다. 하지만 어떤 방식으로든 상대방이 나를 충족시켜주길 바라는 사랑은 상처로 채워질 가능성이 많습니다. 이런 상태에서는 주로 "나는 너를 이만큼 사랑하는데, 왜 너는 그만큼 사랑을 주지 않느냐"라고 따지게 됩니다. 그 사람 자체를 사랑한 것이 아니라, 결핍을 채워주는 상대를 사랑한 것이기 때문입니다.

　집착이나 원망과 같은 감정은 주로 내가 연약할 때 수면 위로 떠오릅니다. 타인에게 인정을 못 받고 있거나, 현실적인 욕구가 채워지지 못해 불행하다고 느낄 때, 상대방이 텅 빈 공간을 채워주기를 바랍니다. 물론 오랜 시간 함께 하며 신뢰를 나눈 연인이나 부부는 한 사람의 고난에 기꺼이 동참해서 슬픔을 나누겠지요. 하지만 그만큼의 신뢰를 쌓기 위해서는 적지 않은 시간이 필요합니다.

10년간 전쟁 같은 연애를 하다가 결혼에 골인한 한 선배가 있습니다. 저 또한 선배의 연애를 오랫동안 지켜봤기 때문에 그 과정이 얼마나 조마조마했는지 잘 알고 있었습니다. 청첩장을 내밀며 선배가 한 말은 다소 의외였습니다. "그렇게 흔들려봤기 때문에 이제야 새로운 단계로 접어든 것 같다. 신뢰의 단계로…" 새로운 단계인 신뢰로 접어든 가장 큰 원동력이 무엇인지 물었을 때는 마치 도인과 같은 답이 돌아왔습니다.

"10년 동안 내가 집착한 적도 있고, 귀찮아한 적도 있었어. 물론 그 반대도 있었지. 그런데 돌아보니 내 감정이나 상대방의 문제가 아니라, 그 당시 내 상태에 따라 달라진 것 같더라."

앞서 이야기와 같은 맥락이지만, 결국 나의 상태가 불안하면 사랑의 부작용은 어김없이 찾아옵니다. "나는 집착 같은 거 잘 안 해"라고 하는 사람도, 스스로 불안을 느끼는 상황에 처하면 이내 사랑하는 사람으로 자신을 채우려 하고, 상대를 자신과 동일시하려 합니다.

문제는 상대가 자신이 원하는 수준만큼 욕구를 채워주지 못하면 이내 원망과 애증, 혹은 집착에 빠지게 되고, 사랑이 떠나가면 마치 세상이 끝난 것처럼 무기력을 호소한다는 것입니다. 따라서 분명 사랑에는 많은 노력과 공부, 혹은 특정한 기술이 필요합니다.

사랑,
불완전한 만남

우리 시대에는 사랑에 대한 갈망과 예찬 그리고 이루어지지 않은 애절한 사랑을 표현한 무수한 영화와 노래가 있습니다. 그러나 사랑을 예찬하고 그 감정에 도취되는 사람들의 수만큼, 정작 사랑에 대해 배워야 할 것이 있다고 생각하는 사람은 많지 않은 것 같습니다. 독일의 사회심리학자인 에리히 프롬은 그의 저서 『사랑의 기술』에서 이러한 태도의 이유로 세 가지를 꼽습니다.

첫째, 대부분의 사람들은 사랑의 문제를 사랑할 줄 아는 문제가 아니라 사랑받는 문제로 생각합니다. 둘째, 사랑의 문제를 능력이 아닌 대상의 문제로 생각하며 자신이 생각한 짝을 찾기만 하면 저절로 사랑이 이루어질 것이라고 믿습니다. 셋째, 사랑을 하게 되는 최초의 경험과 사랑의 지속적 상태를 혼동해서 열정적인 사랑을 하는 처음의 두근거림을 사랑의 전부로 착각합니다.

에리히 프롬은 "사랑처럼 엄청난 희망과 기대 속에서 시작되었다가 반드시 실패로 끝나고 마는 활동이나 사업은 찾아보기 어려울 것이다"라고 말합니다. 그는 만일 이것이 사랑이 아닌 다른 활동의 경우라면 열심히 실패의 원인을 가려내려 하고 개선점을 찾거나, 아예 이 활동 자체를 깨끗이 포기할 것이라고 말합니다. 그런데 사랑은 포기하는 것 자체가 매우 어려운 일이기 때문에 반드시 사랑의 의미에 대해서 진지하게 고민해보아야 한다고 조언합니다.

사랑은 수동적 감정이나 이론이 아니라 활동, 그 자체입니다. 사랑은 참여하는 것이지 관람하는 것이 아닙니다. 사랑은 본래 주는 것이지 받는 것이 아닙니다. 주고받는 것이 원칙인 현대사회의 교환 원리 때문에 꽤나 많은 사람들이 주기만 하고 받지 않으면 가난해진다고 여기는 경향이 있습니다. 하지만 주는 것은 내 것을 상대에게 빼앗기는 게 아닙니다. 준다는 것은 그 자체로 에너지가 넘쳐흐르고 생동하는 활동입니다. 그렇기 때문에 성숙하지 못한 사람은 '당신이 필요하기 때문에 그대를 사랑한다'고 말하지만, 성숙한 사람은 '당신을 사랑하기 때문에 그대가 필요하다'고 말하죠.

에리히 프롬은 사랑은 실천의 연속이며, 훈련이라고 강조합니다. 머릿속에서 일어나는 추상적인 사고의 연속이 아니라, 실제로 부딪히고 갈등하고 싸우고 이해하다가, 어느새 상대방의 부족함을 인정하고 품을 수 있을 때 함께 살아가게 된다는 것이죠. 그리고 이러한 과정은 일회성으로 그치지 않고 함께 하는 날까지 계속됩니다.

"우리 사랑은 이제 성숙해졌겠지" 하는 순간, 뒤통수를 치고 들어오는 것이 사랑의 또 다른 본질입니다. 사랑은 관계의 문제니까요. 나이가 들어도, 불완전한 사람들끼리 서로 만나 관계를 맺고 있다는 사실에는 변함이 없습니다. 그러니 죽을 때까지 이해하고, 배려하고, 용서하는 훈련을 해야 합니다.

그래도
사랑하는 이유

우리가 사랑을 하는 이유는 도대체 무엇일까요? 이렇게 어렵고 복잡하며 때로는 소모적인 사랑을 하는 이유가 무엇입니까? 그냥 포기하고 사는 것이 더 편하지 않을까요?

우리가 사랑하는 사람에게 하는 약속이나 서약에는 몇 가지 형식이 있습니다. 가장 대표적인 것은 믿음과 희생입니다. 어떠한 경우에도 상대방을 믿으며, 상대방을 위해 희생하겠다고 다짐하지요. 도대체 지키지도 못할 이런 고차원적인 약속을 왜 하는 것일까요? 그저 잠시라도 고결해 보이기 위해서일까요? 저는 이러한 서약의 형식에 우리가 암묵적으로 인정하는 사랑의 목적이 존재한다고 생각합니다.

많은 사람들은 사랑을 쾌락의 문제로 생각하는 경향이 있습니다. 이는 앞서 설명한 것처럼 사랑을 대상의 문제로 바라보기 때문입니다. 하지만 사랑이 단지 쾌락을 얻기 위한 것이라면, 더 이상 사랑의 목적 따위는 이야기할 필요가 없습니다. 그저 타인의 환심을 살 수 있는 매뉴얼만 있으면 되겠죠.

사랑을 쾌락으로만 바라본다면, 사랑할 때 맺는 약속이나 결혼식장에서 많은 사람들을 앞에 두고 하는 서약은 단순한 쇼이거나 그저 잠깐의 쾌락을 위해 위선을 떠는 것이 되어버립니다.

사랑에도 의리가 있습니다. 우리는 그것을 신의라고 부릅니다. 현대인들은 사랑을 매우 고혹적이고, 숭고하며, 그 어떤 가치보다 높다고 여기는 경향이 있습니다. 그래서 '의리로 산다'는 말에 굉장히 부정적인 반응을 보입니다. 특히 사랑이 떠나고 의리로 살고 있다는 부부에게 미혼인 사람들은 다소 불쌍하고 처량한 눈빛을 보내기도 합니다.

그러나 신의는 결코 보기만 해도 가슴이 뛰고, 보고 싶어 미칠 것 같은 흥분된 사랑보다 뒤떨어지는 덕목이 아닙니다. 사랑은 애초에 믿음에 기반을 둔 약속이자 언약입니다. 뇌의 자극에 따라 흥분하는 일차원적인 사랑보다, 지키기 어려울 때조차 약속을 지키고 희생하려는 그 노력이 한 차원 높은 고귀한 정신입니다. 그런 정신과 덕을 공유할 때 두 사람은 한층 더 성숙한 사랑에 돌입하게 됩니다. 그래서 저는 사랑해서 결혼하는 것보다 결혼했기 때문에 사랑하는 것이 더 값지고 멋있는 사랑이라고 생각합니다.

어쩌면 누군가는 제 의견이 지나치게 구태의연한 의무론적 사랑이라며 비난할지도 모르겠습니다. 하지만 쾌락만 좇는 '쿨하고 화려한 사랑'에서 얻을 수 있는 것은 영원히 채워지지 않는 욕망뿐일지도 모릅니다.

사랑이 나를 삼키지도,
사랑이 사라지지도 않게 하소서

이제는 제가 추천하는 사랑의 기술을 이야기해볼까 합니다.

첫 번째 기술은 '상대방이 좋은 사람이라는 기대를 버리자'입니다. 오해하지 마십시오. 상대를 하찮은 인간으로 바라보라는 뜻이 아닙니다. 귀한 사람으로 대접하면 귀하게 행동하고, 비루하게 대하면 비루하게 행동하는 것이 사람입니다.

관계를 맺어본 사람이라면 누구나 알고 있듯이, 사람은 여러 가지 얼굴을 가지고 있습니다. 나에게는 친절하고 상냥한 사람이 다른 이들에게는 냉정하고 사나울 수 있습니다. 사람은 관계 속에서 전혀 다른 속성을 발산합니다. 본질은 없고 양태樣態*만 있는 거죠. 상대방의 언어를 정확히 이해하고 그 사람의 삶의 양식을 꿰뚫고 있다면, 남에게는 사나운 맹수였을지라도 나에게는 한 마리 순한 양으로 만들 수 있습

> **양태** 사전적인 의미로는 사물이 존재하는 모양이나 모습이나 상태를 의미. 철학에서는 본질과 상반되는 개념으로 쓰인다. 한 가지 사물의 절대적인 의미와 기능이 본질이라면, 양태는 사물의 다양한 형태와 쓰임을 의미한다.

니다. "남자는 여자하기 나름이에요"라는 오래된 문구는 사실, 양쪽 모두에게 해당하는 말입니다.

두 번째 기술은 '상대방의 얼굴을 바꿔주자'입니다.

일종의 가면을 씌우는 것이죠. 때로는 현실이 인식을 만드는 것이 아니라, 인식이 현실을 만들기도 합니다. "당신이 그렇게 행동하니까 내가 짜증을 내는 거잖아. 그렇게 하지 않으면 내가 짜증을 내겠어?"라고 말하는 사람들이 있습니다. 이들은 현실을 그저 있는 그대로 받아들이는 사람입니다. 파블로프의 개처럼 상대의 자극에 따라 무조건적인 반응을 보이는 겁니다. 하지만 반대도 가능합니다. 나의 반응으로 자극을 주는 사람을 변화시키는 방법입니다.

니체는 "지식은 의지의 시녀다"라고 말했습니다. 일반적으로 우리는 대상을 알고 난 후에, 그것에 대해 확신을 가진다고 생각합니다. 이것을 사랑의 영역으로 가지고 오면, 우리가 상대방에 대해 알고 있는 만큼 확신을 갖게 되겠죠. 그런데 반대로 상대방에 대한 확신이 우리가 알고 있는 그 혹은 그녀의 모습을 변화시킬 수도 있습니다.

위약 효과placebo effect를 예로 들어보겠습니다. 잘 알려져 있다시피 감기 환자에게 감기약이라며 녹말가루를 처방하면, 실제로는 효과가 없어야 정상입니다. 하지만 녹말가루라는 가짜 약이 진짜 약과 같은 치료 효과를 가져오는 경우도 있습니다. 약을 먹은 사람이 의사와 병원이라는 체계를 믿기 때문에 일어나는 심리적 결과인데요, 스스로의 믿음이 스스로를 구원한 셈입니다.

노력하는 관계가
아름답다

위와 같은 종류의 믿음의 힘은 매우 다양한 연구에서 입증되었습니다.

　한 연구자가 5명의 사람들에게 혈액형에 따라 성격을 분석해주겠다며 그들과 상담한 후 결과지를 나눠주었습니다. 사람들은 결과지를 보고 자신의 성격을 잘 맞췄다며 맞장구를 쳤습니다. 하지만 사실 그들이 받은 결과지는 모두 같은 내용이었습니다. 때로는 욱하지만 때로는 차분하며, 때로는 덜렁대지만 때로는 꼼꼼하다 따위의 보편적인 내용이었지만 실험을 통해 분석했다는 설명만으로도 듣는 사람은 자신의 성격을 맞추었다고 믿게 됩니다. 사회심리학에서는 이를 바넘 효과Barnum effect* 혹은 포러 효과Forer effect*라고 합니다.

> **바넘 효과** 사람들이 보편적으로 가지고 있는 성격이나 심리적 특징을 자신만의 특성으로 여기는 심리적 경향. 19세기 말 곡예단에서 사람들의 성격과 특징을 알아내는 일을 했던 바넘의 이름에서 유래했다.
>
> **포러 효과** 바넘 효과와 같은 뜻. 심리학자 버트넘 포러가 처음으로 실험을 통해 이런 심리 경향을 증명했다. 포러는 학생들의 성격을 테스트한 뒤, 학생들에게 검사 결과와 자신의 성격이 얼마나 일치하는지 평가하도록 했다. 학생들은 대부분 일치한다고 대답했지만, 사실 포러가 나눠준 것은 모두 같은 내용을 담은 검사 결과였다.

실제로 혈액형별 성격의 특징을 믿는 사람들은 다른 사람들의 실제 모습을 보기보다 각 혈액형의 특성이라고 알려진 기준에 따라 그 사람의 속성을 정의내립니다. 만약 누군가가 A형이라고 하면 그 사람에게서 A형의 특성만을 찾는 식이죠. 하늘에 떠가는 구름에서 사람의 얼굴을 찾아내고 불기둥에서 악마의 모습을 발견하는 것이 인간의 습성입니다.

한 가지 예를 더 들어볼까요? 미국에서 실제 진행된 실험입니다. 이력서에 사진, 나이, 학력 등 모든 조건은 동일하게 하고, 이름만 달리 해서 면접관들에게 나눠주었습니다. 면접관들은 동일한 조건이라도 잭슨Jackson, 커프Cuffe와 같은 흑인 이름을 가진 사람들이 아닌 빌Bill, 조지George와 같은 백인 이름을 가진 사람들을 선택했습니다. 면접관들은 자신도 모르게 백인이 흑인이나 황인종보다 더 똑똑하다는 선입견, 일종의 믿음을 가지고 있었던 것입니다.

인간은 누구나 세상에 대해 몇 가지 믿음, 전제 혹은 확신을 가지고 있습니다. 이는 그 사람의 세계관이 바뀔 때에만 변할 수 있습니다. 심리학에서는 이러한 인간의 경향을 확증편향confirmation bias이라고 부릅니다.

확증편향은 우리가 언제나 선입견과 편견에 사로잡힐 수 있다는 교훈을 줍니다. 세상을 있는 그대로 보는 게 아니라 생각한 대로 바라보게 된다는 점을 시사하죠. 그런데 이 선입견은 대상을 왜곡할 수도 있지만, 반대로 내가 생각하는 대상의 모습을 변화시킬 수도 있습니다. 바로 규정規定을 이용해서 말이죠.

어떤 대상을 특정한 언어로 규정하면, 나는 녹말가루를 감기약으로 생각할 수 있고, 무능력자를 능력자로 인식할 수도 있습니다. 어떤 사물이나 사람에 대한 확고한 믿음은 적어도 나의 세계관에는 변화를 일으킵니다. 그리고 나의 세계에서는 나의 믿음이 실제를 만들어내죠. 그 믿음이 긍정적이라면 긍정적인 실체를, 부정적이라면 부정적인 실체를 만들어낼 겁니다. 이 과정을 지속적으로 반복하면 비로소 우리는 상대방을 새롭게 인식할 수 있습니다.

독일의 철학자 하이데거는 "언어는 존재의 집"이라고 주장했습니다. 나의 언어는 상대방이 머물 수 있는 집을 만들 수 있습니다. 우리의 언어에 구속력이 있다는 말이죠. 상대방의 허물과 부족함에 집착하면, 적어도 나의 인식 속에서 그 사람은 부족한 사람이 됩니다. 그리고 실제로도 그렇게 변할 겁니다. 그리고 이렇게 말하겠죠. "역시 사람은 변하지 않아." 하지만 반대로 상대방의 장점에 집중하고 그를 긍정적인 언어로 규정하면 나에게 그 사람은 좋은 사람이 됩니다. 그리고 실제로도 그렇게 변하게 됩니다. 잠시 씌어준 가면이 실제 얼굴이 되는 것이죠.

상대방이 좋은 사람일거라 그저 기대하고 관망만 하는게 아니라, 관계가 긍정적으로 변화할 수 있도록 적극적으로 개입하고 실천하는 것이 중요합니다. 물론 변화할 수 있는 만큼의 시간이 필요하겠죠. 꽤나 지지부진한 시간이 될 수도 있습니다. 하지만 그 시간 동안 내가 바뀌든 상대방이 바뀌든, 분명 한 사람은 성장하고 한 사람은 성숙할 겁니다.

사랑을 향한
의지

연애 초반에는 얼마나 눈에 뵈는 게 없는지 서슴없이 대신 죽어주겠다고 약속합니다. 그런데 그 말을 실천하기가 그리 쉬운 일인가요? 대신 죽어주기는커녕 아무리 작은 일에도 자존심이 상하면 고집을 꺾지 않고, 미안하다는 말이나 잘못했다는 말조차 쉽게 내뱉지 못하는 게 사람입니다.

보기만 해도 가슴이 뛰고, 죽어주겠다고 맹세하는 맹목적인 감정만이 사랑의 끝은 아닙니다. 아이가 성숙해 어른이 되듯, 다음 단계가 분명히 있습니다. 아이들이 어떤 성장 과정을 거치느냐에 따라 건강한 어른이 되기도 하고 허약한 어른이 되기도 하듯이 사랑의 결말도 마찬가지입니다.

작은 것조차 양보하지 못한다면, 결코 목숨까지 내줄 수 없습니다. 사랑하는 사람에게 미안하다는 말도 못 하고, 눈에 보이는 잘못된 것은 모두 다 지적하며, 작은 실수를 눈감아주지 못한다면 대신 죽어준다는 말은 공수표에 불과합니다. 알면서 속아주기도 하고, 상대를 위해 나의 오랜 습관을 버리며, 잘못한 것이 없는데도 미안하다고 말할 수 있다면, 그런 작은 행동으로부터 사랑은 열매를 맺고, 두 사람의 사랑은 다음 단계로 접어들 수 있습니다.

좋은 사람을 만난 것인지, 이 사람이 최고의 인연인지 고민될 때는 상대방의 조건이나 상태를 따지기보다, 오히려 스스로 주문을 거는 것이 더 현명할지도 모릅니다. "나는 너를 사랑하겠다"라고 말입니다. 저는 이러한 의지가 조건을 따져가며 상품처럼 얻은 관계보다 더 멋진 인연을 만들어줄 것이라고 믿습니다.

확증편향

우리는 알고 믿는 것일까요? 아니면 믿고 아는 것일까요? 안다는 것은 지식의 영역이고 믿는다는 것은 의지의 문제입니다. 일반적으로 우리는 믿음보다 합리적이고 객관적인 지식을 더 선호하고, 때로는 그 객관성을 맹신하기도 합니다. 믿음이나 의지는 실체가 없고 측정할 수도 없는 모호한 것이라는 생각 때문이죠.

하지만 심리학자들은 우리가 무언가를 알고 판단하는 데에는 일종의 편견이 개입한다고 주장합니다. 그리고 그 편견을 '지식에 선행하는 믿음과 의지'라고 하죠. 즉, 알고 믿는 것이 아니라 먼저 믿겠다는 의지를 가지고 정보를 대하기 때문에 지식의 범위에 한계가 있다는 것입니다. 이를 전문용어로 '확증편향'이라고 합니다. 이는 우리의 믿음을 확인시켜주는 정보를 찾고, 그 믿음에 반하는 정보를 무시하는 경향을 말합니다.

우리의 뇌는 무질서를 싫어하기 때문에 구름에서 얼굴을 발견하고 불길 속에서 악마를 찾습니다. 사람을 매우 잘 본다고 생각하는 사람들은 대부분이 이러한 확증편향에 빠진 경우라고 할 수 있습니다. 한 사람에 대해 평가를 할 때 정확한 정보를 가지고 판단하기보다, 자신이 가지고 있는 사고의 틀로 재단해버리기 때문입니다.

다수의 정신과학자들은 우리가 보는 세상은 원래 그대로의 모습이 아니라 우리가 보고 싶은 모습, 즉 각자의 정신구조에 의해 결정되는 심리적 구조물이라고 주장합니다. 이처럼 인간은 일단 형성된 믿음에 다른 지식체계가 간섭하는 것을 매우 꺼려합니다. 이러한 측면에서 지식은 믿음(혹은 믿겠다는 의지)에 종속한다고 할 수 있는데, 니체가 "지식은 의지의 시녀다"라고 말한 것은 확증편향의 성격을 잘 대변하고 있습니다.

04

자살,
개인의 선택 혹은 사회적 질병

사람들은 왜 스스로 목숨을 끊을까요? 그저 개인적으로 우울한 성격 때문일까요? 아니면 차마 말할 수 없는 불행을 겪어서일까요? 그런데 이렇게 개인적인 문제로만 치부하기에는 너무 많은 사람들이 스스로 목숨을 끊었으며, 사회 전반적으로 그 수치가 계속 증가하고 있습니다. 이제 자살은 우리 시대 관계의 결핍이 빚어낸 사회적 문제가 아닌가 합니다. 타인에게 무관심한 우리의 문화 때문에 고독감을 느끼는 사람들이 늘어나는 게 아닐까요?

함께 읽을 책
『에밀 뒤르켐의 자살론』, 에밀 뒤르켐 저, 황보종우 옮김, 청아출판사, 2008

우리 사회의
슬픈 자화상

봄을 흔히들 생명과 희망의 계절이라고 합니다. 따스한 햇살에 얼었던 대지가 녹고 새로운 생명이 움트는, 역동적이며 생기 넘치는 계절이 바로 사람들이 생각하는 봄의 이미지입니다. 하지만 어떤 통계치가 보여주는 봄은 우리가 생각하는 이미지와는 많이 다릅니다.

매년 3월과 4월, 그리고 5월까지 가장 높은 상승률을 보이는 통계 수치가 무엇인지 아시나요? 바로 자살률입니다. 지난 10년 치의 통계를 보면 연초, 특히 3월과 5월 사이의 자살률이 가장 높습니다. 거기다 매년 12월에서 1월로 넘어가는 단 한 달 사이에 자살률이 약 1.5배 이상 증가했습니다.

아우슈비츠 수용소에서 유대인 학살을 직접 경험한 빅터 프랭클 박사는 『죽음의 수용소에서』라는 그의 저서에서 이런 경향을 언급했습니다. 12월에는 "새해가 되면 나아지겠지"라는 새로운 희망을 꿈꾸며 죽음을 물리치지만, 정작 1월이 되어도 아무런 변화가 일어나지 않자 그 절망감에 스스로 목숨을 끊는 사람들이 급증했다고 말입니다.

일반적으로 자살은 수많은 동물들 중 오로지 인간만이 할 수 있는 행위로 알려져 있습니다. (돌고래나 침팬지, 그리고 개에게서도 관찰된 바 있지만, 정확히 자살인지 사고인지 구별하기 어렵다고 합니다.) 통계청의 자료에 따르면 우리나라의 자살률은 최근 10년간 급격히 증가하여 2013년 한 해에만 14,427명에 이르는 사람들이 스스로 목숨을 끊었다고 합니다. 하루 평균 약 40명이 스스로 목숨을 끊고 있는 셈입니다. 이 수치는 인구 10만 명당 28.5명으로 OECD(경제협력개발기구) 국가 중 1위에 해당합니다. OECD 국가들의 평균 자살률이 12.1명인 것을 감안하면 두 배를 훨씬 뛰어넘는 수치입니다.

자살은 암, 뇌혈관 질환, 심장 질환에 이어 한국인의 사망 원인 4위를 차지하고 있습니다. 무엇보다 10대부터 30대에 이르는 청장년층에서는 자살이 가장 주요한 사망 원인입니다. 40~50대에서는 암에 이어 2위이고, 60대에서는 4위, 70대는 7위, 80대는 10위로, 연령이 높아질수록 사망 원인에서 자살이 치지하는 순위는 낮아지지만 노인 자살률은 세계에서 유례를 찾아볼 수 없을 만큼 높다고 합니다.

군대 내에서도 자살이 심각한 문제로 대두된 지 오래입니다. 10여 년 전부터 연평균 70명 이상이 자살로 생을 마감하고 있습니다. 자살이 군대 내에서 발생하는 사망 사고의 첫 번째 원인입니다. 눈여겨보아야 할 대목은 병사뿐만 아니라 장교와 부사관과 같은 직업군인들 사이에서도 자살 사고의 발생빈도가 증가하고 있다는 점입니다. 군대 내에서도 자살을 방지하기 위해 체계적인 교육을 하고 있지만 자살률은 쉽게 낮아지지 않고 있습니다.

이쯤 되면 자살을 개인의 문제 또는 우발적인 선택이 아니라 사회적인 관계의 문제로 접근해볼 필요가 있습니다.

본격적인 논의에 앞서, 어디까지를 자살로 볼 것인지 자살의 범위를 조금 한정하도록 하겠습니다. 삶을 비관하여 목숨을 끊는 종류의 자살만 있는 것이 아니기 때문입니다. 가령, 적진을 향해 뛰어 들어가는 군인의 행동도 자살행위라고 할 수 있을까요? 죽을지도 모르는 상황에서 물에 빠진 사람을 구하기 위해 기꺼이 몸을 던지는 이들은 어떨까요?

일반적인 논의에 답을 얻고자 한다면, 일단 특수한 경우는 제외하고 핵심적인 문제부터 다루는 것이 훨씬 더 효율적입니다. 예를 들어 인권의 보편성에 대해서 이야기를 나누는데 식인종 얘기부터 해결하자고 하면 논의는 한 발짝도 나아가지 못하고 무의미한 논쟁만 계속될 뿐입니다. 따라서 여기에서는 동료나 사랑하는 사람들을 위해서 자신의 생을 던지는 특수한 경우는 제외하고, 오직 자기 자신을 위해 스스로 죽음을 선택한 경우만을 다루도록 하겠습니다.

죽음은
본능이다?

첫 번째로 소개할 자살에 관한 이론적 개념은 타나토스 Thanatos입니다. 타나토스는 그리스어로 죽음이라는 뜻이며, 그리스 신화에서는 죽음의 신의 이름으로 등장합니다.

프로이트는 이 죽음의 신의 이름을 빌어 자살을 인간

본능의 새로운 축으로 설명했습니다. 그는 인간이 살기 위해서는 특정한 에너지가 필요한데, 그 에너지는 바로 본능이라고 보았습니다. 여기서 본능은 생의 본능인 리비도livido와 죽음의 본능인 타나토스로 구분됩니다.

리비도는 삶을 살게 하는 욕망의 총체입니다. 먹고, 마시고, 사랑하고, 도구를 사용하는 것에 이르기까지 생명을 유지하기 위한 모든 행동을 말합니다. (물론 프로이트가 주장한 리비도는 성적 욕망이 무의식의 차원에서 끊임없이 요동친 결과물에 불과합니다.)

이와는 반대로 타나토스는 삶을 포기하고 파괴하도록 하는 에너지의 총체적 욕망입니다. 프로이트는 모든 생명체가 본래 무기물의 상태, 즉 죽음의 상태로 돌아가고자 하는 본능도 가지고 있다고 봤습니다. 그는 "모든 생명체의 목적은 죽음이다"라고 주장했죠.

자신을 파괴하고 비참하게 만들면서 희열을 느낀다는 것은 선뜻 이해가 되지 않습니다. 하지만 현실의 고통에서 벗어나기 위해 도박이나 게임, 술과 같은 쾌락의 수렁으로 빠져드는 경우를 주변에서 어렵지 않게 볼 수 있습니다. 밤이 되면 어두운 길을 어슬렁거리며 자신의 육체와 영혼을 망가뜨리는 사람들을 보면, 파괴적이지만 동시에 황홀한 희열을 즐기는 것이 인간의 본능 중 하나라는 생각이 듭니다.

그러나 자기 파괴에 대한 본능을 가지고 있다고 해서 모두가 자살을 선택하지는 않습니다. 식욕이 있다고 해서 모두가 과식을 하지는 않는 것처럼 욕구를 극단적으로 사용하는 건 부자연스러운 일입니다. 다만 우리 안에 자기파괴의 본능이 있음을 이해하면 논의는 한발 더 나아갈 수 있습니다.

젊은 베르테르의 슬픔

두 번째로 소개할 이론은 베르테르 효과입니다. 이 개념은 소설의 주인공 이름에서 유래했습니다. 1774년에 발표된 소설 『젊은 베르테르의 슬픔』의 주인공인 베르테르는 로테라는 여인을 열렬히 사랑했습니다. 안타깝게도 그 여인에게는 이미 약혼자가 있었고, 뒤늦게 이 사실을 알게 된 베르테르는 깊은 절망감에 빠져 자살하고 맙니다. 이 소설은 유럽 전역에서 널리 읽히면서 선풍적인 인기를 얻었고, 25세의 청년 괴테를 일약 세계적인 작가의 반열에 올려놓습니다.

그런데 얼마 후, 아무도 예상하지 못했던 일이 발생합니다. 베르테르의 자살에 공감한 유럽의 젊은이들 사이에서 베르테르처럼 노란 조끼를 입고 권총으로 자살하는 일이 유행처럼 번지기 시작한 것입니다. 일부 국가에서는 『젊은 베르테르의 슬픔』의 출간이 금지되는 일까지 일어났습니다.

현대에 와서 사회학자 데이비드 필립스는 자살 유행의 원인을 분석하며 이 사건에 주목했습니다. 그는 20여년에 걸쳐 자살의 원인을 추적한 결과, 국가나 사회에 영향력이 있는 사람이 자살할 경우, 그 사람과 자신을 동일시하여 유사한 형태의 자살을 시도하는 현상이 급증한다는 사실을 밝혀냈습니다. 그는 이런 경향을 '베르테르 효과'라고 이름지었습니다. 하지만 유명인의 자살이 자살 충동을 높이는 데 영향을 줄 수는 있지만, 근본적인 원인으로 보기는 힘듭니다.

죽는 것이
낫다고?

철학에서는 자살을 어떻게 다루고 있을까요? 『죽음이란 무엇인가?』를 쓴 셸리 케이건 예일대 교수의 관점을 살펴보겠습니다. 그는 자살을 합리성과 도덕성의 틀로 설명합니다.

케이건 교수는 '죽는 것이 더 낫다'는 판단이 결코 합리적인 선택이 아니라고 말합니다. 합리적인 선택은 방법이 하나밖에 없거나 혹은 몇 가지 선택지 중 더 이익이 되는 것을 선택할 때 성립합니다. 그런데 자살 충동을 느끼는 사람은 대부분 자신의 삶을 비참하다고 여깁니다. 주변을 차분하게 생각할 수 없겠지요.

또 삶과 죽음 중 어느 것이 나은지는 겪어보지 않고는 비교할 수 없기 때문에 죽음을 선택하는 것은 비합리적이라고 말합니다. 죽음 이후의 상태는 존재하지 않으니까요. 물론 같은 논리에서, 살아 있는 것이 더 낫다고 할 수도 없습니다.

저도 어떠한 의미에서든 '죽는 것이 더 낫다'는 판단은 매우 비합리적이라고 생각합니다. 인간은 과거와 현재밖에 알 수 없고, 그 마저도 왜곡되어 있을 가능성이 높습니다. 뿐만 아니라 우리가 생각할 수 있는 미래는 현재를 통해 유추한 것에 불과하니 죽는 게 더 낫다고 감정적으로 확신할 때에도, 그 확신이 사실인지는 전혀 알 수가 없습니다.

죽음에 대한 충동은 늘 우리에게 이렇게 말을 건넵니다. "10년 후에도 달라지는 것은 없어. 넌 그때도 실패할 거야. 무엇을 하든 말이지." 우울할 때 보는 세상과 기쁠 때 보는 세상은 상황이 같을 때조차도 전혀 다르게 보이기 마련입니다. 세상이 절망적으로 느껴진다면 현재 자신이 매우 지쳐 있다는 것을 받아들이고, 판단을 잠시 유보하는 편이 더 합리적이라 할 수 있을 겁니다.

다음으로 케이건 교수가 자살을 어떻게 도덕성의 틀로 설명하는지 살펴보겠습니다.

한강 다리에서 누군가 뛰어내리려 할 때, 혹은 찻길에 무작정 뛰어 들어가는 사람을 봤을 때, 우리는 합리적인 판단을 내리기 이전에 순간적으로 그 사람을 구하겠다는 생각을 합니다. 여기서 왜 '구하려고'라는 표현을 썼을까요?

도덕은 절대적인 기준이라기보다 우리가 공유하고 있는 올바름에 대한 태도입니다. 죽음의 문턱에서 서성거리는 사람의 행동을 저지하는 행위는 그를 구원하는 것입니다. 그것이 우리가 가지고 있는 도덕이죠. 타인의 죽음조차 막으려

하는 것이 인간의 도덕성이라면, 비참한 현실 때문에 합리적인 판단에 의해 자살을 선택한다 할지라도, 도덕적으로는 용납될 수 없다는 것이 셸리 케이건 교수의 생각입니다.

죽은 자는
말이 없다

이밖에도 많은 전문가들은 인구·사회적 변수라고 불리는 성별, 연령, 지역, 교육수준의 차이에서 자살의 원인을 찾습니다. 또한 외로움이나 가정불화에 따른 우울증 혹은 부실한 경제상황 등의 궁핍한 사회적 조건이 자살을 유도한다는 분석도 있습니다. 그중에서 일반적으로 가장 큰 요인으로 손꼽는 것은 경제력 상실과 우울증입니다.

통계치를 조금 더 살펴볼까요? 지난 2014년의 국내 자살 통계를 살펴보면, 남성의 자살률은 전년 대비 4.2퍼센트 증가했고, 여성의 자살률보다 2.3배 높았습니다. 교육수준이 낮을수록 자살률은 높았습니다. 자살 충동의 가장 큰 원인은 경제적 어려움(37.4퍼센트), 가정불화(14퍼센트), 외로움과 고독(12.7퍼센트) 순이었습니다. 소수 요인으로는 언어폭력이나 구타 등이 손꼽혔습니다.

그런데 이러한 연구는 몇 가지 한계를 가지고 있습니다. 우선 위의 변수들은 모두 자살 충동을 느낀 사람들이 응답한 것이지, 실제로 자살한 사람들의 말이 아닙니다. 죽은 자들은 말이 없으니까요. 물론 주변인을 통해 자살한 사람의 생각과 심리 상태를 조사하는 심리적 부검으로 추측하기도 하지만, 실제 경제적인 문제를 겪고 있었다 하더라도 그것이 정말 자살의 원인이었는지 아니면 다른 문제가 있었는지는 알 수 없습니다. 또한 돈이 문제라면 중산층 이상에서는 자살을 시도한 사람이 발견되어서는 안 되겠지만 중산층의 자살률도 증가하는 추세입니다.

이러한 변수들은 자살의 필요조건이 될 수는 있을지 모르지만, 그것만으로는 충분하지 않습니다. 그 이면에는 분명히 무언가가 더 있는 것이죠!

뒤르켐의
『자살론』

지금까지는 자살의 원인을 개인의 문제로 바라봤습니다. 그러나 모두가 그렇게 생각하지는 않습니다. 자살을 사회적이고 구조적인 문제로 바라보는 이들도 있습니다.

흥미롭게도 정부의 형태에 따라 자살률에 차이가 있다는 분석이 있습니다. 제임스 길리건의 『왜 어떤 정치인은 다른 정치인보다 해로운가』라는 책이 대표적인데요. 정치와 죽음의 관계를 밝힌 정신의학자의 책입니다. 정부나 사회의 형태와 자살률을 연결시키는 논의를 따라가다 보면 매우 고전적인 연구를 만나게 됩니다. 바로 프랑스 사회학자인 에밀 뒤르켐의 『자살론』입니다.

뒤르켐은 자살을 개인의 결단이 아닌 사회적 병리현상으로 보았습니다. 특히 사회 통합과 결속의 정도에 따라 자살률이 달라지는 데 주목했습니다. 이러한 축을 중심으로 그는 자살을 네 가지 유형으로 분류했습니다. 이기적 자살, 이타적 자살, 아노미적 자살, 숙명적 자살이 그것입니다.

이기적 자살은 한 개인이 사회 안에 통합되지 못하고, 지나친 개인주의나 자기중심주의에 빠졌을 때 일어납니다. 뒤르켐은 과거에는 가족의 생활 형태가 가족 일원의 자살 충동을 막아주었지만, 현대에는 전통적인 가족이 붕괴되어 자살 충동을 막아주는 장치가 약해졌다고 주장합니다.

그런데 이기적 자살에도 예외가 있습니다. 국가가 위기에 처하거나 사람들이 한데 모여 결집해야 하는 일이 발생할 때에는 자살률이 감소했습니다. 전쟁이 벌어지거나 나라가 혼란할 때에는 가정이 붕괴된 상태라도 사람들 사이의 사회적 결속력이 강해지며 자살률이 낮아진다는 것이죠. 예외가 있긴 하지만 이기적 자살은 한 개인이 사회와 강한 유대 관계를 맺지 못하고 결핍을 느낄 때 나타나는 유형입니다.

반면 이타적 자살은 자신이 속한 사회에 지나치게 결속된 나머지 그 사회나 조직을 위해 자기를 희생하고자 선택하는 유형의 자살입니다. 가령, 늙거나 병들어 부양능력을 상실한 가장의 자살, 족장의 죽음을 따르기 위한 부하나 시종의 자살 등이 대표적인 사례입니다. 이런 죽음을 선택한 사람들은 자살을 하나의 의무로 여깁니다. 이 유형은 일반적으로 부족사회나 미개사회에서 나타납니다.

아노미적 자살은 개인의 사회적 위치가 급격히 변화할 때, 즉 새로운 환경에 적응하기 힘들 때 나타나는 유형의 자살입니다. 이는 경제 위기가 닥쳤을 때 자살률이 높아지는 현상을 잘 설명해줍니다.

그런데 자살률은 경제가 갑자기 호황으로 돌아설 때도 증가합니다. 위기 자체가 아니라 갑작스러운 변화가 문제였던 것입니다. 뒤르켐은 사회구조가 지나치게 이완되었거나 경직되어 익숙했던 세계가 무너지면, 사람들이 그 안에서 길을 잃게 된다고 주장합니다. 이제 막 새로운 학교에 진학했거나 군대에 입대한 사람들의 자살, 복권 당첨으로 갑자기 엄청난 부를 누리게 된 사람들의 자살, 순식간에 인기가 폭락하거나 폭등한 연예인의 자살 등이 해당됩니다.

마지막으로 숙명적 자살은 죽음 외에는 그 어떤 자율적인 행동을 할 수 없다고 판단할 만큼 극단적인 상황에서 나타나는 유형입니다. 실제로는 매우 드물게 발생하는 형태죠. 뒤르켐은 이러한 자살을 노예의 자살이나, 전쟁포로 혹은 장기복역수의 자살로 보았는데요, 저는 장기적인 심리적 압박이나 가혹행위로 인해 더 이상 자신이 처한 환경을 벗어날 수 없다고 느낄 때 선택하는 자살도 포함된다고 생각합니다.

뒤르켐의 자살론은 약 100여 년 전 유럽 사회를 분석해 만들어진 이론이지만, 현대사회에도 많은 의미가 있습니다. 뒤르켐이 구분한 각각의 자살 유형은 현대사회에 만연한 현상과도 관계가 있으니까요. 이기적 자살은 관계의 부재로, 아노미적 자살은 의미의 절연으로, 그리고 숙명적 자살은 강압적 환경으로 인한 심리적 압박에 기인하고 있습니다.

여기서 눈여겨보아야 하는 결론은 다음의 두 가지입니다. 첫째, 자살은 절망적인 상황에 홀로 남은 개인이 아니라 공동체 안에서 상대적 상실감을 느끼거나 압박을 받는 사람이 선택합니다. 둘째, 만일 자살이 개인의 문제가 아니라 관계의 문제라면, 이 문제에는 개선의 여지가 있습니다.

자살은 일종의 결핍과 관계가 있습니다. 그런데 결핍의 감각은 사회적 관계 내에서만 생산됩니다. 다른 사람에 비해 상대적으로 무엇이 더 결핍되어 있는지 알지 못한다면, 우리는 결코 결핍감을 느낄 수 없습니다. 사회적 관점에서 자살은 혼자 선택할 수 없는 일이며, 자살을 부추기는 타자, 혹은 숨은 그림자의 영향을 받는다고 보아야 합니다.

의미 있는
타인의 부재

2015년 초 한국보건사회연구소에서 흥미로운 연구 결과 하나를 발표했습니다. 친한 친구 5명이 생길 때마다 아동·청소

년이 자살을 생각하는 빈도가 10퍼센트 감소한다는 조사였습니다. 공동체에 깊이 개입되어 있고, 그 속에서 존재의 의미를 공유하고 있는 사람들은 자살을 선택하지 않는다는 이론을 뒷받침해주는 조사 결과입니다.

대학에서 수원 자살예방 연구센터와 함께 자살 문제에 대한 프로젝트 진행한 적이 있습니다. 연구팀은 자살과 관계의 문제를 집중적으로 다루었습니다. 예를 들어 두 사람이 동일하게 경제적으로 궁핍해도, 주변 인물과의 관계에 따라 어떤 사람은 자살을, 또 어떤 사람은 삶을 선택한다는 가설을 실제 상담 사례로 증명하는 연구였습니다.

우리가 살아가는 데는 가족, 친구, 사회가 주는 심리적 안정이 필요합니다. 이를 '유사상담기제'라고 합니다. 전문가뿐 아니라 주변 사람과의 관계 속에서 마치 상담을 받은 것처럼 건강한 심리를 유지해나갈 수 있도록 하는 모든 활동을 말합니다. 안타깝게도 한국사회에서는 가족이 맡아주던 상담의 역할이 매우 약화되었습니다. 급격한 근대화와 금융·외환위기를 겪으면서 가족의 속성도 급격하게 변화했기 때문입니다. 삶의 아픔과 모순을 공유하는 감정적 친밀성emotional intimacy을 더 이상 가정에서 찾지 못하게 됐습니다. 더 큰 문제는 이러한 기능을 대신할 사회적 시설과 기관이 매우 부족하다는 점입니다. 설령 자살 예방 관련 기관이 있다고 하더라도 우리 사회는 타인에 대한 신뢰가 낮은 사회여서 사회적 기관에 대한 활용도가 무척 낮은 상황입니다.

종종 시험을 앞둔 수험생의 자살 소식을 접하게 됩니다. 이 학생은 왜 보지도 않은 시험 결과와 목숨을 바꾸었을까요? 일반적으로 상실감이 자살을 결심하는 데 영향을 주는데, 이때 상실은 상대적인 개념입니다. 높은 곳으로 오르려다 떨어지든지, 낮은 곳으로 계속 추락하든지, 상실감은 어떤 상황에서도 나타날 수 있습니다. 문제는 이를 적절하게 해석하고 공유하고 함께 고민해줄 '타자'가 없다는 것입니다. 관계의 부재와 의미의 부재가 결국 한 생명을 죽음으로 몰아간 셈이죠. 감정적인 지지를 보내며 존재를 인정해주는 사람들이 주변에 있었다면 결과는 달라졌을 수도 있습니다.

이런 저의 의견을 듣고 나면 "그게 원인이라고? 그게 다야?"라는 생각이 들지도 모르겠습니다. 하지만 현재 우리가 할 수 있는 최선이자 최초의 예방책은 관심입니다. 사회학자 허버트 미드는 삶에 중요한 영향을 미치는 주변인들을 '의미 있는 타인'이라고 표현했습니다. 우리는 모두 누군가에게 의미 있는 타인이 되어줄 수 있습니다.

대부분의 사람들은 자살을 실행하기 이전에는 자살 징후를 드러냅니다. 죽고 싶다는 이야기를 한다던가, 무의미하다거나 허망하다는 말을 자주 합니다. 그때 용기를 주고 존재를 인정해주며 문제를 함께 해석해주는 것이 우리가 누군가에게 '의미 있는 타인'이 되어줄 수 있는 길입니다. 그것만으로도 많은 자살을 막을 수 있습니다.

물론 자기 인생 앞가림하기도 힘든 세상에서 의미 있는 타인이 되기란 결코 쉬운 일이 아닙니다. 하지만 생명을 살리는 최선의 방책인 만큼 어려울수록 함께 더 노력해봐야 하지 않을까요?

어둠에서 나와
빛으로

『자살의 이해와 예방』을 쓴 이홍식 교수는 "누가 자살을 생각하고 있느냐가 중요한 것이 아니라, 자살을 생각하고 있는 사람 옆에 누가 있느냐가 중요하다"라고 말했습니다. 옆에 누가 있느냐에 따라 한 사람이 어둠에서 빛으로 발길을 돌릴 수 있습니다. 생명을 살릴 수 있다는 말입니다.

앞서 숙명적 자살은 드물게 발생한다고 말씀드렸습니다. 하지만 저는 우리 사회 곳곳에서 여전히 숙명적 자살이 존재한다고 생각합니다. 언어폭력과 지속적인 구타로 인해 심리적·신체적으로 압박을 받는 사람들이 바로 숙명적 자살을 선택한 사람일지 모릅니다.

사람에 따라, 처한 환경에 따라 누군가는 자신의 상황을 도저히 벗어날 수 없는 앞뒤가 꽉 막힌 콘크리트 벽과 같다고 생각합니다. 죽는 것 외에는 별다른 방법이 없다고 여기는 거죠. 또한 폐쇄적인 조직에 있을수록 우리가 하는 말과 행동이 상대방에게 어떤 고통을 주고 있는지 알기 어렵습니다. 나쁜 행위지만 조직의 전통이나 습관에 따라 행동했을 뿐이라고 생각하는 동안 누군가는 그곳에서 죽음을 생각합니다.

누구나 한 번쯤은 자살을 생각하죠. 저도 그랬습니다. 돌이켜보면 제가 자살을 생각했던 것은 미래의 두려움을 현재로 끌고 왔을 때였고, 무엇보다 이 아픔을 알아주는 사람이 아무도 없다고 생각할 때였습니다. 하지만 셸리 케이건 교수가 말했던 것처럼 어둠 속에 있을 때 우리는 자신의 판단을 경계해야 합니다. 어두운 그림자가 드리울 때, 문제는 가지고 있는 것보다 더 크게 보이기 마련입니다.

윌리엄 폴 영의 책『오두막』에는 이런 글귀가 있습니다.

어둠 속에 있으면 두려움과 거짓말과 후회의 실제 크기가 가려집니다. 그런 것들은 실재하는 것이 아니라 그림자이기 때문에 어둠 속에서 더 크게 보일 뿐이에요. 당신 안에 있는 그런 것들에게 빛을 비추면 실제 모습이 보이겠죠.

중요한 것은 문제 자체가 아니라, 내가 그 문제에 어떤 빛을 비추고 있느냐입니다. 여러분에게 빛을 줄 사람을 찾으십시오. 그리고 주변에 그 빛이 필요한 사람이 있다면 외면하지 말고 빛을 비춰주시기 바랍니다.

『죽음의 수용소에서』와 최후의 자유

독일의 사회학자 테오르도 아도르노는 "아우슈비츠 이후에 서정시를 쓰는 것은 야만이다"라고 했습니다. 그만큼 나치 독일이 벌인 유대인 집단 학살은 인간 야만성의 모든 것을 보여준 인류 최악의 사건입니다.

오스트리아 출생의 유대인이자 정신분석학자였던 빅터 프랭클은 아우슈비츠에서의 경험을 바탕으로 『죽음의 수용소에서』를 썼습니다. 그에 따르면 아우슈비츠 수용소에 도착한 사람들이 처음 느낀 감정은 충격이었습니다. 수용소에서는 그 동안 믿어왔던 인간의 모든 권리를 철저히 박탈당했고, 차마 눈뜨고 볼 수 없는 잔인한 고문들이 자행되었죠.

그 다음 찾아온 감정은 무감각이었습니다. 그들은 수용소 생활에 적응할수록 그 어떠한 감정도 느낄 수 없었다고 합니다. 잔인한 참상이 일상이 되어버렸기 때문이죠. 심지어 사람들은 죽어가는 동료의 옷과 신발을 빼앗아 자신들의 온기를 유지하는 데 혈안이 되기도 했습니다.

세 번째로 찾아온 감정은 수용소에서 해방되었을 때 찾아온 기쁨의 상실이었습니다. 아우슈비츠의 참혹한 경험은 정신 깊은 곳에 큰 상처를 남겼습니다. 모든 것이 꿈처럼 비현실적이었고 그 어떤 것도 상처받은 영혼에 기쁨을 줄 수 없었습니다. 아우슈비츠를 경험한 많은 사람들이 새해가 밝으면 상황이 더 좋아질 것이라고 기대했고, 이듬해인 1월, 그 어떤 것도 바뀌지 않자 스스로 목숨을 끊었다고 합니다.

하지만 이런 광기의 현장에서도 '자신의 시련을 가치 있는 것'으로 만듦으로써 외형적인 운명을 초월하는 능력을 보여준 사람들도 있었습니다. 그들은 아무리 절망스러운 상황에서도, 자신을 발견해나가는 일을 게을리하지 않았고, 삶의 가치와 의미를 찾고자 노력하며 한 개인의 비극을 승리로 바꾸기 위해 사력을 다했습니다.

빅터 프랭클은 이러한 사람들을 최후의 자유를 지니고 있었던 인간이라고 말했습니다. 그는 아우슈비츠에서 마지막까지 살아남은 사람들은 바로 외부의 환경에 스스로 의미를 부여할 수 있는 최후의 자유를 끝까지 지킨 사람들이었다고 말합니다.

05

존경받는 사람들의
특별한 습성

우리는 존경할 만한 사람이 우리의 리더가 되길 원합니다. 그 래서 리더에게는 더욱 엄격한 기준을 요구합니다. 그만큼 우리 사회가 지도자들에게 많은 권한을 부여기도 하죠. 훌륭한 지도자는 자신이 속한 공동체와 구성원들을 진심으로 사랑해야 합니다. 하지만 리더도 사람인데, 자신보다 공동체의 구성원들을 더 사랑하기가 말처럼 쉬울 리 없습니다.

함께 읽을 책
『푸코 효과』, 콜린 고든 외 저, 심성보 외 옮김, 난장, 2014

탁월한
리더에 대한
열망

훌륭한 리더의 덕목은 예나 지금이나 많은 사람들의 관심을 끄는 주제입니다. 현대에는 사회를 움직이는 대부분의 단위가 조직으로 구성되어 있다 보니, 리더에 대한 관심이 클 수밖에 없습니다. 사회생활을 하는 사람이라면 누구나 상부의 지시를 따라야 하는 하급자임과 동시에, 누군가에게는 상관이자 리더입니다. 리더는 배나 비행기로 치면 항로를 결정하는 역할을 합니다. 그래서 군대와 같이 상명하복 원칙으로 운영되는 조직뿐 아니라 기업, 교육기관, 비영리 단체에 이르기까지 어느 조직이든 지도자의 역할은 중요합니다. 리더의 결정에 따라 많은 것이 결정되고 변화하니까요.

2014년, 이순신 장군을 주인공으로 한 영화 〈명량〉의 큰 성공은 대중들이 얼마나 뛰어난 리더를 갈망하고 있는지 간접적으로 보여주는 현상이었습니다.

물론 영화 자체에도 흥행의 요소가 많았습니다. 화려한 액션 씬, 연기파 배우들의 열연, 숨 막히는 전개 등 블록버스터의 조건을 두루 갖춘 영화였습니다. 그러나 영화적 요소만으로 천만 관객을 넘어 대한민국 인구 약 40퍼센트가 이 영화를 보았다고 생각하지는 않습니다. 영화에는 분명 영화 외적으로 무언가 특별한 요소가 있었습니다. 많은 평론가들은 이 영화를 바라보는 관객들에게서 일종의 간절한 열망을 보았다고 이야기합니다. 바로 탁월한 리더에 대한 열망 말입니다.

어떤
리더인가?

니체는 '국가란 무엇인가?' '민주주의란 무엇인가?'라는 질문은 무의미하다고 말했습니다. 국가나 민주주의라는 개념은 시대에 따라 달라지기 때문입니다. 무엇보다 이 개념들은 추상적입니다. 사전에 정의된 의미만으로는 이 개념을 구체적으로 설명할 수 없습니다. 대신 니체는 예를 들어 민주주의는 이를 이루고자 하는 사람들의 의지will와 매일의 실천 practice이 뒷받침될 때 실체를 띤다고 주장했습니다.

니체의 조언을 따르자면 리더 또한 마찬가지입니다. 사전적인 정의를 내리기보다 실천되고 있는 현장에서 의미를 찾아내는 것이 중요합니다. '리더란 무엇인가?'라는 질문에 정의를 내릴 것이 아니라 '어떤 리더인가?'에 대한 답을 찾아야 합니다. 그래야 우리가 찾는 리더의 상에 대한 답을 찾을 수 있습니다.

미셸 푸코가 분류한 권력의 3가지 유형을 통해 어떤 종류의 리더들이 있는지 생각해보겠습니다. 이미 잘 알고 있듯이, 지도자와 권력은 불가분의 관계입니다. 따라서 푸코가 말한 3가지 권력의 유형은 리더의 유형으로 바꿔 읽어도 무방합니다. 이 3가지 유형은 주권적 권력, 규율적 권력 그리고 관리적 권력입니다.

먼저, 주권적 권력은 강압적인 리더를 말합니다. 주권적 권력을 휘두르는 지도자는 스스로는 나태해도 부하들에게는 엄격한 기준을 적용합니다. 이 기준을 따르지 않으면 그저 처벌을 합니다.

두 번째 권력은 규율적 권력입니다. 강제력을 행사해 맹목적인 복종을 요구하기보다 교육에 힘쓰는 유형입니다. 이런 유형의 지도자는 부하들을 훈련시키고 그들에게 필요한 기술을 가르치는 데 중점을 둡니다. 또 부하들에게 나름의 질서와 규율을 요구하는 동시에 스스로 모범을 보입니다. 하지만 자신이 하는 것만큼 부하들이 따라오지 못하면 처벌을 합니다.

마지막 관리적 권력은 리더가 조직원들을 조직의 주체로 인식하며, 부하들이 가진 역량을 강화하고 극대화하기 위해서 리더 스스로가 기준이 되는 유형입니다. 리더의 일거수일투족이 조직의 문화를 결정하는 카리스마를 발휘하는 것으로, 이런 지도자의 가장 큰 특징은 자발적인 복종을 이끌어낸다는 데 있습니다. 관리적 권력을 행사하는 리더는 '어떻게 하면 더욱 강하게 사람들 위에 군림할 수 있을까'를 고민하기보다, '어떻게 부하들을 매혹할 것인가'에 집중하는 사람입니다.

저는 개인적으로 부하들에게만 엄격한 기준을 적용하는 사람은 나쁜 리더, 내가 할 수 있다고 해서 부하들에게 무조건적으로 강제하는 사람은 부덕한 리더라고 생각합니다. 제가 생각하는 탁월한 리더는 말보다는 행동을 통해 조직원들을 변화시키고, 자발적인 복종을 이끌어내는 사람입니다.

이것은 어디까지나 제 생각이기 때문에 모두가 동의하지 않을 수도 있습니다. 실제로 최고의 리더란 어떤 희생을 감수하고서라도 목표한 바를 완수하는 사람이라고 여기는 사람들도 많습니다. 특히 결과물이나 효율성을 중시하는 현대사회에서는 성과를 내는 리더가 각광받는 것이 현실입니다. 과거에는 부하들에게 엄격하면서도 동시에 솔선수범하는 '철인형' 리더를 이상적인 지도자라고 보는 견해도 많았습니다.

그런데 최근 이와는 다른 유형의 리더십이 호응을 얻고 있습니다. 공감의 리더십, 서번트 리더십, 감정을 조율하는 리더십, 슬로우 리더십과 같이 결과보다는 과정, 성과보다는 소통을 더 중요하게 여기는 리더십이 그것입니다.

존경받는 리더의
조건

어떻게 탁월하면서도 존경받는 리더가 될 수 있을까요? 그리고 이런 리더는 도대체 어떤 사람들일까요? 리더의 귀감이 될 만한 일화를 하나 소개하고자 합니다.[1] 아프가니스탄에서 보인 영웅적 행동을 인정받아 2009년 9월 8일 미국 의회에서 명예 훈장을 수훈한 윌리엄 스웬슨 대위의 이야기입니다.

아프가니스탄에 파병된 스웬슨 대위는 어느 날 부하들과 함께 귀빈들을 보호하기 위해 이동하다가 탈레반의 습격을 받아 포위되고 말았습니다. 그때 스웬슨 대위는 총알이 빗발치는 곳을 뚫고 들어가 부상자를 구했을 뿐만 아니라 사망자의 주검까지 찾아왔습니다.

이날 더욱 놀라웠던 점은 헬기 수송 간호병의 철모에 달려 있던 고프로 카메라에 포착된 장면이었습니다. 그 영상에는 스웬슨 대위가 목에 총상을 입은 자신의 부하를 데리고 오는 장면이 고스란히 담겨 있었습니다. 부상자를 안전한 곳으로 옮긴 후 스웬슨 대위는 부하의 이마에 입을 맞추었습니다. 아마도 더 이상의 위협은 없으니 안심하라는 뜻이었을 것입니다. 그러고는 다시 포화가 떨어지는 곳을 향해 돌진했습니다. 다른 부상자들을 구하기 위해서 말이죠.

저는 이 장면을 보고 난 뒤 "도대체 이런 행동을 할 수 있는 사람은 어떤 사람일까?"라는 의문이 들었습니다. 스웬슨 대위는 총알도 피해가는 초인적인 능력을 가진 사람이었을까요? 저는 스웬슨이 그런 행동을 할 수 있었던 이유는 동료들

---

1 Simon Sinek, "Why good leaders make you feel safe", 「TED」강연 참고.

을 크게 신뢰하고 있었기 때문이라고 생각합니다. 스웬슨 대위의 행동은 단지 용기에서만 비롯된 것이 아니었습니다. 부하를 향한 깊은 사랑(전우애)과 믿음이 담긴 행동이었습니다.

실제로 자신의 목숨이 위태로운 상황에서도 동료를 구했던 많은 영웅들은 자신의 행동에 대해 이렇게 대답한다고 합니다.

"그들도 저를 구하기 위해 똑같이 행동했을 겁니다."

스웬슨 대위처럼 전우를 구하기 위해 포화 속으로 돌진한 사람들은 초인적인 능력을 가진 것도, 그렇다고 위험한 상황을 즐기는 성향을 지닌 것도 아니었습니다. 단지 그들은 동료를 향한 깊은 신뢰를 가지고 있었던 것이지요. "만일 내가 곤경에 빠진다면 저들도 나를 버리지 않을 것이다"라는 믿음이 행동으로 드러난 것입니다.

스웬슨 대위의 이 같은 리더십은 신뢰의 감정이 리더십을 실현하는 데 중요하다는 것을 보여주는 사례입니다. 하지만 이런 신뢰는 쉽게 형성되는 것이 아닙니다. 신뢰가 생기기까지는 시간의 깊이가 필요합니다.

위대한 리더의
마음

사실 타인을 신뢰하고 협력하는 것은 인류가 생존을 위해 고안해낸 시스템 중 하나였습니다.

초창기 인류의 삶에는 많은 위험이 있었습니다. 이러한 위험을 해결하기 위해 인간은 사회적 동물로 진화했고, 공동체를 이루어 생활했습니다. 그리고 그 공동체 속에서 안전하다고 느낄 때 사람들은 서로 신뢰하며 협력했습니다. 안전하다는 것은 내가 편히 잠을 잘 수 있도록 누군가가 나를 위해 위험을 경계한다는 의미였기 때문입니다.

서로를 신뢰하지 않는다면 위험은 곧장 우리를 찾아올 것입니다. 내가 지킬 사람이 없다는 것은 반대로 나를 지켜줄 사람도 없다는 뜻이기도 하니까요. 이는 생존에 매우 불리한 시스템입니다.

지금도 마찬가지입니다. 세상은 여전히 다양한 형태의 위험으로 가득 차 있습니다. 혼자의 힘으로는 이러한 위험을 통제할 수는 없습니다. 위험은 사라지지 않을 상수입니다. 위험한 상황을 피하느냐, 위험에 처하느냐를 좌우할 수 있는 유일한 변수는 인간이 이루고 있는 공동체의 성격입니다. 그리고 공동체의 성격을 결정하는 것이 바로 리더입니다.

지도자의 역할이 중요한 이유가 바로 여기에 있습니다. 리더가 공동체 안에 있는 사람들의 안전과 생명을 최우선으로 하고, 구성원을 위해 자신의 몫을 희생하는 그때 바로 멋진 일이 일어납니다.

리더의 희생이란 어떤 것일까요?

영국의 유명 작가이자 동기부여 전문가인 사이먼 사이

넥은 "위대한 리더가 되는 것은 마치 부모가 되는 것과 같다"라고 말합니다. 위대한 부모가 되는 방법은 무엇일까요? 무엇이 부모를 위대하게 만드는 것일까요? 우리는 아이들에게 지금보다 더 다양한 기회와 교육, 그리고 훈육이 적절하게 제공되기를 원합니다. 아이들을 기죽게 하고, 부모를 우러러보게 하려는 목적이 아니라, 더 많이 성장하길 바라는 마음으로 말이죠.

위대한 리더들도 같은 마음입니다. 그들은 구성원들의 자존감을 세워주고 성공하거나 실패할 기회를 주며 구성원들 스스로가 생각하는 것보다 더 많이 이룰 수 있게끔 돕습니다. 권력을 이용해 특혜를 누리려 하지 않고 자신의 의무를 다하는 깃은 기본입니다.

이러한 사람이 부하들에게 매력적인 리더가 아닐까요? 종종 자신의 하급자에게 "왜 이렇게 말귀를 못 알아들어" "행동이 그렇게 굼떠서 되겠어?"와 같이 상처가 되는 말을 서슴지 않고 하시는 분들이 있습니다. 그런데 말입니다. 만약 가족 중 누군가가 조금 부족하다고 해서 그를 버리고 갈 사람이 있을까요? 아마도 그런 사람은 없을 겁니다. 문제가 있다면 어떻게든 그들을 지도해주고 지원해줄 것입니다. 이것이 바로 훌륭한 부모, 위대한 리더의 모습입니다.

훌륭할수록
무거운
영광의 무게

〈명량〉에서 이순신 장군의 전략은 하나였습니다. 아들 회가 이순신 장군에게 이 무모한 싸움의 전략이 무엇인지 묻자 이순신 장군은 이렇게 답했습니다.

"두려움을 용기로 바꾸어야겠지."

회는 다시 그것이 어떻게 가능하냐고 묻습니다. 그때 이순신 장군은 이렇게 말합니다.

"내가 죽어야겠지."

우리는 먼저 위험을 감수하는 지도자를 진정한 리더라고 생각합니다. 그런 지도자의 부하들은 그를 위해 온몸을 다 바쳐 피와 땀 그리고 눈물을 쏟아냅니다. 그들에게 왜 그렇게 하냐고 묻는다면 한결같이 이렇게 대답할 것입니다. "그 사람도 저를 위해 그렇게 하기 때문이죠."

어느 조직보다도 지도자의 덕목을 중요시하는 군대에는 이런 말이 있습니다.

"소대장이 신뢰를 잃으면 수십 명이 흔들리고 사령관이 지도력을 잃으면 수천, 수만 명이 흔들리며, 최고 지휘관이 좌초되면 조직 전체가 휘청거린다."

리더의 위치란 매우 무거운 것입니다. 자신의 권력을 휘두르는 자리가 아니라 엄청난 책임을 어깨에 져야 하는 자리죠. 이는 영광의 무게입니다. 왕관을 쓰려는 자는 그 무게를 견뎌야 합니다. 이것이 지도자에게 더욱 철저한 규율을 요구하는 이유입니다.

최근에는 훌륭한 리더에 대한 열망이 예전보다 더 커졌습니다. 동시에 문제가 생기면 가장 먼저 지도자들에게 혹독하게 돌을 던지곤 합니다. 왜 그럴까요? 그동안 많은 지도자들이 리더가 갖추어야 할 정의를 어겨왔기 때문입니다. 갑의 위치에서 군림하며 권력을 남용하는 지도자와 영광의 무게를 견디려 하지 않고 과실만 취하려는 지도자를 우리는 너무 많이 보아왔습니다.

여러분이 속한 조직의 리더는 어떤가요? 구성원들을 신뢰하고 있습니까? 제왕처럼 군림하며 의무는 다하지 않고 권리만 행사하고 있지는 않습니까? 가족 같다는 이유로 조직원들의 희생을 강요하고 있지는 않나요? 혹은 당신이 지도자라면 지금 어떤 지도자의 모습을 하고 있습니까? 스스로에게도 묻고 성찰해볼 필요가 있습니다.

존경받을
권리

필사즉생必死則生 골육지정骨肉之情이라는 말이 있습니다. 죽기를 각오하고 싸워 반드시 이기고, 전우를 뼈와 살을 나눈 가족처럼 여긴다는 뜻입니다.

이는 6·25 전쟁 당시 백골병단을 이끌고 북한군 점령지에서 맹활약을 펼친 17대 맹호부대 사단장 故 채명신 장군의 리더십을 상징하는 말이기도 합니다. 현재 육군 3사단 백골부대의 슬로건이 되었지요.

채명신 장군은 일찍부터 골육지정의 리더십으로 병사들을 다스렸습니다. 그는 처음 장교로 제주도에 부임했을 때, 장교 숙소를 두고 허름한 일반 병사 숙소에서 병사들과 함께 생활하며 부하들을 가족처럼 살폈습니다. 모포를 덮지 않고 자는 병사들의 모포를 덮어주고, 바람이 많이 부는 날에는 창문을 닫아주기도 하는 등 병사들의 생활, 식사, 건강 문제에서부터 개인의 가정사와 고민까지도 함께 공유하는 세심한 아버지의 모습을 보여주었습니다.

그 분의 유언도 "함께 싸웠던 사랑하는 부하들 곁에 묻히고 싶다"였다고 합니다. 그 유언에 따라 장성 출신으로는 처음으로 장군 묘역이 아닌 현충원의 사병 묘지에 안장되었습니다. 아마도 지휘관의 이러한 모습은 부하들에게 천 시간의 교육을 하는 것보다 더 군에 대한 애정과 충성을 바치도록 하는 효과를 낼 것입니다.

반대로 지휘관의 시간은 사병들의 시간과 다르다며 부하들을 지휘관의 심부름꾼처럼 부리려고만 한다면 누가 충성을 다하고 싶어 할까요? 지도자가 존경받지 못하는데 조직에 대한 충성을 강조하거나 국가관, 안보관을 주입하려는 교육만 강조하게 된다면 오히려 조직의 모순에 더 깊이 상심하지 않을까요?

물론 어느 조직이든지 조직의 가치관과 규범을 구성원들에게 내면화시키기 위해 나름의 교육을 합니다. 이것은 조직을 유지하기 위해 필요한 일이기도 합니다. 하지만 이러한 교육에 수백 시간을 투자한다고 해도 지도자의 잘못된 행동 하나에 교육 내용이 모두 무용지물이 될 수도 있음을 기억해야 합니다. 지도자는 단 한 번의 잘못된 행동으로도 조직에 대한 구성원들의 신뢰를 모두 잃게 될 수 있습니다.

우리는 서로 다양한 생각을 갖고 살아가지만, 이상적인 지도자에 대한 이미지는 크게 다르지 않습니다. 진정한 리더는 자신의 기득권에 얽매이지 않고, 구성원들을 진심으로 아끼고 사랑하며, 공동체를 위해 가장 먼저 양보하고 희생하려는 사람입니다.

여러분은 어떤 리더를 꿈꾸시나요? 리더의 특권은 통제권이 아니라 존경받을 권리입니다. 부디 우리 공동체에 존경받는 리더들이 더 많아졌으면 좋겠습니다.

막스 베버의 지배형태로 보는 세 가지 리더십

사회학의 창시자 중 한 사람으로 손꼽히는 막스 베버도 권력과 지배에 대한 자신만의 이론을 확립했습니다. 그의 이론도 현대 리더십과 관련해 자주 언급이 되곤 하죠. 그는 특히 역사의 흐름 속에서 지배양식의 변화에 주목했습니다.

베버는 '권력'을 "한 행위자가 자신과 사회관계를 맺고 있는 다른 사람들의 저항을 무릅쓰고서라도 자신의 목적을 실현할 수 있는 가능성"으로 정의했습니다. '지배'는 "한 행위자가 타인의 특정 명령에 복종하는 경우에 나타나는 권력의 행사"로 규정했죠. 그는 이러한 권력과 지배가 역사적 과정 속에서 전근대 사회의 '카리스마적 지배', '전통적 지배'부터 현대사회의 '법적·합리적 지배'로 변천해왔다고 보았습니다. 더 나아가 현대사회의 합법적 지배가 관료제의 발달을 낳았다고 설명했죠.

베버는 '카리스마적 지배'에 대해 "개인 인성의 어떤 특질로 인해 그 개인이 초자연적이고 초인격적인 성품이나 특수하고 예외적인 권력을 부여받는 자로 취급되는 것"이라고 규정했습니다. 즉, 지배자의 특별한 재능에 권위가 부여되고 피지배자들이 그것을 신뢰하며 이루어지는 지배를 말합니다. 나폴레옹처럼 역사적으로 유명한 대중 지도자가 그 사례가 될 수 있습니다.

두 번째로 '전통적 지배'는 카리스마의 계승이나 이전부터 지속되어온 질서 및 권력의 신성함에 대한 믿음에 기초하고 있습니다. 이 점에서 카리스마적 지배와 동일 선상에 있다고 할 수 있죠. 중세시대 왕이나 카톨릭 사제들의 지배형태와 거기서 오는 권위가 대표적입니다.

마지막으로 '법적·합리적 지배'는 합리적으로 정립된 법에 기초해서 이루어지는 지배형태입니다. 개인적인 특성이나 기존의 질서에 의존한 지배와는 달리 조직 및 사회 구성원이 합법적으로 이루어놓은 토대 위에서 권력과 지배양식이 생산된다고 보는 관점입니다.

베버는 지도자들이 위의 세 가지 유형을 통해 다른 사람들에게 권위의 정당성을 얻는다고 보았습니다.

II

더 나은
사회의
조건

그들이 분노하는
진짜 이유

묻지마 살인, 욱 범죄, 사회 증오 범죄라는 말을 들어본 적이 있나요? 이 말들은 갑작스럽게 치밀어 오르는 분노를 이기지 못해 일어나는 범죄를 지칭합니다. 최근 분노를 조절하지 못하는 사람들이 늘면서 이런 범죄가 증가하고 있습니다. 주변에서는 범죄까지 저지르지는 않더라도 쉽게 흥분하고 그 화를 토해내는 사람들을 어렵지 않게 만납니다. 분노는 이제 사회적 문제가 된 것 같습니다. 사람들은 왜 이렇게 분노하게 되었을까요?

함께 읽을 책
『분노사회』, 정지우 저, 이경, 2014

성난 사회,
분노하는 사람들

뉴스나 신문을 보고 있자면 정말 사실일까 싶을 만큼 믿기 힘든 일들이 매일 일어납니다. 어린이집에서 어린 아이가 김치를 먹지 않자 보육교사가 아이의 뺨을 때린다거나, 이별을 고한 여자 친구를 찾아가 차로 들이받거나, 재산 문제로 형제들에게 엽총을 겨누고, 고속도로에서 자신의 차를 추월했다는 이유로 보복 운전을 하는 등 일명 '욱' 범죄(욱하는 범죄), '묻지 마' 범죄가 빈번히 일어나고 있습니다.

이러한 사건들이 주목을 받는 이유는 가해자들의 폭력성과 잔혹함 때문이기도 하지만, "꼭 저렇게까지 했어야 했나" 싶을 만큼 분노의 동기기 선뜻 이해되지 않아서입니다. 경찰청의 집계에 따르면 영화에서나 등장할 법한 충동 범죄가 2014년 한 해에만 15만 건 이상 발생했습니다.

혹자는 이런 현상을 두고 우리 사회가 분노의 시대로 접어들었다고 말합니다. 빅 데이터를 통해 SNS와 인터넷 게시글을 분석해보면 분노와 관련된 표현이 가장 많이 노출되는 것으로 조사됩니다. 한 전문가는 10대는 학업에 대한 부담 때문에, 20대는 취업 문제 때문에, 30대는 주거 문제 때문에, 40대는 자녀들의 교육 문제 때문에, 50대는 노후에 대한 불안 때문에 분노를 느끼고, 60대를 넘어서는 이를 지켜보다가 치밀어 오르는 분노와 초라한 자신에 대한 분노를 느낀다며,

우리 사회가 총체적으로 분노사회에 진입했다고 진단합니다.

정말 우리가 분노사회에 살고 있는지는 좀 더 면밀한 분석이 필요하겠지만 앞서 살펴본 사건들을 보면 그 심각성을 공감하지 않을 수 없습니다. 건강보험심사평가원은 충동조절장애 증상으로 병원을 찾은 환자들이 2009년에는 3,700여 명, 2011년에는 4,400여 명, 2013년에는 4,900여 명에 이른다고 발표했으며, 이러한 현상은 더욱 증가하는 추세라고 진단했습니다.

분노사회의
정체

분노의 정체는 무엇일까요? 그저 홧김에 치밀어 오르는 충동적인 감정일까요? 아니면 분노를 일으키는 구조적 환경이 있는 걸까요? 정답을 찾기는 쉽지 않습니다.

분노에 대한 계량적 연구도 많이 있지만 객관적인 수치를 얻기 위해 지나치게 다양한 변수를 통제해야 하는 경우가 많습니다. 그러다 보니 이렇게 얻어진 통계만으로 분노의 실상을 파악하는 데는 한계가 있습니다. 따라서 이 장에서는 분노가 나타나는 다양한 현상을 조망해보려고 합니다.

본격적인 논의에 앞서, 몇 가지 유형의 분노는 제외하고 시작합시다. 때로는 우리가 거룩한 분노라고 부르는 유형의 분노도 존재하기 때문입니다. 예를 들어 자신의 아이를 성폭행을 한 뒤 살해한 사람에게 그 누가 분노를 품지 않을 수 있을까요? 이것은 우리가 비열하고 잔혹한 폭력에 저항하거나 타락한 인간에게 실망할 때 느끼는 일종의 선한 감정에 의한 분노입니다.

한 가지 더 짚고 넘어가야 할 것이 있습니다. 최근 인간성을 부정하는 듯한 사건들이 연일 쏟아져 나오고 있기는 하지만, 우리가 총체적으로 부패하고 가망이 없는 사회에 살고 있다는 평가는 다소 섣부른 판단입니다.

분노에 의한 범죄는 항상 우리와 함께 했습니다. 현대사회에 들어 이런 범죄가 급증한 듯한 인상을 지울 수는 없지만, 정말로 사건 사고가 증가한 것인지 아니면 과거에 비해 언론 매체와 감시체계가 발달한 영향인지는 냉철하게 분석해봐야 합니다.

그렇지 않으면 반복되는 강력사건을 보고 "헬조선" "대한민국은 망했다" "더 이상 이 땅에서 살고 싶지 않다"라는 감정적인 하소연만 하게 될 뿐입니다. 화가 나는 건 인지상정이겠지만 이런 태도는 나 자신에게나 내가 살아가야 하는 사회에 별다른 도움을 주지 못합니다.

성과사회가 부른
분노

그렇다면 현대인들이 이전과는 달리 조금 더 과격한 형태로 분노를 폭발시키는 원인은 무엇일까요? 이에 대한 주장들을 하나씩 살펴보도록 하겠습니다.

먼저, 우리 사회가 지나치게 성장 중심의 사회, 속도 중심의 사고에 빠져 삶을 되돌아볼 여유가 없다는 주장이 있습니다. 성과사회, 피로사회라는 용어가 일상적으로 사용될 만큼 우리 사회에서 살아가고 있는 사람들이 느끼는 피로도는 높습니다. 『피로사회』의 저자 한병철 박사는 피로사회에서 살고 있는 사람들은 필연적으로 분노에 물들 수밖에 없다며 이렇게 주장합니다.

피로는 폭력이다. 그것은 모든 공동체, 모든 공동의 삶, 모든 친밀함을 심지어 언어 자체마저 파괴한다.

그는 이어서 현대사회의 분노에 대해 이렇게 진단합니다.

분노는 어떤 상황을 중단시키고 새로운 상황이 시작되도록 만들 수 있는 능력이다. 오늘날은 (긍정적) 분노 대신 어떤 심대한 변화도 일으키지 못하는 짜증과 신경질(부정적 분노)만이 점점 더 확산되어간다. 사람들은 불가피한 일에 대해서도 짜증을 내곤 한다. 짜증과 분노의 관계는 공포와 불안의 관계와 유사하다. 공포가 특정한 대상에 관한 것이라면 불안은 존재 자체의 문제이다.

성과 중심의 삶은 피로를 축적시킵니다. 남의 돈을 받으면서 일하는 것이 어디 쉬운 일이겠습니까? 그것도 최선을 넘어 남보다 더 잘해야 하니 부담이 클 수밖에 없습니다. 남보다 더 잘해야 한다는 생각을 좇아가다 보면 어느새 실체도 없는 대상과 경쟁하고 있는 자신을 발견할 때도 있습니다.

바쁜 일상을 살다보면 자신만의 방향을 잃은 채 일단 남들이 달려가는 곳으로 무작정 달려가게 됩니다. 처음엔 다수가 가는 길을 좇는 것이 소외된 삶에서 달아나는 유일한 방법인 줄 알았지만, 시간이 지날수록 헛헛한 마음은 지워지지 않습니다. "난 도대체 무엇을 위해 일을 하고 있는 거지?" "이렇게까지 했는데 왜 사회는 나를 알아주지 않는 거야?" "도대체 왜 나를 이렇게 무시하는 거지?"라는 생각이 드는 것은 어쩔 수가 없습니다. 여유가 없는 일상을 사는 사람들은 상처 입은 짐승이 으르렁대듯, 누구든지 자신을 건드리기만 하면 공격할 준비를 하고 있습니다.

다만 인간은 본능을 숨길 줄 아는 동물이기 때문에, 평소에는 자신의 감정을 있는 그대로 드러내지 않습니다. 분노를 지나치게 표출하면 인격적으로 문제가 있다는 평가를 받게 되고, 인격도 능력으로 평가되는 현대사회에서 또 다른 낙인이 찍히게 되리라는 것을 잘 알고 있기 때문입니다. 그래서 다들 가면을 쓰게 되지요. 가면 뒤에 숨어 분노를 감추고 위장하지만, 가면 뒤에 억눌렸던 분노는 가정이나 술자리에서, 직장에서 언젠가는 폭발하기 마련입니다.

하지만 피곤하고 여유가 없다고, 갑자기 폭력을 휘두르거나 칼부림을 한다는 것은 선뜻 이해가 되지 않습니다. 아무리 일상이 스트레스로 가득 차 있어도, 누구나 다 극단적으로 분노를 표출하지는 않으니까요.

자신의 분노를 조절하고 양보와 타협을 하는 행동은 진심이든 위선이든 인류가 만들어낸 문명화된 사회cultivated society의 모습입니다. 사회가 부분적으로 모순되고 피로하다고 해서 극단적인 분노를 동반한 폭력이 정당화될 수는 없습니다. 우리가 목격한 극단적인 분노의 사례들은 조금 더 미시적인 원인에 기초하고 있을 것이라는 것이 제 생각입니다.

모멸감에서 폭발한
분노

사회과학에서 자주 등장하는 개념 중 자극-반응S-R: Stimulus-Response 모형이 있습니다. 누군가 자극을 주면 반응을 하겠지요? 슬픈 영화를 보면 눈물을 흘리는 것과 마찬가지로 분노가 치밀어 오르는 이유 역시 무엇인가 나의 감정을 건드렸기 때문입니다. 여러 가지 자극이 있겠지만, 여기서는 모멸감이라는 자극에 대해 살펴보겠습니다. 김찬호 박사는 자신의 책 『모멸감: 굴욕과 존엄의 감정 사회학』에서 한국사회에 '모멸감'이 만연해지도록 하는 자극과 그로 인한 사회적 반응들

을 자세히 분석하고 있습니다.[2]

　김찬호 박사가 소개한 모멸의 7가지 스펙트럼은 특히 주목할 만합니다. 비하, 차별, 조롱, 무시, 침해, 동정, 오해 등이 그 7가지 스펙트럼인데요, 저자는 이러한 감정이 만연한 한국사회의 현실을 비판적으로 바라봅니다. 모멸감을 학습한 사람들이 지위, 신분, 나이 등이 자신에게 못 미친다고 생각되는 사람들을 인간 이하로 취급하고, 그런 사람들을 열등한 존재로 구분하며 비웃기도 하는 현실을 지적하지요. 또 자신과 다르다는 이유로 타인에게 차가운 시선을 던지는 것이 폭력이 될 수 있음을 알지 못하기도 하고 개인적이고 사소한 일에 섣부르게 참견하기도 하는 한국인들의 모습을 묘사하고 있습니다. 이미 책을 읽는 내내 소위 '을'이리 지치하는 사람들은 크게 공감하며 몇십 번이나 고개를 끄덕이게 될 겁니다.

　모멸은 일반적으로 윗사람으로부터 아랫사람에게 전달됩니다. 윗사람들은 자신의 권위가 조금이라도 손상되었다 싶으면 불쾌한 표정을 감추지 못하는데, 이는 스스로 생각하는 자신의 사회적 등급과 나에 대한 타인의 태도 사이에 인지부조화가 나타나기 때문이라고 김찬호 박사는 주장합니다. 쉽게 말해 상대방은 그럴 의도가 전혀 없었는데, 윗사람 혼자 분노에 사로잡힌다는 것입니다. 이 분노는 이내 아랫사

2　김찬호, 2014, 『모멸감』, 문학과 지성사.

람을 향한 비하, 조롱, 무시, 동정, 침해와 같은 모멸의 감정으로 전환됩니다. 그래서 아랫사람들은 업무를 진행하는 데 다소 비본질적인 것들에 더 촉각을 세우게 된다고 합니다. 직무에 맞는 일보다 윗사람의 비위를 건드리지 않는 것에 더 신경을 쓴다는 것이죠.

이런 상황은 사람들을 무척 지치게 합니다. 실제로 많은 사람들이 직장에서 업무의 강도보다 인간관계 때문에 스트레스를 받는다고 합니다.

저는 이런 현상이 우리 사회에 존중의 문화가 없기 때문에 일어나는 문제라고 생각합니다. 사회학자인 한준 교수와 그의 동료들은 「사회적 관계의 양면성과 삶의 만족」이라는 논문에서 다른 사람들로부터 무시당하거나 인정을 받지 못한 경험이 있는 사람일수록 삶의 만족도가 낮았다고 보았습니다. 당연한 분석이거니 하겠지만, 사회적 관계가 여러 가지 부정적인 변수들에 비해 상당한 영향력이 있다는 것은 꽤나 주목할 만한 일입니다. 낮은 소득과 바쁜 업무, 가정의 불화보다 오히려 사회적 관계가 주는 부당함, 모멸감이 사람들을 더 지치고 힘들게 한다는 것입니다.

사실 모멸감의 문제를 해결할 수 있는 방법은 아주 간단합니다. 모든 사람들을 윗사람 대하듯이 품위 있게 대하는 것입니다. 너무 원론적인 이야기처럼 들리겠지만 내가 대접받고자 하는 대로 타인을 대하는 태도와, 자신과 타인의 입장을 바꾸어 생각해보는 역지사지의 정신은 동서고금을 관통하는 공통의 가치이자 황금률이었습니다. 하지만 어느새 우리 사회는 이 공통의 가치를 잃어버린 채 남을 짓누르는 만큼 자신의 존재를 인정받는다는 이상한 생각에 사로잡혀버린 듯합니다. 따라서 우리 사회의 많은 사람들이 모멸감에서 해방되기 위한 최우선의 과제는 이 공통의 가치를 회복하는 것입니다.

직업세계에서도 지휘고하를 막론하고 서로를 동등한 인격으로 바라보며 상대를 일하는 기계가 아니라 인격체로 인정한다면 분노 때문에 일어나는 여러 사회적 문제들이 해결될 것입니다. 항상 시작은 '너 따위가?' 하는 마음입니다. 계급이 가장 명확하게 존재하는 군대에서도 마찬가지입니다. 군인은 나라에 속한 재산이고, 유사시에 대의를 위해 목숨을 버려야 하는 존재이지만, 이것이 아무렇게나 취급해도 된다는 뜻은 아닙니다. 나라를 지킨다는 숭고한 의지에 충성하고 절제하며 복종하는 것이지, 개인의 사사로운 감정이나 주문에 맞추어 나무 인형처럼 아무렇게나 조종당해야 함을 의미하지는 않습니다.

내가 받은 모멸을
되돌려줄 것인가?

모든 사람들이 늘 모멸을 받았다고 분노를 할까요?

한 가지 일화를 소개하겠습니다. 두 회사원이 일과를 마치고 껌을 사기 위해 편의점에 들렀습니다. A가 껌을 계산대에 내려놓고 종업원에게 지폐를 건네주었습니다. 그런데 종업원은 무심한 태도로 A 앞에 잔돈을 던져주었습니다. 돈을 건넨 A는 조용히 동전을 쓸어 담은 후 "감사합니다"라는 인사를 남기고 편의점을 나왔습니다. 그러자 이를 지켜보던 동료 B가 어째서 저렇게 무례한 행동에 화를 내지 않았냐고 A에게 물었습니다. A는 웃으며 이렇게 답했습니다.

"왜 누군가의 행동에 따라 내 감정이 반응해야 하지?"

인간은 파블로프의 개처럼 늘 자극에 따라 반응하지는 않습니다. 언뜻 생각하면 인간관계에서도 어떤 자극을 받느냐가 나의 행동을 결정하는 것 같지만, 사실 어떤 자극에 어떤 반응을 보일지는 나의 선택입니다. 사회에 만연한 모멸 때문에 분노로 가득 찬 세상이 되었다고 설명을 할 수도 있지만, 모두가 그런 모멸로 인해 분노하지는 않습니다. 우리는 인간이니까요.

실존주의 철학자인 롤로 메이는 "진정한 자유는 자극과 반응 사이에서 멈추는 데 있다. 멈추는 곳에서 선택이 일어난다"며 인간은 얼마든지 자극-반응 모형에서 벗어나 선택을 할 수 있는 존재라고 주장했습니다.

만일 우리가 자극-반응 모형대로 기계적으로만 반응한다면, 사회생활에서 가면을 쓰거나 자신의 진짜 모습을 숨길 필요가 없습니다. 자신의 감정을 쌓아두지 않고 바로 풀어버리니 스트레스를 받는 일도 없을 겁니다. 하지만 그럴 경우 인간은 기계와 다를 것이 없는 존재가 되어버립니다. 어떤 자극에도 자신의 존엄을 유지할 수 있는 선택을 할 수 있다는 것이 바로 인간이 기계와 다른 점입니다.

하지만 현실에서는 그렇지 못한 사람들이 많습니다. 모멸을 받으면 즉각적으로 분노하거나 다른 사람을 모멸하려는 사람들이 있습니다. 지위와 상황 때문에 타인의 모멸을 기꺼이 수용하려는 사람도 있습니다. 아래 소개할 두 가지 일화가 그 사례가 될 수 있을 것 같습니다.

대학원 시절 학원에서 잠시 고등학생들을 가르치던 때에 경험했던 일입니다. 학원 강사를 하다보면 학부모와도 진학상담을 할 때가 있는데, 자녀가 소위 명문대학에 진학하지 못하는 부모들이 보이는 반응은 꽤나 주목할 만했습니다. 누가 뭐라 말하지도 않았는데 그분들은 스스로 위축되어 마치 죄를 지은 듯 행동했습니다. 자녀가 명문대에 합격한 부모와 그렇지 못한 부모가 한자리에 있으면 학부모 사이에 갑자기 위계가 세워지기도 했습니다.

어른들만 그러는 것이 아닙니다. 언젠가 친척 동생들이 제 주위로 와서 제 키를 살짝 재고, 손으로 자신들의 키와 비교하고는 저를 쳐다보며 키득키득 웃었습니다. 중학생과 고등학생인 자신들보다 키가 작은 저를 놀리려고 한 행동이었죠. 아이들이 그런 행동을 한 이유는 자신보다 키가 큰 아이들, 혹은 무언가 선망의 대상이 되는 또래 친구들에게 모멸감을 느껴봤기 때문일 겁니다. 10대 아이들도 이미 모멸을 주고받을 준비가 되어 있는 거죠. 이들에게도 모멸을 통해서 자신의 위치를 확인하는 문화적 문법이 내면화된 것입니다.

모멸은 위에서 아래로 일방적으로 향한다기보다 끊임없이 순환하며 재생산됩니다. 그 범위도 다양합니다. 학력과 외모, 그들이 공유하고 있는 문화적 위계에 따라 다각도로 발생하고 어느새 사람들은 타인에게 모멸감을 주면서 자신의 우위를 증명하고 흐뭇해하는 방식에 익숙해져 갑니다. 모멸받는 순간을 잠시만 참아내면, 누군가에게 모멸을 되갚아줄 쾌감을 얻을 수 있기 때문입니다.

불안이 가져온
분노

이제 논의를 조금 더 진전시켜봅시다. 전통적인 자극-반응 모형이 주장하는 '자극을 주기 때문에 분노를 일으킨다'는 관점은 잠시 접어두겠습니다. 그 대신 동일한 자극을 받았을 때 두 사람이 상반되게 행동하는 이유에 대해 주목하고자 합니다. 누군가는 동일한 자극에도 평온함을 유지하는데, 왜 누군가는 불같이 화를 낼까요? 저는 존재론적 불안이 분노라는 감정에 불을 지핀다고 생각합니다.

물론 상대를 화나게 하고, 모멸감을 주는 행동은 바람직하지 않습니다. 하지만 문제는 그 모멸을 핑계 삼아 자신이 받은 모멸을 다른 대상에게 몇 곱절로 되갚아주려는 행동에서 시작됩니다. 이런 사람들은 이 세계에 대한 원망과 불만을 또 다른 먹잇감을 향해 폭발시킵니다. 이렇게 재생산된 분노는 더 큰 사회적 문제로 확대됩니다.

정지우 박사가 쓴 『분노사회』라는 책에서는 이와 같은 문제를 상당히 진지하게 다루고 있습니다. 이 책의 2장 '절망에 대한 신앙'을 보면 존재론적 불안에 처한 사람들이 어떻게 자신들이 가지고 있는 가슴속 응어리와 분노를 축적하고 증가시키는지를 잘 설명하고 있습니다.

만성적 분노를 품고 사는 사람들은 늘 분노의 씨앗을 찾기 위해 두리번거린다. 그들은 자기에게 주어진 시간을 사랑하는 법을 배우려고 하거나, 삶의 의미를 찾고자 하거나, 자기 정체성의 수립에 관심을 가지기 보다는, 이 세계 전체가 절망으로 가득 차 있다는 신호를 찾기 위해 노력한다. 그들은 내심 우리 사회가 절망을 향해 가고 있다는 사실을 알면 알수록 기뻐한다. 그들에게 이 사회에 여전히 존재하고 있는 다양한 가능성들은 거추장스러운 허구일 뿐이다. 그들은 오직 절망과 좌절만을 믿으며 거기에 중독되고, 자신의 세계 전체를 부정적 인식으로 덮어씌운다.

최근 키보드 워리어keyboard warrior라고 불리는 사람들은 현대사회의 분노를 보여주는 전형으로 손꼽힙니다. 키보드 워리어는 인터넷상에서 말로 타인을 공격하는 사람을 뜻합니다. 이들은 표현의 자유를 방패 삼아 극단적이고 폭력적인 언어로 타인에게 수치심을 주곤 합니다. "잘못한 사람을 비난하는데 무엇이 문제인가?"라고 반문할 수도 있지만, 이들은 비판을 통해 상황을 더 나은 방향으로 개선하려는 의지 없이 그저 사람들을 비난하면서 희열을 느끼고, 자신이 겪은 분노를 배설하고 있다는 데 문제가 있습니다.

영화 〈소셜포비아〉는 이러한 모습을 극적으로 묘사하고 있습니다. 이 영화 속에서 한 여성이 자살한 군인을 향해 온라인에 악플을 남기자, 이에 분노한 몇몇 사람들이 다시 이 여성에 대해 온라인에 악플을 남기고 실제로 오프라인상에서 마녀사냥을 계획합니다. 하지만 여성을 찾아간 사람들이 마주한 것은 그녀의 시체였습니다. 그녀의 죽음을 둘러싼 미스터리를 풀어가면서 결국 그녀도 온라인상에서 벌어지는 자신에 대한 비난을 감당하지 못하고 자살을 했다는 사실이 밝혀집니다. 영화는 이 죽음에 대해 '자살인가, 타살인가?'라는 질문을 던집니다.

영화가 아닌 현실 속에서도 이런 사건이 심심치 않게 발생합니다. 항상 남을 비난하고 싶어하는 이들은 먹잇감을 찾는 하이에나처럼 물어뜯을 대상을 찾아나섭니다. 왜 이들은 자신의 삶을 사는 것보다 타인의 삶을 평가하고 비난하는 것에 많은 시간을 할애하는 걸까요?

불안의
또 다른 이름,
결핍

키보드 워리워와 같은 사람들이 바로 존재론적 불안에 처해 있는 이들입니다. 현대사회의 존재론적 불안을 다룬 책들은 불안의 유형에 대해 주로 세 가지를 이야기합니다.

첫 번째는 상실감에서 비롯된 자기 결핍입니다. 모든 물체는 관성의 법칙에 영향을 받습니다. 외부에서 특정한 힘을 가하지 않으면 정지해 있던 물체는 계속 정지해 있으려 하고, 운동하던 물체는 계속 운동하려 합니다. 마찬가지로 지속적인 자기 결핍은 불안한 상태를 유지하려 합니다. 상처를 받아본 사람들이 타인에게 상처를 더 잘 주는 것은 바로 이 때문입니다. 자신은 불안한데 세계가 평온하다면 그것만큼 억울한 것이 어디 있겠습니까? 이에 정신의학자들은 극단적인 분노까지 표현하지는 않아도, 사람들을 축복할 수 없고, 잘되는 꼴을 못 본다면, 자기 결핍에 빠져 있는 것은 아닌지 스스로 되돌아볼 필요가 있다고 조언합니다.

스스로 결핍을 느낀다면 그 부분을 채울 수 있는 에너지를 찾아야 합니다. 배가 고프다면 밥을 차려 먹어야지요.

그런데 왜 비난의 손가락이 타인을 향하는 걸까요? 결핍은 애초에 상대방과의 비교를 통해 발생합니다. 내가 가져야 할 부와 명예, 관심, 존경을 모두 타인이 가져갔다고 믿기 때문입니다. 이러한 시각에 갇혀 있을 때 결핍을 채우는 방법은 다른 사람을 비난하고 분노를 표출하는 것밖에 없습니다.

화려함 앞에 무릎꿇다,
자기 존엄의 부재

존재론적 불안의 두 번째 정체는 자기 존엄self-dignity의 부재입니다.

자기 결핍에서 헤어나지 못하는 사람들은 대개 자존감이 낮습니다. 정확히 표현하자면 자신의 존엄이 외부적인 조건에 따라 달라진다고 생각하는 사람들입니다. 이들은 자신이 '더 좋은 차를 탔다면, 더 좋은 대학을 나왔다면, 돈이 더 많았다면 무시당하지 않을 텐데'라고 생각합니다. 외부조건을 지나치게 맹신하다보니, 비록 자신은 그러한 문화적 자본을 갖고 있지 않다고 하더라도, 타인을 그 기준에 맞추어 평가하며 어딘가 얕볼 곳을 찾습니다. 교만하고 허세를 부리는 사람들 중 상당수가 도리어 경제자본이나 문화자본이 빈약한 사람들이라는 사실은 그리 놀라운 일이 아닙니다.

반면, 자기 존엄이 높은 사람들은 정서적으로 안정적이며, 그 사람 곁에 있으면 나도 모르게 안정적인 느낌을 받습니다. 여기서 안정적이란 것을 '경제적으로 부유함'이라는 뜻으로 받아들이지 않기를 바랍니다. 경제적으로 부유하더라도 정신질환을 호소하거나, 불안을 호소하는 사람들은 적지 않습니다. 알랭 드 보통의 『불안』을 읽어보면 알 수 있듯이, 오히려 이러한 존재론적 불안은 오로지 사회적 위상과 같은 외부조건에만 몰두하던 사람들이 그것을 잃었을 때, 스스로를 나락으로 떨어뜨리면서 겪게 됩니다. 많이 가졌다고 해서 자기 존엄이 높아지는 것은 아니라는 거죠.

자신의 인생을 실존적으로 살지 못하는 사람들은 자신을 대신 해줄 화려한 브랜드 앞에 무릎을 꿇습니다. 이들은 오늘 어떤 사람들을 만나 무슨 일을 했는지, 얼마나 감사한 시간을 보냈는지, 어떤 의미 있는 일을 했는지보다 누가 나보다 더 좋은 명성을 얻었는지, 혹시 그 과정에서 지적할 만한 부분은 없는지에 몰두합니다.

움켜쥔 마지막 동아줄,
자존심

존재론적 불안의 세 번째 정체는 우리의 시대상과 깊은 관련이 있습니다. 바로 자존심을 지키려는 문화적 풍토입니다.

여러분들은 이 생각에 어느 정도까지 공감하실지 모르지만, 저는 우리 사회가 자존심을 너무 지나치게 강조해왔다고 생각합니다. 그것도 누구보다 월등해야 한다는 상대적 관점에서 말이죠. 물론 자존심이란 나를 위해 지키면 좋고 때론 이를 지키기 위해 싸워야 할 때도 있습니다. 하지만 성욕이 식욕이나 수면보다 훨씬 중요하다고 말할 수 없는 것처럼 자존심이 그 어떤 것보다 중요하다고 말할 수는 없습니다.

만일 자존심이 우리가 느끼는 감정 중 하나라면 다른 감정과 비슷한 위상에 놓아두어야 합니다. 어떤 비극적인 사건에 대해 차갑게 말하는 사람에게 "넌 어떻게 그렇게 감정이 메말랐니?"라고 묻는다면, 대부분의 사람들은 자신의 동정심에 문제가 있다고 생각하지 않을 것입니다. 각자의 감정이나 관점에 따라 느끼는 바가 다를 수 있다고 생각하고 말겠지요. 하지만 자존심의 문제에서는 그냥 넘어가지 않고는 합니다. 만일 "어떻게 그런 것도 모르냐?" "네가 그걸 할 수 있겠어?"라고 묻는다면, 목숨을 걸고 덤벼들 것입니다. 현대사회에서 개인의 자존심은 다른 감각과 달리 마지막까지 지켜야 할 그 무엇이 되었습니다.

현대인들은 자기 실현에 깊이 몰두하고, 자존심을 지켰는지, 그러지 못했는지를 매우 중요하게 생각합니다. 그러니 자존심에 조금이라도 상처를 입으면 자신의 존재 자체를 부정당하기라도 한 것처럼 분노에 사로잡히게 됩니다. 존재론적 불안에 빠져 있는 사람들은 자신의 내면을 풍부하게 가꾸는 것보다 자신의 자존심에 상처가 나지 않기만을 바랍니다.

구멍 난 양말에
분노하는 심리

분노에 쫓기고 있다면 타인이 잘못되었거나 어떤 조건이 부족해서가 아니라, 먼저 내 몸이나 정신이 무언가에 쫓겨 불안한 것은 아닌지 성찰해보아야 합니다.

저는 자취를 할 때 불 꺼진 집에 혼자 들어가는 것이 싫었습니다. 그런데 어둠 속에서 불을 켜면, 양말에 구멍이 난 것을 심심치 않게 발견하곤 했습니다.

여러분도 이런 경험이 있으신가요? 경험이 있었다면 그때마다 항상 똑같은 반응을 보이셨나요? 저 같은 경우는 짜증이 나고 아무것도 안 되는 날에 비까지 온 뒤 구멍 난 양말을 보면, 우울함이 갑작스러운 분노로 바뀌는 것을 경험했습니다. 고작 양말에 구멍 하나 난 것인데도 말입니다. 반면, 기분 좋은 날, 날씨도 좋고 모든 일이 순조롭게 잘 풀릴 때 구멍난 양말을 보면 머쓱하게 허허 하곤 웃어 넘겼지요. 여기서 문제는 구멍 난 양말일까요? 아니면 제 마음일까요?

자존심이 아닌 자기 존엄이 높은 사람은 아무도 보지 않는 곳에서조차 함부로 행동하지 않습니다. 우리 주변에는 지위가 높거나 해당 분야에서 성공했지만 그것을 전혀 내세우지 않고 우월한 위치에 있음을 과시하며 다른 이들에게 모멸감을 주지 않는 등 높은 인격을 갖춘 사람들이 있습니다. 이처럼 내면이 풍부한 사람들은 구차하게 스스로를 증명하려

애쓰지 않습니다. 스스로의 세계에 충실한 사람은 타인의 평가나 인정에 얽매이지 않습니다. 정말 멋있는 사람은 일반적으로 화를 낼 것이라고 느껴지는 그 순간에도 평온함을 유지합니다. 환경에 지배를 받지 않는 사람인 것이죠.

스스로
분노를 선택하라

사회학자 전상인 교수는 동아일보의 칼럼 '앵그리angry 사회의 경제 살리기(2008.1.2)'에서 한국사회가 1960년대 배고픈 사회로부터 2000년대 분노한 사회로 바뀌었다고 진단한 바 있습니다. 우리들이 분노하는 이유는 사회의 공정성이 훼손된 탓도 있지만, 그에 못지않게 중요한 것은 국민 경제의 성장에도 불구하고 주관적 삶의 만족이 높아지지 못했기 때문이라는 것입니다. 이것이 바로 관계 속에서, 그리고 비교우위의 문화에서 체화된 분노의 시대의 단면입니다. 『분노사회』의 저자 정지우 박사는 이렇게 말합니다.

부패와 부정에 대한 공적인 분노, 정당한 저항, 합리적 실천은 자유를 갈망하며 책임을 감수하는 개인들로부터만 시작될 수 있다. 현대사회에서 그 힘은 개인의 의식에 달려 있다. 타자를 고려하는 윤리적 의식, 진정으로 멋진 가치가 무엇인가에 대한 미의식, 무엇이 가장 좋은 삶인가에 대한 자아의

식이 개인을 단단하게 해주고 사회를 건설한다.

분노는 어떤 면에서는 나의 크기를 측정하는 가늠자의 역할을 합니다. 내가 자주 분노한다는 것은 그만큼 내 크기가 작다는 반증이기도 하죠. 주변에서 인정받지 못하는 사람들이 스스로 자신을 증명하기 위해 말이 많아지는 것과 같은 모습입니다. 주변에서 인정받지 못하기 때문에 자신이 하는 일이 가장 중요하다고 뽐내는 것과 같은 이치인 것입니다.

　"낙관주의자들은 우리가 무엇이든지 할 수 있는 세상에서 살고 있다고 믿는 반면, 비관주의자는 그 주장이 사실일까 두려워하며 살아간다."

　미국의 소설가 제임스 브랜치 캐벌의 말입니다. 상시적으로 분노를 품고 사는 사람들은 이 세계가 핑크빛이 될까 두려워합니다. 자신의 내면이 이미 어둡기 때문이죠. 저를 포함해서 우리 모두는 이 어두운 자아를 항상 품고 살아갑니다. 선택은 늘 우리의 몫입니다. 파블로프의 개처럼 그저 자극을 받으면 반응할 것인지, 아니면 자기 위엄 속에서 묵묵히 강한 내면의 힘으로 세상을 대할지 말입니다.

성과사회와 피로사회

성과사회는 『피로사회』의 저자 한병철 교수가 제시한 개념입니다. 성과사회나 피로사회라는 개념은 별 다른 설명 없이도 쉽게 이해할 수 있는 용어입니다. 현대사회에서는 성과를 중시하고, 그 과정에서 피로가 누적되고 있다는 사실은 누구나 인정하고 있으니까요. 이 개념은 생활세계에 접목시킬 수 있을 만큼 미시적인 것처럼 보이지만, 오히려 꽤나 거대담론의 면모를 가지고 있습니다.

한병철 교수는 "성과사회의 주체가 스스로를 착취하고 있으며 가해자인 동시에 피해자"라고 말했습니다. 이러한 주장은 미셸 푸코가 제시한 '규율사회'라는 개념에서 출발합니다. 과거 규율사회가 타자를 착취하는 사회였다면, 성과사회는 '자기 착취'의 시대라는 것입니다. 그래서 그는 과거 산업사회에 만연하던 계급의식과 규율사회에서 통용되던 '훈육과 착취'라는 개념으로는 성과사회를 살아가는 주체를 이해할 수 없다고 주장합니다.

과거 규율사회가 발생하는 공간은 병원, 감옥, 공장처럼 "무엇을 해야하고, 무엇을 해서는 안 되는" 패러다임이 훈육되던 곳입니다. 반면, 성과사회는 사무실, 은행, 공항, 헬스장과 같이 "나는 할 수 있다"를 스스로 훈육하는 장소입니다. 즉, 과거에는 사회의 구성원들이 규율에 복종했지만, 이제는 스스로를 성과를 내는 주체로 인식하게 된 것입니다.

성과사회를 살아가는 주체는 지나치게 피로하고 성과 압박에 따른 스트레스에 우울증을 느끼더라도 이것을 구조의 문제로 보지 않습니다. 오히려 자기계발에 실패한 자신의 문제로 보고 무력감을 느낍니다. 스스로가 착취자이면서 동시에 착취를 당하는 사람이 되고 이것을 당연하게 받아들이죠. 이로 인해 자유롭다고 생각했던 현대사회에서 새로운 형태의 강제가 탄생하게 됩니다.

07

불공정한 세상에 대처하는
우리들의 자세

우리 주변에는 자신보다 직급이 낮다는 이유로 부하 직원을 함부로 대하거나 자신보다 나이가 어리다는 이유로 타인을 쉽게 무시하는 사람들이 있습니다. 성별이나 지역만으로 사람을 평가하고 편을 가르는 사람들도 있죠. 이런 풍조가 우리의 문화를 이루게 되었고, 이런 좋지 않은 문화가 오랜 관성이 되자 불변의 법칙처럼 되었습니다. 이런 불공정한 세상에서 우리는 어떻게 정의를 세워나가야 할까요?

함께 읽을 책
『정의란 무엇인가』, 마이클 샌델 저, 이창신 옮김, 김영사, 2010

정의에
대하여

지난 2008년부터 한국사회의 정의에 대한 논의를 촉발시켰던 『정의란 무엇인가』라는 책을 기억하십니까? 이 장에서는 이 책과 함께 정의론에 대한 고전으로 평가받는 존 롤스의 『정의론』을 통해 우리 사회의 정의의 문제를 다루어보려 합니다.

이 두 책의 곳곳에서는 정의에 관한 다양한 이론과 예화를 통해 우리가 사는 사회의 시스템뿐만 아니라 법과 문화 그리고 규범에 대한 문제를 다루고 있습니다. 나아가 더 나은 사회better society를 만들고자 하는 다양한 논의들을 담고 있습니다.

두 권 다 매우 두꺼운 책인데, 특히 『정의론』은 혀를 내두를 정도로 양이 방대하고 읽기도 어렵지만 자유주의자들의 바이블이라고 불릴 만큼 자유주의를 이론적으로 완성했다고 평가받는 명저입니다. 이 책에서 롤스는 로크, 흄, 홉스, 루소, 칸트 등 교과서에서 한 번쯤은 들어봄 직한 철학 대가들의 사상을 집대성했습니다. 롤스의 이야기를 따라가봅시다.

자유와 평등은 지금은 우리에게 너무도 당연해서 흡사 물과 공기와 같이 느껴집니다. 물과 공기가 당연히 있는 것이라 해서 그 중요성을 무시하는 사람이 없듯이, 우리는 이 두

가지 소중한 개념을 결코 소홀히 할 수 없습니다. 이 두 개념이 인류 역사에 등장한 것은 그리 오래 되지 않았습니다. 인류의 선배들은 이 위대한 유산을 남겨주기 위해 매우 오랜 시간 동안 투쟁의 역사를 겪어야 했습니다. 노예제와 신분제가 얼마나 오랫동안 우리 인간의 역사를 지배했는지는 따로 이야기 하지 않겠습니다.

롤스는 자유주의의 두 축인 자유와 평등이 어떻게 도출될 수 있는지, 그리고 어떻게 이 개념이 법이나 제도로 구체화 될 수 있는지 그 정당성을 밝히고 있습니다. 이 두 가지 개념을 도출하기 위해서 그는 매우 흥미로운 상황을 설정합니다. 바로 최초의 상황initial situation* 혹은 원초적 입장original position*이라는 상황입니다.

사람은 평등하게
태어나지 않는다

여기 지구라는 별이 있습니다. 이 별에 태어나기 전, 사람들

> **최초의 상황과 원초적 입장** 20세기 철학자 존 롤스가 정의가 무엇인지를 밝히기 위해 만들어낸 가설. 사회계약론자들이 '자연상태'를 정의했듯이 여러 철학자들은 인간이 사회를 이루기 이전의 최초의 상황에 대한 가설을 제시했다. 원초적 입장은 롤스가 만들어낸 최초의 상황. 원초적 입장에 있는 사람들은 자신에게 어떤 사회적 조건이 유리한지를 모르는 '무지의 베일'에 가려진 상태다. 이때 사람들은 어떤 사회적 계약이 맺어지든 자신에게 돌아올 피해를 최소화시키기 위해 불평등을 방지하는 규약을 만드는 데 동의한다. 롤스는 이런 태도가 정의의 원리가 된다고 보았다.

이 한 곳에 모여 이야기를 나누었습니다. 거기서 누군가 이렇게 이야기했습니다. "이제 우리가 저 별에서 살아야 하는데, 함께 살기 위해 규칙이 좀 필요할 것 같습니다."

왜 규칙이 필요할까요? 이 사람들은 미리 알고 있었던 겁니다. 이 사회가 불평등할 것을 말이죠. 누군가는 뛰어난 두뇌를 가지고 태어나거나 부유한 집안에서 태어나겠지만 불행히도 누군가는 건강하지 못한 신체를 가지고 가난한 집안에서 똑똑하지 않게 태어날 수밖에 없다는 것을 말입니다.

누구나 좋은 환경에 온갖 강점들을 다 가지고 태어나고 싶을 겁니다. 그런데 문제는 내가 어떤 처지로 태어날지 모른다는 겁니다. 왕자로 태어나면 좋지만 만약 노예의 아들로 태어난다면 어떻게 해야 할까요? 내가 원해서 노예로 태어난 것이 아니니 억울할 수밖에 없습니다. 그래서 사람들은 보험 삼아 사회에 여러 가지 장치들을 만들자고 이야기합니다. 이 무질서를 바로 잡아줄 무언가를 말이죠.

수많은 이야기 끝에 처음으로 도출해낸 제1원칙이 자유입니다. 자유주의자들의 관점에 따르면, 사람들은 태어나기 전부터 지금의 우리처럼 올바름에 대한 감각을 나름대로 소유하고 있습니다. 이 올바름에 대한 감각을 가진 사람들 입장에서 아무리 생각해도 누군가가 나의 자유를 억압하는 것은 싫지 않겠습니까?

그런데 이때의 자유는 제한이 없는 자유가 아닙니다. 자

유를 위해서만 제한되는 자유, 즉 어떤 사람이 누린 자유가
타인의 자유를 억압할 때만 제한되어야 하는 자유를 말합니
다. 방종은 안 된다는 얘기죠.

자! 이제 이 원칙을 세우고 세상에 나가려고 하는데, 누
군가 이렇게 소리칩니다. "만일 제가 아버지 어머니가 누군지
도 모르는 고아에, 장애를 가진 채 태어난다면 어쩌죠?" 사
람들은 자신이 그런 입장이 될 수 있다는 생각에 순간 아찔
해집니다. 그래서 평등, 즉 복지의 개념이 등장합니다.

이렇게 해서 사람들은 몇 가지 조건 아래 자유와 평등
을 지켜주겠다는 약속을 맺고 사회를 꾸립니다. 이것이 현대
자유주의 사상의 모태가 되는 사회계약론에서 말하는 인간
사회입니다.

롤스의 『정의론』은 우리가 기원적으로 불평등하게 태어
나고, 자유와 평등이라는 보편적인 개념을 최대한 합리적으
로 활용하기 위해 사회계약을 맺었으며, 이 계약을 지키기 위
해서 제도가 필요하다고 주장합니다. 이것이 근대적 형태의
조직인 사법, 행정, 입법기관이 존재하는 이론적 근거가 되었
습니다. 자유나 평등, 정의라는 개념뿐 아니라 입법, 행정, 사
법과 같은 근대적 조직도 우연히 등장한 것이 아닙니다. 매우
오랜 시간 치열한 고민 끝에 나온 것들이고, 계속 수정되어
왔습니다.

정의의
한계와
딜레마

이제 마이클 샌델이 쓴 『정의란 무엇인가』에서 다루는 정의를 살펴보겠습니다.

사실 이 책은 정의正義가 무엇인지 정의定義하기보다는 그 한계를 조목조목 따져가며 정의의 딜레마를 소개하고, 정의를 정의하는 것이 얼마나 어려운 일인지 보여줍니다. 정의의 한계를 설명하려는 것이 마이클 샌델이 책을 쓴 목적이기도 합니다. 어쩌면 이 책의 제목은 그의 사상과는 잘 맞지 않을지도 모르겠습니다. 오히려 앞서 나온 그의 저서 『자유주의와 정의의 한계』라는 제목이 그의 사상을 더욱 잘 보여주는 것 같습니다.

책에서 소개되는 딜레마 중 하나를 살펴봅시다. 트롤리의 문제라는 매우 유명한 예화입니다. 여기서 트롤리는 손으로 작동하는 수레를 말합니다.

트롤리의 문제는 2개의 시나리오로 구성되어 있습니다. 첫 번째는 하나의 트롤리가 선로 위를 빠르게 달리고 있는데, 그 선로 위에 다섯 명의 사람이 서 있습니다. 그대로 질주하면 다섯 명이 모두 죽게 됩니다. 하지만 트롤리의 선로를 변경할 수 있습니다. 그런데 문제는 다른 선로 위에도 한 사람이 서 있다는 겁니다.

여기서 여러분은 다섯 명이 있는 선로로 질주하시겠습니까? 아니면 한 사람이 서 있는 선로로 질주하시겠습니까? 대부분의 사람들은 한 명이 있는 선로를 선택할 겁니다. 다섯 명을 죽이는 것보다야 한 사람을 희생하는 것이 더 합리적이라고 생각하기 때문입니다.

그런데 두 번째 시나리오에서 하나의 선택지가 더 제시됩니다. 바로 그 트롤리에 함께 타고 있는 한 명을 바퀴 밑으로 밀어 이 도구를 멈추게 하는 것입니다. 이렇게 되면 한쪽 선로에 있던 다섯 명과 반대편 선로에 있는 한 명을 더하여 여섯 명을 살릴 수 있습니다. 여러분은 이 선택에 동의하십니까? 그럴 수는 없다고요? 왜 그런가요? 어차피 선로 위에 있는 한 사람을 죽이는 것과 옆에 있는 한 사람을 죽이는 것은 수적으로 보면 동등한 것이 아닙니까? 여러분은 아마 이렇게 생각할 것입니다. "에이, 그래도 그렇죠!"

바로 이 지점이 중요합니다. 여러분이 "에이, 그래도 그렇죠!"라고 판단했던 그 순간, 여러분은 선택을 했습니다. 내가 조금이라도 아는, 가까이 있는 사람을 죽이는 것보다 차라리 내가 모르는 타인을 죽이는, 양심의 가책이 덜한 선택 말입니다. 여러분도 모르게 어떠한 도덕적 기준, 혹은 직관적인 판단에 따른 것이죠. 그 정의감은 혹은 그 도덕의 감각은 도대체 어디에서 온 것일까요?

이 트롤리의 문제는 정의의 문제가 합리성만으로 해결

될 수 없다는 한계를 꼬집어냅니다. 감정적인 문제가 복합적으로 얽혀 있다는 것이죠. 사실 마이클 샌델은 자유주의자인 존 롤스와는 조금 다른 정치 철학의 전통에 서 있습니다. 바로 공동체주의입니다.

롤스는 선한 사람들이 서로의 조건을 모르는 원초적 상태에서 합리적인 선택을 통해 정의의 규칙을 만든다고 주장했습니다. 하지만 샌델은 공동체가 오랜 시간 축적해온 전통, 규범, 그리고 가치 평가가 그 사회가 지닌 정의의 의미에 영향을 미칠 수밖에 없다고 이야기합니다.

존 롤스가 이야기한 것처럼 인간의 이성이나 감정이 최초의 상황 혹은 원초적 입장에서 툭 하고 튀어나온 것이 아니라, 한 인간이 이 세상에 태어나기도 전에 존재했던 언어, 규범, 문화, 예절, 가치의 문제에 깊이 뿌리박혀 있을 수밖에 없다는 말입니다.

정의에 대한
정의

천재적인 자유주의자들의 이론에도 약점은 있습니다. 가령, 과거부터 현재까지 지속적으로 사회 문제로 지적되는 대마초에 대해 이야기해볼까요?

자유주의자들의 이론만 보자면 대마초를 피우는 일은 큰 문제가 되지 않습니다. 타인의 자유를 억압하는 것도 아니고, 평등이나 복지에도 큰 영향을 미치지 않기 때문입니다. 그럼에도 우리 사회는 대마초를 용인하지 않습니다.

여러분의 생각은 어떤가요? 자신의 집 옥상에서 담배를 피우는 사람은 본인의 자유에 따라 행동하는 거라고 여기겠지만, 대마초를 피우는 사람은 비난할 겁니다. 이러한 손가락질 자체가 바로 우리가 만들어놓은 문화적인 산물입니다. 이것은 우리가 오랫동안 대마초가 담배보다 해롭다고 규정해왔던 것과 깊은 관련이 있습니다. 어쩌면 백 년 후쯤이면 담배도 그러한 절차를 밟을지도 모르겠습니다.

그렇다고 대마초를 용인해도 된다는 뜻은 아닙니다. 다만 우리가 대마초는 금지하면서도 담배는 허용하는 이유는 어떤 절대적인 기준에 따른 것이 아니라, 우리 문화 내부에서 결정된 것이라는 점을 보여주기 위한 사례일 뿐입니다.

여기서 주목할 점은 우리가 말한 정의나 도덕은 지구 밖에서 가지고 온 절대적인 법칙이 아니라, 우리가 함께 만들어 온 문화 속에 배태*되어 있다는 것입니다. 성스러우냐, 더러우냐 혹은 좋은 것이냐 나쁜 것이냐 하는 기준은 절대적인 것이 아니라, 여러 가지 가치 간의 경쟁을 뚫고 선택된 우리

배태 사전적인 의미로는 아이나 새끼를 뱀, 혹은 어떤 현상이나 사물이 발생하거나 일어날 원인을 속으로 가짐을 뜻함. 사회과학에서는 주로 결과적으로 드러난 개인의 행위와 사회현상이 이미 그 사회의 역사와 맥락에 따라 존재하고 있었다는 의미로 사용된다.

삶의 양식입니다. 삶의 양식이 다양해진 오늘날에는 의견을 하나로 모으는 일이 매우 어려운 작업입니다.

정의를 위해
필요한 것

그렇다면 정의로운 사회를 만들기 위해서 우리에게 필요한 것은 사회계약일까요? 아니면 문화적인 전통일까요? 당연한 말이겠지만, 두 가지 모두 정의를 위해 없어서는 안 될 요소들입니다. 다만 우리 사회에 무엇이 더 필요한지에 대해서는 이야기할 수 있습니다. 몇 가지 사례를 통해 살펴봅시다.

대한민국 남성이라면 누구나 국방의 의무를 집니다. 장교, 부사관, 병사를 포함하여 매년 10만 명 이상이 이러한 사회적 의무를 이행하기 위해 입대를 합니다. 이들은 국가라는 공동체와 일종의 계약을 맺은 것입니다. 이 의무를 지지 않는 사람들은 대한민국이 제공하는 그 어떠한 혜택도 누릴 수 없다는 계약입니다.

또한 군대에는 군인들이 서로 지켜야 할 계약 조건들이 상당히 많습니다. 체계적인 계급구조가 있기 때문에 지휘관의 명령에 복종할 의무도 그중 하나입니다. 그렇다고 계급이 높은 사람의 명령에 항상 복종해야 하는 것은 아닙니다. 실제로 군대 내부의 규율에는 지휘자 이외에 장병들의 관계가 명령과 복종의 관계가 아니라고 명시하고 있습니다. 구타와 가혹행위 혹은 인격 모독과 같은 행위는 어떠한 경우에도 허용되지 않습니다. 이미 군대에는 이와 관련한 훌륭한 규율과 조항들이 있습니다.

군대뿐만이 아닙니다. 대학에서는 교수와 학생, 교회에서는 성직자와 성도, 일반 기업에서는 고용주와 노동자 간에 필요한 계약을 맺고 사회적 삶을 시작합니다. 우리 사회는 어느 정도 훌륭한 법체계를 가지고 있고, 이 법체계를 매우 중시하고 있습니다. 여기까지 내용만 보자면 존 롤스의 사회계약론이 유효한 것 같습니다. 이제 계약을 맺었으니 계약대로만 하면 정의가 실현되고 모두 다 도덕적인 인간이 되어야 합니다.

그런데 지금 우리는 어떤가요?

최근 몇 년간 우리 사회에서 발생한 부조리하고, 때로는 잔혹하기까지 했던 사건들은 우리의 마음을 매우 무겁게 했습니다.

여기서 우리는 샌델 교수가 이야기하는 정의의 한계에 주목하지 않을 수 없습니다. 왜 명시적으로 존재하는 규칙이나 규정이 그대로 이행되지 않을까요? 저는 이에 두 가지 설명을 덧붙이고자 합니다. 첫 번째는 정의가 올바르게 작동하지 않는 이유이고, 두 번째는 어떻게 정의를 세울 것인가 하는 문제입니다.

정의가
실현되지 않는
이유

먼저 정의가 올바르게 작동하지 않는 이유는 그 사회에 암묵적인 룰처럼 작동하는 집합적인 습관이 있기 때문입니다. 모든 사회가 특정 문화를 공유하고 있듯이 우리에게도 서열주의나 권위주의와 같은 집합적 습관이 있습니다.

몇몇 사람들은 권위주의가 군대의 전유물인 것처럼 이야기합니다. 하지만 과연 군대 외부에는 이러한 문화가 없을까요? 주변을 둘러보면 어렵지 않게 답을 구할 수 있습니다.

우리 주변에는 자신보다 직급이 낮다는 이유로 부하 직원을 함부로 대하는 사람들이 있습니다. 자신보다 나이가 어리다는 이유로 타인을 쉽게 무시하는 사람들도 있고, 성별이나 지역만으로 사람을 평가하고 편을 가르는 사람들도 있습니다. 좋지 않은 문화가 오랜 관성이 되면 불변의 법칙이나 진실로 둔갑하곤 합니다. 바로 이 지점을 깊이 성찰해야 합니다.

나이가 조금 어리고, 직급이나 계급이 낮으면 함부로 대할 수 있다는 권리를 누가 준 것일까요? 계약 조건에 있을까요? 아닙니다. 우리가 만든 것입니다. 우리가 그 문화를 만들었고, 우리가 방조했습니다. 모두가 피해자이면서도 모두가 가해자가 되는 이런 구조는 계속해서 재생산되어왔습니다.

물론 최근 이런 문제에 대한 관심이 높아지면서 과거에 비해 개선된 부분도 있지만 여전히 해결되지 못한 문화가 우리를 옥죄고 있습니다.

여기서 중요한 것은 그 문화를 우리가 만들었다는 것입니다. 앞으로 계속 바뀔 수도 있고, 지금도 더디지만 조금씩 바뀌고 있습니다. 그렇다면 우리가 잘못된 문화를 뿌리 뽑고, 바람직한 방향으로 다시 만들어갈 수도 있지 않겠습니까?

어떻게 정의를
세워야 할까?

이제 두 번째로 어떻게 정의를 세울 것인가의 문제를 살펴봅시다.

인간은 가치 평가의 동물이라고 할 수 있습니다. 정의를 세우는 문제는 강한 가치 평가와 약한 가치 평가로 접근할 수 있습니다. 절대적이고 보편적인 정의가 있다고는 쉽게 이야기할 수 없을지 모르지만, 우리는 분명 더 권장하거나 권장하지 않는 가치 평가의 체계를 가지고 있습니다.

앞서 트롤리의 문제에서 이야기했던 것처럼, 여러분은 어느 순간에 도덕적인 선택을 했습니다. 옆에 있는 한 사람을 죽이는 것보다 멀리 있는 한 사람을 죽이는 쪽에 더 강한 가치를 둔 것입니다.

예를 하나 들어볼까요? 직업적으로 성性을 파는 행위가 올바른지 그른지에 대해 합당한 근거를 설명하기는 매우 어렵습니다. 만일 스스로 성을 파는 행위를 직업으로 선택했다면, 대체할 수 있는 직업을 구해주지 않고서 그들의 선택을 함부로 비난하기는 어렵습니다.

하지만 성을 파는 당사자에게 "그렇다면 당신의 자녀에게도 그 일을 권할 수 있습니까?"라고 묻는다면 아마 그렇다고 대답하기는 힘들겠죠. 할 수 있느냐 없느냐의 문제 이전에 우리는 각자의 가치에 따라 어느 정도 해답을 가지고 있습니다.

말을 잘 듣지 않고, 일처리를 제대로 하지 못하는 부하직원이나 후배에게는 소리를 버럭 지르고, 모욕적으로 대하고, 구타를 해도 된다고 생각하십니까? 이렇게 다소 공격적으로 물으면 대부분이 "나는 그 정도는 아닌데?"라고 답할지도 모르겠군요.

그럼 조금 수위를 낮춰볼까요? 부하직원, 하급자 또는 후배에게 개인적인 용무를 시켜도 될까요? 나이가 어리기 때문에 모욕감을 줘도 된다고 생각하시나요? 그게 여러분의 남동생이자 여동생이어도 그럴까요? 여러분은 어떤 가치 평가에 더 무게를 두시겠습니까? 대부분의 가혹행위는 이처럼 아주 작은 모멸감을 주는 데서 시작한다는 것을 기억해야 합니다.

내가 만든 문화는
나에게 돌아온다

타인에게 존중을 받는 사람이 그렇지 못한 사람보다 다른 사람을 더 존중한다는 것은 이제 상식이 되었습니다.

식당에 가서 무례한 종업원을 만난다면 그 종업원을 탓할 것이 아니라, "여기 사장은 종업원들을 함부로 대하나 보군"이라고 생각해도 무리가 없을 겁니다. 함께 일하는 사람이 서로를 존중하지 않는다면 누가 외부에서 그들을 존중하겠습니까? 그들의 자존감은 도대체 어느 마트에 가서 구입해야 하는 걸까요? 물론 구체적인 상황을 들여다보면 항상 예절을 지키기는 쉬운 일이 아닙니다. 그동안의 문화적인 관성이 있기 때문입니다.

하지만 적어도 우리는 옳고 그름에 대한 지향점은 가지고 있어야 합니다. 그리고 그 지점을 우리의 문화로 만들어내는 것, 그것이 바로 우리의 역할이고, 우리의 후배들에게 물려주어야 할 유산입니다.

한 가지 더 덧붙이자면 사회계약론에서는 정해진 규칙을 지키지 않으면 관련자들을 처벌하도록 합니다. 엄정하게 처벌을 내려 본보기로 삼고, 모방하지 말라는 경고 메시지를 보내는 것이죠. 하지만 이러한 방식은 문제를 치유하는 근본적인 해결책이 아닙니다.

공동체주의의 관점에서 보면 내가 만든 문화는 반드시

나에게로 다시 돌아오게 되어 있습니다. 내가 누군가를 무시하고 아무렇지 않게 모멸감을 주었다면, 그것은 내가 속한 조직의 문화가 되어 다시 나를 구속하는 문화적 문법이 되죠. 우리는 가장 먼저 이것을 인지해야 합니다.

가해자도 방조자도 피해자도 우리 문화가 만들어낸 사람들입니다. 정해진 규칙을 지키는 것으로 극복할 수 없었다면, 이제 누군가를 비난만 할 게 아니라 그 비난의 화살을 나에게 돌려보아야 합니다. 내가 상대에게 손가락질 할 때, 나머지 세 손가락은 나를 향하고 있다는 것에 주목해야 합니다. 우리는 그동안 타인에게는 지나치게 엄격하면서도 자신에게는 너무 관대한 기준을 적용한 것은 아닐까요?

마지막으로 굴뚝 청소부의 이야기를 들려드리면서 이 장을 마칠까 합니다.

두 사람이 더러운 굴뚝에서 청소를 하고 나왔습니다. 그런데 한 사람의 얼굴은 깨끗했고, 한 사람의 얼굴에는 검은 숯이 잔뜩 묻어 있었습니다. 과연 어떤 사람이 얼굴에 묻은 숯을 지우려 할까요?

지금 내 동료의 얼굴에 더러운 얼룩이 묻었습니다. 내 얼굴이 깨끗하다고 확신할 수 없는 상황입니다. 얼굴이 깨끗한 사람도 닦아야 할 시점입니다. 또한 깨끗한 동료의 얼굴을 본 사람도 그 얼룩을 지울 수 있어야 합니다. 함께 굴뚝에 있었고, 함께 작업했다는 것을 잊어서는 안 됩니다. 이제 우리 모

두의 얼굴을 깨끗하게 닦아내는 일이 남아 있습니다. 그것이
잡티이든 큰 얼룩이든 주변을 살피며 스스로를 되돌아봐야
할 때입니다.

강한 가치 평가와 약한 가치 평가

강한 가치 평가와 약한 가치 평가는 인간은 가치 평가의 동물이라고 주장한 자유주의적 공동체주의자 찰스 테일러가 제시한 개념입니다. 그는 한 사회에 소속되어 있는 사람이라면 누구나 그 사회에서 권장하는 최소한의 도덕적 기준을 암묵적으로 알고 있으며, 그러한 도덕적 요구에서 자유로울 수 없다고 보았습니다. 다만 도덕적인 요구에 대해서도 가치를 평가할 수 있다고 보았죠.

테일러가 말한 강한 가치 평가는 질적이고 성찰적입니다. 더 권장되는 욕구, 더 권장되는 행위 과정, 그리고 더 권장되는 삶의 방식들이 갖는 가치와, 이와 관련된 언어까지 포함해 평가합니다. 반면, 약한 가치 평가는 단순히 주관적 욕구나 느낌에 따라 평가하는 방식입니다. 무엇이 옳고 무엇이 그른 것인지에 대한 평가가 단지 도덕적 감성에 의존하는 경우죠.

물론 비판이 제기될 수 있습니다. 강한 가치 평가는 결국 한 사회의 지배세력의 가치 평가에 불과하다는 반론이 있을 수 있지요. 또 테일러의 이런 관점마저도 상대적인 관점에 따라 가치 판단이 가능하다는 비판을 받을 수 있습니다. 테일러 또한 이러한 '가치 판단'의 속성을 잘 알고 있었습니다.

그렇기 때문에 그는 오랫동안 유지되어 왔던 공동체의 문화적 관습과 그것에 대한 깊은 성찰에 더욱 침잠하여 집중했습니다. 그는 인간이 삶을 살아가며 결정하는 사고와 감정, 무언가를 만들고 파괴하며 타인과 관계를 맺는 모든 것이 공동체의 언어와 문화를 통해 이뤄지며, 그 안에서 유지되고 존속된다고 보았습니다.

발전이 가져온 부메랑,
위험사회

현대사회의 위험은 불특정 다수에게, 그리고 갑작스럽게 찾아옵니다. 단순한 부주의에서 비롯된 사고에서부터 애초에 위험을 내장하고 있는 첨단 산업시스템 때문에 발생하는 사고에 이르기까지 더욱 다양해지고 심각해졌습니다. 이제 우리는 항상 위험과 함께 살아가고 있는 거죠. 어떤 위험이든, 대형 사고로 불거지기 전까지 적어도 한 번은 내 손을 거칠수 있었는지도 모릅니다.

함께 읽을 책
『위험사회: 새로운 근대성을 향하여』, 울리히 벡 저, 홍성태 옮김, 새물결, 1997

만들어진
위험

최근 한국사회를 가장 뜨겁게 달구었던 이슈는 무엇일까요?

가깝게는 메르스로 불리는 중동 호흡기 증후군 사태가 있었습니다. 사건 사고로는 강화도 캠핑장 화재 사건부터 판교 지하철 환풍구 붕괴 사고, 경주 마우나 리조트 붕괴 사고, 세월호 침몰 사고 등이 있었습니다. 이렇듯 최근 우리를 놀라게 하는 이슈는 안전사고였습니다. 안전사고가 잇따르자 사회 곳곳에서 이에 대한 대책을 논의하기 시작했고, 사회에 만연한 안전 불감증에 대해 비판의 목소리가 높아졌습니다.

얼마 전 작고한 독일의 사회학자 울리히 벡은 현대사회를 '위험사회risk society'로 규정했습니다. 위험으로 가득 차 있는 사회를 의미하죠. 인류가 지구에 발을 들여놓은 순간부터 위험은 늘 우리와 함께 있었다고 주장하는 사람들도 있을 것입니다. 하지만 울리히 벡은 현대사회에서 나타나는 위험이 과거의 위험과는 질적으로 다르다고 주장합니다.

그는 근대사회의 위험은 자연재해나 개인적으로 겪게 되는 위해danger이거나 극복만 하면 새로운 발전을 이뤄낼 수 있는 도전challenge이었지만, 현대사회의 위험은 체계적으로 구조화된 위험이라고 말합니다. 본래부터 있었던 위험이 아니라 만들어진 위험이라는 의미입니다.

위험과 함께
탄생한
현대사회

과학기술의 발달은 오랜 시간 동안 근대 인류의 희망이었습니다. 그런데 우리에게 유토피아를 안겨주리라 믿었던 과학기술이 점점 인간의 생존 자체를 뒤흔들 수도 있는 여러 가지 부작용side effect을 나타내기 시작했습니다. 산업사회가 발달하면서 화석연료 사용량이 늘어나 이산화탄소 배출량이 증가했고, 이는 전 지구적으로 기후변화를 유발했지요. 또 원전사고로 방사성 물질이 유출되기도 했고, 각종 동물 전염병이 발생해 인간의 건강을 위협했습니다.

물론 과학기술이 발달하지 못했던 고대와 중세에도 위험은 늘 우리와 함께 했습니다. 하지만 갑작스럽게 나타나던 과거의 위험과는 달리 근대사회의 위험은 체계적으로 나타나기 시작했고, 복잡한 과학기술이 마련한 다양한 장치를 통해 발생하게 되었습니다.

인간은 근대사회로 접어들면서 과학기술의 발전을 통해 부족했던 생산력을 해결했고, 에너지원도 획기적으로 활용하기 시작했습니다. 근대성*의 가장 큰 특징인 합리성rationality과 계산가능성calculability을 통해 우리는 자연을 매우 효과적으로 이용하면서도 안정적으로 관리할 수 있는 시스템을 갖게 되었습니다. 아니 그렇게 믿었습니다. 그런데 1980년대 이후 전 지구적으로 확산된 다양한 유형의 안전사고로 인해 산업사회의 발전과 위험의 관계를 다시 바라보게 되었습니다.

영국의 사회학자 앤서니 기든스는 현대사회의 산업주의, 자본주의, 행정의 집중화, 군사력을 통한 폭력수단에 대한 통제 등이 현대 제도의 발전을 이끌었다고 주장했습니다. 이러한 제도적 장치들은 사회를 몇 단계씩이나 발전시켰습니다. 하지만 동시에 여러 가지 부작용을 가져왔습니다.

생태계를 파괴했고, 지속가능한 경제성장을 어렵게 만들었습니다. 전체주의 권력이 등장해 대규모 전쟁을 일으키기도 했습니다. 사회가 발전할수록 위험도 커졌습니다. 그래서 기든스는 근대성의 부정적 결과를 성찰할 필요가 있다고 강조하면서, 이제 우리는 성찰적 근대화의 시대를 맞이했다고 주장합니다.

울리히 벡이 현대사회를 위험사회라고 규정한 이유도 이와 유사합니다. 그는 근대 산업사회가 과학적 진보, 국민 국가, 경제 성장, 가족 등의 원리에 의존하여 발달했다고 보았습니다. 그런데 근대 산업사회가 지속적으로 발전하면서 기존과는 상반되는 원리들이 등장했습니다.

근대성 모더니티, 현대성이라고도 함. 단순히 근대를 의미하는 개념이 아니라, 전근대 사회인 중세와 정 반대되는 특징을 포괄하는 개념. 신 중심에서 인간중심으로, 신의 계시에서 과학과 이성을 통한 계몽으로, 왕정중심에서 시민중심으로, 봉건주의에서 자본주의로의 대변혁을 통해 발생한 특징을 의미한다.

우선 과학기술의 위험성이 대두되었습니다. 또한 세계화가 진전될수록 국민 국가에 대한 의식이 약화되었고 가족보다는 개인이 더 중요시되었습니다. 경제 불황이 한 지역의 문제로만 머물지 않고, 전 세계적 현상으로 확대되고 있기도 합니다.

울리히 벡은 후기산업사회로 접어들면서 새롭게 등장한 원리들이 과거 산업사회의 발달을 주도했던 원리들을 제약하거나 스스로 해체시키는 과정을 겪게 되었다고 주장합니다. 그리고 이것이 위험사회의 본질이자, 성찰적 근대화의 특징이라고 분석했습니다.

현대사회의 위험은 사회 발전 과정에 깊숙이 스며들어 있기 때문에 쉽게 뿌리 뽑기가 어렵습니다. 두 장의 종이를 접착제로 붙여놓고 다시 떼려고 한다면 종이 두 장이 모두 찢어질 수밖에 없는 것처럼, 발전의 원리와 위험의 원리도 분리하여 생각하기 어렵습니다.

미국의 사회학자 찰스 페로우는 이러한 위험이 현실로 드러나는 사고를 정상 사고normal accidents라고 불렀습니다. 현대 과학기술의 체계 내에서는 아무리 효과적인 안전장치를 마련한다고 하더라도 사고가 발생할 수밖에 없다는 의미입니다. 그래서 울리히 벡은 오늘날의 위험이 특정한 계급이나 지역에 한정되지 않는다고 말합니다. 그렇기 때문에 그는 인류 공동의 해결 노력이 필요하다고 주장합니다.

보이지 않는
거대한
위험

울리히 벡이 위험사회의 징후를 포착하며 주목했던 사건이 있습니다. 바로 체르노빌에서 발생한 원자력 발전소 폭발 사고입니다.

1986년 4월 26일, 우크라이나 체르노빌에 있던 원자력 발전소가 폭발해 방사능이 유출되는 사건이 발생했습니다. 이 사고로 수천 명의 사람들이 목숨을 잃었고, 체르노빌은 반세기가 지난 지금까지도 여전히 사람이 살 수 없는 땅이 되었습니다. 인간이 만든 최첨단의 장비였기에 사람들은 그 시스템이 절대 위험하지 않으리라고 확신했었습니다. 하지만 결국 그 부주의한 믿음이 부메랑이 되어 우리에게 돌아왔고, 비극적인 결과를 남기고 말았습니다.

그런데 폭발이 일어나기 몇 년 전부터 사고가 발생할 징후가 나타나고 있었다고 합니다. 갑자기 발전소가 멈추기도 했고, 임무를 교대하는 사람들이 체크해야 할 사항을 누락하기도 했던 것입니다.

하지만 사람들은 인간이 만든 합리적인 시스템이 안정적으로 작동하리라 굳건히 믿었고, 작은 징후들이 큰 재앙으로 번지기까지는 어떠한 조치도 취하지 않았습니다. 결국 이 사고는 30여 년이 지난 지금까지도 그 피해 규모를 정확히 파악할 수 없는, 20세기 최악의 안전사고로 기록되고 있습니다.

체르노빌 이후에도 안전사고의 종류는 오히려 더 다양해졌고 피해 규모 또한 커졌습니다. 2011년 일본 후쿠시마에서 발생한 원전사고만 보더라도 인간이 만든 현대사회의 시스템이 얼마나 큰 재앙이 될 수 있는지 여실히 드러납니다.

울리히 벡은 위험사회에서는 초기 산업사회와는 비교할 수 없을 정도로 위험의 규모가 클 것이며, 위험에 대한 인식 자체가 우리의 삶에 큰 영향을 준다고 주장했습니다. 또 자세히 보려고 노력하지 않으면 그 실체를 정확히 파악할 수 없다는 것도 현대사회가 가지고 있는 위험의 특징 중 하나로 꼽았습니다.

위험은 거대한 재앙으로 나타나기 전에는 눈에 보이지 않는 형태로 존재합니다. 하지만 주변을 세심히 살펴보면 이러한 위험들이 얼마나 가득한지를 확인할 수 있습니다. 지난날 한국사회를 강타했던 많은 대형 사고가 이러한 위험의 특징을 모두 가지고 있습니다. 그런데도 우리는 여전히 "설마 또 그런 일이…" 혹은 "나만 아니면 돼"라는 안일한 생각으로 위험을 대하고 있습니다.

안전 불감증은 위험에 대한 이러한 성찰의 부재에서 시작됩니다. 더 늦기 전에 우리는 우리를 둘러싼 위험을 면밀히 살피고, 대책 마련에 힘써야 합니다.

대형 사고가 주는 교훈,
하인리히의 법칙

1920년대 미국 여행 보험사 관리자인 허버트 하인리히는 7만 5천여 건의 산업재해를 분석한 결과, 흥미로운 사실을 하나 발견했습니다.

큰 산업재해가 발생하기 전에 같은 원인으로 29건의 작은 재해가 발생한 적이 있으며, 또 그와 유사한 재해가 300건은 더 있었다는 사실을 알게 되었죠. 쉽게 정리하자면 1건의 치명적인 안전사고가 발생하기 전에는 이미 같은 원인으로 29건의 작은 사고들이 발생했고, 300여 건의 이상 징후가 나타나게 된다는 1 : 29 : 300의 법칙을 발견한 것입니다.

하인리히 법칙은 우리에게 중요한 교훈을 줍니다. 거대한 위험은 단번에 일어나는 것이 아니라 작은 사전 징후들이 전조 현상으로 나타난다는 사실을 깨닫고, 미리미리 대처하도록 경각심을 심어주죠. 작은 징후라고 해서 이를 무시하거나 적극적으로 개선하지 않으면 결국 손을 쓸 수 없는 큰 위험이 닥치게 된다는 점을 기억해야 합니다. 그 작은 이상 징후들이 나타났을 때가 위험을 막을 수 있었던 마지막 기회입니다.

세월호 참사가 일어난 후 모두들 사회안전망을 개선해야 한다는 목소리를 높였습니다. 하지만 이후에도 참 많은 재난이 발생했습니다. 2015년 4월 종합편성채널 JTBC와 카이스트 재난학 연구소는 세월호 참사가 일어난 이후 1년 동안 발생한 대형 사고를 분석했습니다. 분석 결과에 따르면 안전사고의 원인은 크게 9가지였습니다. 관행적 묵인, 겉도는 제도, 미흡한 관리, 제도 미비, 시설 미비, 인원 부족, 조직 문화, 안전 불감증, 안전 불평등이 원인으로 나타났습니다.

연구자들은 안전보다는 돈을 우선시하고 규정 위반이 일상화된 조직 문화 때문에 관행적인 묵인이 일어났다고 주장했습니다. 공사비용과 기간을 최대한 줄이는 데 초점을 맞추는 건설업계의 잘못된 문화가 사고로 이어진 것입니다. 위험을 저 멀리 있는 나라의 이야기로 여기고, 안전 점검을 형식적으로 치렀던 관행도 사고에 영향을 미쳤다고 합니다.

카이스트 지식서비스공학과의 윤완철 교수는 JTBC와의 인터뷰에서 "휴먼에러human error를 일으킬 수 있는 영향을 제대로 찾아내고 대처하지 않으면 위험을 막을 수 있는 확률은 절대 줄어들지 않는다"고 역설했습니다. 전문가들은 인재人災가 일어나는 근본적인 사회적 구조를 고쳐야만 사고를 줄일 수 있다고 말합니다.

새로운 도전
혹은
성찰의 기회
현대사회의 위험은 과거에 비해 규모도 크고, 미치는 영향도 커졌습니다. 하지만 울리히 벡은 위험사회가 우리에게 새로운 도전이자 기회라고 주장합니다. 현대사회의 위험은 아무런 반성 없이 오로지 발전만을 외쳐왔던 우리에게 성찰의 기회를 주었기 때문입니다.

그는 중앙시스템만으로는 위험을 관리하고 감독하기 어렵다는 사실이 드러났기 때문에 많은 사람들이 일상에서 발생하는 위험에 능동적으로 대처하게 될 수밖에 없다고 주장합니다.

실제로 위험의 규모가 커지고 발생 빈도가 증가함에 따라 정부에서도 다양한 제도적 장치를 마련했습니다. 2000년대 들어 도입됐던 사전예방조치precautionary principle가 대표적인 사례라고 할 수 있습니다.

현대사회의 위험은 불특정 다수에게, 그리고 도적떼와 같이 갑작스럽게 찾아옵니다. 이제 우리는 위험에 대해 성찰하고, 공동체가 함께 나서서 사고가 발생하기 전에 위험을 인지해야 합니다. 필요하다면 문제가 되는 관행이나 절차를 완전히 바꿔야 하고, 위험이 감지된다면 비용이 들더라도 관련된 프로젝트를 멈춰야 합니다.

위험을 피할 수 있는 가장 좋은 방법은 위험을 인정하는 데서 시작됩니다. 우리는 위험의 심각성을 늘 염두에 두어야 합니다. 우리 주변에는 늘 위험이 도사리고 있다는 것을 인정해야 합니다. 어떤 위험이든, 대형사고로 불거지기 전까지 적

어도 한 번은 내 손을 거칠 수 있다는 사실을 진지하게 받아
들여야 합니다.

체르노빌 원전사고

체르노빌 원전사고는 1986년 4월 26일 우크라이나의 체르노빌 원자력 발전소 제4호 원자로에서 방사능이 누출되었던 참사로, 1979년 발생한 스리마일 원전사고와 2011년 일본 후쿠시마 원전사고와 함께 세계 3대 원자력 발전소 사고 중 하나로 꼽힙니다.

체르노빌 원전사고는 20세기 최악의 원전사고라는 수식어가 뒤따를 정도로 수많은 인명 피해와 수치화할 수 없는 물적·환경적 피해를 남겼습니다. 사고로 원전을 중심으로 한 반경 30km 이내 지역 100개 마을이 사용 불가능 지역으로 선포되었고, 피해자 수는 사망자를 포함하여 약 3백만 명 이상인 것으로 추정됩니다. 그러나 이 또한 산술적인 집계일 뿐, 원인을 명확히 할 수 없는 유아 사망과 암 발생률이 증가한 것까지 추산한다면 피해 경계를 확정할 수 없는 수준입니다.

울리히 벡이 주목한 것처럼 원전사고는 자연재해와 달리 우리가 만든 과학기술 시스템에 위험요소가 내장되어 있기 때문에 발생하는 것입니다. 그래서 어떤 의미에서는 우리 스스로 위험을 감수하고 있다는 특징이 있습니다.

체르노빌 이후에 발생한 몇 차례의 원전사고는 전 지구적으로 원자력 발전소 가동 반대를 위한 조직적인 사회운동을 발생시켰고, 지금까지도 원전사고의 위험 정도와 허용 기준치에 대해 과학적인 논쟁이 진행 중입니다.

여

'우리'를 잃어버린 나,
불안한가요?

인류는 자유를 얻기 위해 무수한 피를 흘렸습니다. 하지만 요즘 우리는 개인의 자유를 지나치게 강조한 나머지 타인과 함께 공동체의 문제를 해결하는 미덕을 잃고 있는 것 같습니다. 대표적인 공동체주의자 찰스 테일러는 현대인들이 공동체를 상실했기 때문에 불안하다고 설명합니다. 개인을 하나로 묶어주는 질서가 사라지고, 함께 해결해야 할 공동의 문제에 관심을 잃게 되면서 개인들이 소속감을 느끼지 못한 채 흩어진다고 말입니다.

함께 읽을 책
『불안한 현대사회』, 찰스 테일러 저, 송영배 옮김, 이학사, 2014

나를 넘는 우리의 시작, 공동체주의

최근 인문학이 큰 인기를 끌면서 비전공자들도 꽤 어려운 이론들에 익숙해진 것 같습니다. 그런데 그중에서도 사람들에게 익숙하지 않은 이론이 하나 있습니다. 바로 공동체주의 communitarianism입니다. 왜 이 주제는 유독 관심을 받지 못했을까요? 제 생각에는 '공동체'라는 단어를 고리타분하다고 생각하는 사람들이 많기 때문이 아닌가 합니다. 왠지 모르게 책임이나 '도덕'과 같이 재미없는 말들만 떠오르니까요.

저는 현대사회의 많은 문제가 공동체주의자들이 주목하는 '개인'에게 있다고 생각합니다. 모든 것을 개인에게서 찾으려는 사람들은 문제를 해결하는 것도 개인의 몫이라고 주장합니다. 그러나 공동체주의자들은 그들이 말하는 '문제'의 범위 설정이 잘못되었다고 말합니다. 개인이 해결할 수 없는 구조적인 문제가 있다는 것입니다.

또 공동체주의자들은 공동체가 단순히 개인이 한데 모인 집합에 불과하다고 생각하지 않습니다. 공동체는 그 자체로 개인에게 영향을 주는 거대한 '도덕적 지평'이라는 것이 그들의 생각입니다. 저는 인문학에 관심을 갖고 공부하는 사람이라면 반드시 공동체주의에 대해 알아야만 한다고 생각합니다.

대부분의 '-주의-ism'가 그렇듯이, 멀리서 보면 하나처럼 보이지만, 자세히 들여다보면 학자들마다 미세한 차이가 있습니다. 그도 그럴 것이 우리가 소위 '자유주의자' 혹은 '공동체주의자'라고 부르는 학자들 중에는 스스로 그 범주에 속하기를 원치 않는 학자들이 꽤나 많습니다. 저명한 학자일수록 자신의 논리가 기존의 범주에 속하기보다 독창적이길 원합니다. 공동체주의도 마찬가지여서, 여기서 그 내용을 모두 다루기는 어렵습니다.

학계에서는 4대 공동체주의자로 찰스 테일러, 알래스데어 매킨타이어, 마이클 왈처, 그리고 마이클 샌델을 꼽습니다. 여기서는 특히 찰스 테일러의 논의를 집중적으로 조명하면서, 우리 사회에 주는 의미를 생각해보겠습니다.

자유주의 vs.
공동체주의

우리가 알고 있는 대부분의 근대 철학자들, 칸트, 루소, 로크, 홉스, 흄, 심지어 니체까지도 큰 틀에서 보면 대부분 자유주의의 맥락에서 자신의 논리를 세운 사람들입니다. 그래서인지 자유주의의 심오한 내용까지는 몰라도, 그 핵심 주장에 대해서는 잘 알고 있는 사람들이 많습니다.

반면, 공동체주의는 대중적으로 유명한 학자가 많지 않아서인지 공동체주의에 대해 잘못 알고 있는 사람들이 생각보다 많습니다. 단순히 끼리끼리 몰려다니는 패거리 문화라고 생각하거나, 개인을 억압하고 강제하는 전체주의로 여기기도 하죠. 무엇보다 그 용어 때문에 매우 심각한 오해를 받기도 했습니다. 공동체주의는 영어로 '코뮤니태리어니즘 communitarianism'인데, 이 단어를 공산주의를 의미하는 코뮤니즘communism과 혼동하는 이들이 많았기 때문입니다.

공산주의와 공동체주의는 전혀 다른 사상입니다. 공산주의는 19세기 말 자본주의에 반기를 든 경제적·사회적 관점에서 탄생한 사상이고, 공동체주의는 1980년대 이후 영미 철학에서 아리스토텔레스와 헤겔의 정신을 따른 도덕철학의 일부로 등장한 학문입니다. 공동체주의는 한 개인을 둘러싸고 있는 역사적인 맥락을 벗어나서는 인간의 존재를 상상할 수 없다는 철학을 기본으로 합니다. 근대 사회에서 개인주의가 보편화되면서 윤리적인 가치들이 상실됐고, 도덕적 공동체가 와해되었으며 이기적인 개인주의가 등장했음을 비판한 정통 정치철학의 한 분파입니다.

일반적으로 자유주의는 자유와 평등에 대한 의무를, 그리고 공동체주의는 공동체의 미덕virtue을 강조하는 것으로 알려져 있습니다. 그래서 자유주의를 의무론적 자유주의, 공동체주의를 덕의 공동체주의라고 부르기도 합니다. 또 공동체주의에서는 개인의 권리right 보다는 책무responsibility를, 가치중립적인 방임보다는 가치판단을, 옳음rightness 보다는 좋음(혹은 선goodness)을 더욱 중시합니다. 두 가지 관점 모두 좋은 얘기를 하는 것 같은데, 공동체주의는 왜 자유주의를 비판하는 걸까요?

우리를 위한,
우리에 의한 가치

당연한 이야기지만 공동체주의는 인간의 기본권인 '자유와 평등'을 부정하지 않습니다. 오히려 자유와 평등을 지키는 방법이 자유주의와 다르다고 보는 것이 타당합니다.

자유주의적 관점에서는 개인이 자유롭고 독립적인 존재이기 때문에 합리적인 선택과 합의를 통해서만 도덕적 의무를 진다고 생각합니다. 도덕성이 '개인의 내부'에서 만들어진다고 보지요. 하지만 공동체주의에서는 도덕이란 오랜 시간 공동체가 쌓아온 덕을 실천하면서 만들어지는 것으로, 개인의 외부에 존재한다고 생각합니다.

무엇보다 공동체주의는 자유주의에서 발생하는 '주관주의'를 강렬히 비판합니다. 자유주의에서는 개인에게 과도하게 자유를 부여하기 때문에 각 개인들은 각자의 입장에 따라 도덕이나 자유를 판단할 수밖에 없고, 그러다 보면 사람들의 도덕관이 제각기 달라지는 문제가 발생한다는 겁니다.

앞서 우리는 '정의'에 대해 배우면서 '원초적 입장'에 대해 살펴보았습니다. 사회적으로 부나 권리가 전혀 분배되지 않은 '원초적 입장'의 상태에서 서로의 사회적 배경에 대해 전혀 모르는 사람들은 약자를 위한 복지를 마련하기로 합의한다는 이야기였죠. 자신이 약자가 될 수 있다는 불안감 때문에 합리적인 판단에 따라 본인이 안전할 수 있는 제도를 마련하게 된다는 논리였습니다.

공동체주의에서는 바로 이 원초적 입장에 있던 사람들의 도덕성이 어디에서 온 것인지 알 수 없다고 비판합니다. 만일 자유주의자들의 주장처럼 도덕성이 개인 안에서 생기는 것이라면, 각자의 입장에 따라 '자유'나 '평등'에 대한 구체적인 기준이 다를 것입니다. 공동체주의에서는 이 문제를 어떻게 해결할 수 있냐는 의문을 던집니다.

자유주의 철학을 공유하는 대부분의 학자들은 인간이 자유와 평등을 지향하는 최소한의 도덕을 지니고 태어났다고 주장합니다. 그리고 이성을 가진 자아는 합리적으로 판단하며 올바른 행동을 할 수 있다고 말합니다. 공동체주의와 자유주의는 이에 대해 오랫동안 팽팽한 논쟁을 벌여왔습니다.

공동체주의는 개인의 정체성이 독립적으로 생겨나지 않는 것처럼, 우리가 도덕이나 정의에 대해 가지고 있는 생각도 공동체의 전통과 역사적 맥락에 기대어 있을 수밖에 없다고 말합니다. 또 각자가 자유와 평등을 지향하되 구체적으로는 다른 생각을 가졌다는 주관주의적 입장을 인정한다면 도덕적으로 무미건조한 사회가 될 거라고 경고합니다. 사회가 결단해야 할 중요한 문제에 아무런 대응도 할 수 없고, 권장할 올바른 가치도 없으며, 더 나은 것이 무엇인지도 판별할 수 없을 테니까요.

우리를 잃은 나,
불안하다

과거에는 사람들이 자신을 보다 더 큰 질서의 한 부분이라고 생각했습니다. 예를 들어 모든 것이 '신의 뜻'이라고 생각하고 그 운명을 받아들이고자 했지요. 철학에서는 이를 '존재의 거대한 고리' 안에 있었다고 표현합니다. 자신에게 주어진 위치에 얽매여 거기서 벗어나는 것은 생각조차 할 수 없었죠. 존재의 거대한 고리에서는 모든 것이 정해진 위상을 갖고 나름대로 중요한 역할을 했습니다.

하지만 현대에는 그렇지 않습니다. 현대인들은 자신의 생활 방식에 따라 스스로 인생을 선택하고, 어떤 신념을 가질 것인가를 개인의 양심에 따라 판단하며 살아갈 뿐, 과거에 그랬듯 눈에 보이지 않는 신성한 질서sacred orders에 휩쓸리지 않습니다.

이렇게 한번 생각해볼까요? 우리 사회가 노동의 유연성을 추진하면서 비정규직 사회가 되기 전에는 안정된 삶을 누리며 조직에서 어떤 위상을 가질 수 있었습니다. 어마어마한 부를 축적할 수는 없었지만 조직의 테두리 안에서 나름대로 사명감을 갖고 일했죠. 하지만 이제는 그렇지 않습니다. 한 직장에서 평생 근무할 수 있다는 기대는 무너졌고, 근로자 스스로가 자신의 능력을 입증하며 살아야 합니다. 능력을 인정받을수록 큰 부를 거머쥘 수 있게 되었지만, 조직에서 한 개인에게 부여한 정명正名은 사라지게 되었습니다. 전통적 세계에서 근대로의 변화도 이와 같습니다.

개인이 자신의 자유를 알게 된 근대에서 '존재의 거대한 고리'는 더 이상 나와 상관없는 것이 되었습니다. 그런데 그동안 얽매던 것이 사라지고 나니 사람들은 기댈 곳이 없어지고 말았습니다. 모든 것의 초점이 개인에게만 맞춰지고 삶이 매우 작아져서 삶의 목표마저 사라지게 되었습니다. 스스로 방향을 잃고 '가련한 자아'가 되었죠. 이렇게 전통과 단절된 개인은 '자질구레한 세속적 쾌락'에 빠질 수밖에 없고 '가련한 안락' 이외에는 삶에서 어떤 야망도 갖지 않는 상태가 되었습니다. 이러한 현상은 세계가 결국 자기중심적인 시대로 들어가게 되는 일종의 신호탄이 되었습니다.

대표적인 공동체주의자 찰스 테일러는 이러한 배경이 현대사회에 불안을 일으키게 되었다고 주장합니다. 사람들이 공유하던 신념이 사라져 공동체가 무너지면서 개인이 중심이 되었고, 그로 인해 나타난 부작용 때문에 현대인들이 불안에 빠졌다는 것이 그의 핵심 주장입니다. 그는 자신의 저서 『불안한 현대사회The Malaise of Modernity』에서 현대사회가 가지고 있는 불안의 원인을 3가지로 정리하고 있습니다. 그는 이 원인들 때문에 공동체가 붕괴되고 공동의 문제가 뒷전이 되었다고 보았죠. 이제 그 원인을 하나씩 살펴보겠습니다.

극단화되는 개인주의

찰스 테일러는 현대사회에 불안을 일으키는 첫 번째 원인으로 '개인주의'를 꼽았습니다.

테일러는 그의 책에서 개인주의를 매우 자세히 다룹니다. 개인의 이기주의가 어떻게 생겨나게 되었는지를 새로운 관점으로 설명하고 있죠. 무엇이 도덕인지조차 모르는 '무도덕' 상태에서 현대사회의 이기주의가 나타난 것이 아니라 개인의 이기주의 자체가 현대의 도덕적 이상이 되었다고 그는 주장합니다. 이기주의 문화 자체를 개인의 책임이 아닌 공동체의 책임으로 보고 있죠. 이런 시스템을 잘 살펴볼 때, 현대사회의 문제를 해결할 수 있다고 덧붙입니다.

현대사회에는 다른 사람들의 가치에 대해 왈가왈부하며 이의를 제기하는 것은 옳지 않다는 분위기가 사회 곳곳에 만연해 있습니다. 특히 서구사회에 널리 퍼져 있던 개인주의적 삶의 양식이 1960년대 이후 우리 사회 곳곳에 깊이 침투하면서 개인 각자의 가치를 더욱 중시하게 되었죠. 서점에서 쉽게 만날 수 있는 자기계발 서적에서는 "타인의 시선을 신경 쓰지 마라" "내면의 목소리에 집중하라" "내 인생의 주인은 나이고 그 누구도 나를 대신할 수 없다"라고 외쳐댑니다. 마치 마법의 주문처럼 말이죠.

이런 분위기 속에서 공동체주의자들이 우려하는 문제가 발생합니다. 극단적인 개인주의적 관점에서는 개인을 넘어서는 중요한 문제나 가치에 대해서는 이야기하지 않습니다. 자기계발 서적에서도 자기 자신에게만 집중하라고 할 뿐, 개인에게 영향을 미치는 사회적 조건이나 관계들에 대해서는 언급하지 않죠. 사회적 구조와 같이 개인을 넘어서는 것은 아예 없는 것으로 치부해버리곤 합니다. 그것이 원래 있었는지조차 전혀 의식하지 못할 정도로 말입니다.

찰스 테일러는 이러한 현대사회의 독특한 도덕적 이상에 대해 이렇게 묘사합니다.

(도덕적 근면 성실이나 세속적인 성공 실패 등등, 외재적인 가치 기준에 의하여 설정된 이러저러한 사회적 요구들이나 규범들 등에 더 이상 맹목적으로 끌려다니지 말고, 오직) 자기 자신에게만 진실하라.[3]

그는 이러한 현상을 자기 진실성self-authenticity이라고 말합니다. 다른 가치나 규범과 상관없이 자기에게만 진실하면 그것

---

3 찰스 테일러, 『불안한 현대사회』, 송영배 옮김, 이학사, 2014, p.27

이 곧 도덕이고, 개인의 방식대로 사는 삶이 좋은 삶이라고 생각하는 태도죠.

'자기 진실성'을 강조하는 사회의 사람들은 과거의 전통을 자신과 무관하다고 생각하거나 공동체를 지키기 위한 의무를 무시합니다. 예를 들어 자연환경을 보존해야 할 필요성도 느끼지 못합니다. 그렇게 각자에게 주어진 사회적 위치에 걸맞은 모든 행동을 거부합니다. 이러한 태도는 공동체가 보다 나은 사회를 이루기 위해 갖춰야 할 '덕'을 논의할 필요를 없애버립니다.

주객이
전도된 삶

현대사회가 가진 두 번째 불안요소는 도구적 이성의 지배입니다. 이것을 설명하기 전에 먼저 도구적 이성이 무엇인지부터 이야기해볼까요?

다소 거칠게 말하면, 모든 것을 그 존재 자체로 중요하게 생각하지 않고 어떤 목적을 위한 도구로 생각하는 것입니다. 테일러는 도구적 이성이란 "주어진 목적을 성취하기 위한 수단을 어떻게 하면 가장 경제적으로 응용해낼 수 있을까를 계산할 때 의지하게 되는 합리성"[4]이라고 정의합니다. 다시

---

4 같은 책, p.14

말해 어떤 사물이 원래 가지고 있는 목적을 중요하게 생각하지 않는 것을 말합니다. 예를 들어 우리는 어떤 일을 평가하면서 이런 말을 합니다. "그건 해서 뭐해?" "수익이 되겠어?"라고요. 그 일 자체로 가치가 있다고 생각하지 않고 이익을 내기 위한 수단으로 치부해버리는 태도입니다.

거대한 고리 안에서는 모든 것이 그 자체로 의미가 있었습니다. 수익을 내든 내지 않든 각자의 위치에서 고유한 의미를 가지고 있었죠. 하지만 현대사회에서는 '투입된 비용 대비 산출'을 극대화하는 효율성만이 강조되고, 그 외의 목적은 의미를 잃습니다. 찰스 테일러는 도구적 이성이 만연하게 되면 도덕적인 논의가 필요한 사회 문제를 대할 때도 오직 도구적 이성에 따라 기계적이고 기술적인 해결책만 찾게 될 거라고 주장합니다.

가령, 사회 내부에 존재하는 불평등을 해결해야 한다고 가정해봅시다. 이때 도구적 이성을 추구한다면 오랜 기간에 걸쳐 사회적 합의를 이끌어내기보다 그 문제를 당장 해결하는 장치를 만들어내는 데 골몰할 것입니다. 그마저도 사회적 비용이 높으면 문제 해결을 포기하거나 현상을 유지하는 데 만족하겠죠. 굳이 생산성 없는 일에 시간을 쓰는 것은 '효율적'이지 못하기 때문입니다. 다른 영역에서도 마찬가지입니다. 만약 오랜 시간 아이들과 함께하며 아이들의 마음까지 돌보던 선생님과 시험 점수를 1점 더 올려주는 선생님이 있다면, 두 번째 선생님이 더 높은 평가를 받습니다.

이런 관점이 우리 사회 경제 발전에 큰 영향을 미친 것은 사실입니다. 우리는 오랜 기간 동안 경제 발전을 최고의 가치로 생각하며 다른 어떤 가치보다 효율성을 추구해왔습니다. 덕분에 그 어떤 나라보다 빠른 시간 안에 급속한 발전을 이룰 수 있었습니다.

하지만 이에 따르는 부작용도 만만치 않았습니다. 경제 발전이라는 목표를 달성하기 위해 투입되는 모든 것은 자본 혹은 원료가 되었습니다. 사람까지도 말이죠. 인적자원이라는 말은 이제 너무도 당연한 용어가 되었습니다. 경제 발전에 매달린 우리 사회는 인간 그 자체의 가치와 권리는 생각지 않고 도구로 치부해버렸습니다. 이제 사람도 도구적 이성에 따라 평가되고 이용되며, 때가 되면 버려지기도 합니다.

사회학자 위르겐 하버마스는 『의사소통 행위이론』에서 이러한 현대사회의 특징을 "생활세계*에 대한 체계의 식민화*"라고 표현했습니다. 애초에 인간이 경제와 같은 '체계'를 만든 이유는 우리가 살아가는 '생활세계'를 더욱 윤택하게 하

생활세계와 체계 하버마스가 세계를 구분하는 용어. 생활세계는 인간이 언어와 행위를 통해 합리적인 토론을 하고 진실을 검증할 수 있는 '의사소통적 합리성'이 가능한 세계이고, 체계는 화폐와 권력이라는 비언어적 매체가 주도하는 영역으로 윤리를 배격하고 도구적 합리성만을 추구하는 세계라고 구분했다. 화폐, 권력 등 체계의 논리가 생활세계에 침투해 주도하는 것을 '생활세계에 대한 체계의 식민화'라고 보았으며 이것이 현대사회의 병리현상을 일으킨다고 주장했다.

기 위해서였는데, 시간이 지날수록 주객이 전도되어 생활세계보다 체계를 더욱 중시하기 시작했다는 의미입니다. 더 나아가 체계를 중시하다 못해 생활세계를 희생하기까지 합니다. 살기 위해 경제 활동을 시작했는데, 후에는 경제 활동을 유지하기 위해 삶을 포기하거나 희생하기 시작한 겁니다.

우리 사회에서도 이미 익숙한 풍경입니다. 취업을 하면 주변 사람들이 어떤 반응을 보이나요? "취업난인데 잘됐다"며 먹고사는 문제가 해결되었다고 축하해줍니다. 그가 무슨 일을 하고, 그 일의 특징이 무엇인지, 어떤 의미가 있는지에 대해서는 누구도 관심을 보이지 않습니다. 아이들의 교육을 위해 기꺼이 기러기 아빠가 되기를 자처하는 경우도 대표적인 사례라고 할 수 있습니다.

공동체에 무관심한
이 시대의 자화상

테일러가 마지막으로 꼽은 현대사회의 불안요소는 정치 참여와 공동체 문제를 해결하려는 실천적 노력의 부족입니다. 그는 개인주의와 도구적 이성 때문에 개인의 자유와 자기 결정권이 상실됐다고 주장합니다. 개인주의라는 지상명령에 따라 자기 진실성만 추구하며 자신의 마음속에만 갇혀 있는 사람들은 투입 대비 소득에 도움이 되지 않는 공동체의 문제에 관심을 잃게 됩니다. 실천하는 방법마저도 잊게 되고요. 결과적으로 사회나 국가의 일에 적극적으로 참여하려는 사람들이 줄어들고, 그저 개인적인 만족만을 추구할 것입니다.

토크빌은 이러한 사회를 온건한 독재가 가능한 사회로 규정합니다. 시민들이 정치적 자유를 추구하지 않고 공동체의 문제에 개입하지 않게 되면 소수의 사람들이 공동체의 의제를 장악합니다. 이 경우 공동체의 문제들이 소수의 의견에 따라 결정됩니다. 대의민주주의라고 하는 거창한 제도의 이름 뒤에 숨어서 말입니다. 그렇기 때문에 개인의 자유만 추구하다가 오히려 진정한 자유와 자기 결정권을 잃게 됩니다.

하지만 대의민주주의는 결코 '나는 무관심할 테니 정치인이 알아서 하라'는 것을 의미하지 않습니다. 현대 민주주의 사회는 정당 정치와 시민사회를 근간으로 하고 있으며, 개인의 자유와 권리를 위해 정치적 활동을 하는 것은 헌법이 보장하는 의무이자 권리입니다.

그러나 개인주의와 도구적 이성에 경도된 사람들이 많아지면 많아질수록 공동체의 문제에는 무관심해지고, 그 과정에서 우리는 정의를 실천하는 덕의 감각sense of virtue마저도 상실하게 될 것입니다. 근육도 운동을 해야 발달하듯이 도덕성이나 정의도 실천을 해야 발달하는 것은 당연한 이치입니다.

당신도 옳고
나도 옳다고?

찰스 테일러가 지적한 현대사회의 3가지 불안이 우리에게 주는 교훈은 무엇일까요?

먼저 찰스 테일러가 '자기 진실성'이라고 불렀던 개인 이기주의가 우리 사회에 어떤 위기를 초래할 수 있는지 살펴보겠습니다. 공동체주의자 중 한 명인 매킨타이어는 개인이 자기 자신의 정체성을 획득하거나 확인하는 방법은 자신이 사회집단에서 어디에 속해 있는지 살펴보는 방법밖에 없다고 주장합니다. 그는 "우리가 누군가의 형제이고, 사촌이고, 손자이며, 공동체의 구성원이라는 것은 그저 우리에게 우연히 부여된 특성이 아니며, 진정한 자아를 발견하기 위해 제거되어야 할 그 무엇도 아니다"라고 주장합니다.[5]

공동체는 한 개인의 본질을 이루며, 한 인간이 실천해야 하는 책임과 의무를 정의합니다. 실제로 우리는 가정이나 학교처럼 각자가 속한 공간 내에서 특정한 역할을 맡고 있고, 특정한 상황에서 그에 맞는 행동을 하리라는 암묵적인 기대를 받고 있습니다. 만일 한 개인이 이 공간에서 결여되거나 절연되어 있다면, 그는 그 공동체에서 아무런 존재가 아니거나, 적어도 '이방인'이나 '추방자'가 될 것입니다.

5　매킨타이어, 1997, 『덕의 상실after virtue』, 이진우 역, 문예출판사, p.68

또 개인주의는 개개인이 자신이 생각하는 것에 따라 도덕을 판단하고 각자의 가치관만을 인정하려는 주관주의*와 극단적인 상대주의*를 가져옵니다. 그에 따라 공동체 내의 문제를 단순히 개인적인 양심이나 주관에 따라 결정하려 하죠. 매킨타이어는 낙태와 조세에 관련된 논쟁을 소개하며 이 문제에 접근합니다.

낙태 문제에서 항상 대립하는 두 입장이 있습니다. 하나는 임신한 부모의 행복추구권이고 다른 하나는 아직 태어나지 않은 아이의 생명권입니다. 두 권리는 모두 중요하기 때문에 명료한 답을 구하기 어렵습니다. 두 입장 사이에 접점이 생기지 않고 평행선을 이룰 뿐입니다. 조세 문제에 관해서도 납세는 의무라는 관점과 개인이 수고하여 번 돈은 개인이 사용할 권리가 있다는 입장이 대립하지요.

이 두 관점은 각각 나름의 합리성과 이유가 있기 때문에 마땅히 무엇이 옳고 그른지를 판단하기 어렵습니다. 그러나 공동체주의에서는 이러한 극명한 논쟁점이 현대사회의 주관주의를 보여주는 특징이라고 생각합니다. 현대사회에서 '옳고 그름'은 그것에 감정적으로 동의가 되느냐 아니냐에 따라 정해질 뿐, 어떤 명확한 근거에 따라 결정되지 않는다는 것입니

주관주의와 상대주의 하나의 현상에 대해 다양한 해석이 가능하다는 철학적 입장. 객관적 해석보다 주관적 해석을, 보편성보다 상대성을 강조하며 다원주의 사회를 지탱하는 2개의 기둥이라고 볼 수 있다.

다. 올바름의 문제를 그저 개인의 선호에 맡기는 것이죠. 매킨타이어는 정의가 개인의 내면에 있다고 생각한 순간부터 우리의 도덕 관념이 왜곡되었기 때문에 우리는 위와 같은 논쟁의 답을 찾지 못하고 갈등으로 치닫게 된다고 주장합니다.

저는 군대 조직에 몸을 담고 있다 보니 이러한 문제를 피부로 느낄 때가 많았습니다. 가령, 군이라는 '거대한 존재의 고리'에서 오직 자신만의 이상과 가치만을 내세우며 공동체와 관계없이 자신의 정체성을 파악하려고 한다면, 어떤 임무를 맡게 되었을 때, 자신에게 부여된 의무보다 개인의 안위와 편의만을 생각하게 될 것입니다. 또한 국가를 수호하는 군인의 사명보다 안정적인 월급만 바라보거나, 진급에 유리한 직분만 선호하게 된다면, 군이라고 하는 거대한 존재의 고리에서 떨어져 나가게 될 뿐 아니라 공동체의 질서를 조금씩 흐트러뜨릴 것입니다.

이러한 태도가 조금 더 심화된다면, 군대라는 거대한 구조가 자신을 보호하는 동안 개인의 이득만을 취하게 될 것입니다. '군인다움'이라는 덕목을 실현하는 데에는 큰 관심을 보이지 않게 되겠죠. 이것은 어떤 조직에서나 마찬가지입니다. 개인 이기주의가 조직 안에 깊이 침투할 때 위기가 온다는 것은 불변의 진리입니다.

모두를 위한 선,
내재적 가치

매킨타이어는 가치를 외재적 가치와 내재적 가치, 이 두 가지로 나누어 설명했습니다. 그는 합주곡에서 피리를 부는 연주자를 예로 들며 돈을 벌기 위해 피리를 부는 것은 외재적 가치를 중요시하는 태도이며, 좋은 소리를 내기 위해 피리를 부는 것은 내재적 가치에 중점을 둔 행동이라고 구분했습니다. 더 나아가 내재적 가치를 중시하는 것이 공동의 선을 이루기 위한 덕을 쌓는 것과 동일하다고 생각했습니다.

만약 합주곡에서 피리를 부는 사람이 자신이 얼마나 돈 보였는지, 피리를 불어 얼마나 돈을 벌었는지에만 관심을 둔다면 그것은 외재적 가치를 지향하는 태도입니다. 하지만 단하나의 음이라도 좋은 피리 소리를 내기 위해 노력한다면 내재적 가치를 중시하는 태도입니다. 외재적 가치를 중시하는 태도는 공동의 선을 이루는 데 도움이 되지 않지만, 내재적 가치를 지향하는 태도는 결국 모두에게 좋은 결과를 가져온다는 것이 그의 생각입니다.

매킨타이어는 2500년 전 고대 그리스 시대의 삶을 내재적 가치를 추구하며 실천적 활동을 해나간 사례로 들고 있습니다. 영웅 정신을 중요시했던 고대 그리스의 덕은 '우애'에 기반을 두고 있었습니다. 그 시대 사람들은 자신이 속한 사회에서 자신이 해야 할 일이 무엇인지 잘 알고 있었으며, 사회적인 요구에 따라 행동했습니다. 싸움이 필요하면 목숨을 바쳐 싸우고, 도전에 부딪혔을 때 대결을 피하지 않았습니다. 당시의 사고방식에 맞춰 자신의 행동을 구성했지요.

공동체주의는 우리가 어떤 덕에 대해 말하고 실천하는지를 살펴봄으로써 우리 사회를 진단할 수 있다고 이야기합니다. 우리가 이야기하는 덕의 내용이 바로 우리가 공유하고 있는 '사회의 지향점'이라는 것입니다. 지금 우리가 우애를 말하는 그리스 시대의 지향점을 알 수 있듯이 말입니다. 이제 우리가 어떤 지향점을 가지고 어떤 덕을 실천하고 있는지 깊이 성찰해보아야 합니다. 이러한 점에서 최근 인문학에 대한 사람들의 관심은 매우 값지다고 할 수 있습니다.

우리,
함께하기 위하여

그렇다면 개인주의가 만연한 현대사회에서 공동체의 미덕을 어떻게 회복할 수 있을까요?

이 문제에 대해서 찰스 테일러는 의미가 파편화되는 것을 막아야 한다고 주장합니다. 의미의 파편화를 막으려면 공동체 생활 속에서 계속해서 '덕의 실천'을 연습해야 합니다. 아울러 역사 속에서나 현시대에서 탁월한 덕을 보여주었던 많은 사람들에게 존경을 보내는 문화가 필요합니다. 우리의 역사 속에서 숭고하게 발현되었던 덕을 후대에도 실천할 수 있도록 격려하고, 현재에도 그 덕이 고유한 아우라를 가질 수 있도록 보존해야 합니다.

매킨타이어는 "내가 어떤 사람이 되기 위해서는 내가 어떤 사람이 느끼는 것을 느끼고, 어떤 사람들이 하는 행위를 해야 한다"고 말합니다. 그런데 아무것도 배우지 않고 행동하지 않는다면 어떤 것도 '현실'이 되지 못한 채 가능성으로만 남습니다. 이 가능성을 '현실'로 만들기 위해서는 다양한 실천이 필요합니다. 기부를 통해서 선량함을 배울 수 있고, 전쟁을 통해서 용기를 배울 수 있는 것처럼 말입니다.

공동체에 대해서도 마찬가지입니다. 우리가 우리 사회에 덕을 배양하기 위해서는 공동의 문제에 적극적으로 참여해야 합니다. 그러지 않으면 우리는 덕을 갈고닦을 수 없을뿐더러, 공동체의 결속력을 잃게 될 것입니다. 공동으로 대응할 수 있는 능력은 낮아진 채 파편화된 개인만 남게 되겠죠.

찰스 테일러가 주목한 것처럼 현대사회의 많은 사람들은 자기 진실성의 요구, 혹은 자기 증명의 요구에 충실하고 있습니다. 따라서 현대사회에서의 탁월함이란 그저 '일 잘하는 능력'이 되었습니다. 개인이 증명해야 하는 것도 이러한 종류의 것들이죠. 그래서 우리는 그것을 증명하기 위해 명문대학에 가길 원하고, 각종 자격증과 이력을 쌓아가고 있습니다.

자신보다 더 중요한 것이 없다는 시대정신 속에서 우리 사회는 어떻게 명예, 충성, 희생, 절제, 자비와 같은 높은 도덕적 가치들을 실현할 것인가에 대해 더 깊이 고민해야 할 것입니다.

인간의
진정한 행복은
어디에

현대사회의 불안을 꼬집은 찰스 테일러의 일갈은 우리 사회의 어두운 단면만을 조명하는 회의주의적 관점일까요? 그렇지 않습니다. 더 좋은 사회를 만들고자 하는 우리의 열망은 과거부터 지금까지 계속되고 있습니다.

　　이제 개인의 자유만 강조할 것이 아니라, 공동체를 위한 의무에도 관심을 가져야 합니다. 우리 스스로 시민으로서의 행동에 책임을 져야 하고, 공동체의 문제에 적극적으로 개입할 수 있도록 후세를 교육해야 합니다. 그것이 단순한 언어로만 머무는 것이 아니라, '체화된 언어embodied language'가 될 수 있도록 더욱 열심히 실천해야 합니다. 끊임없이 실천해 나가다 보면, 몇 번을 실패한다 하더라도 우리가 더욱 값진 덕목을 위해 노력했다는 흔적이 남아 교훈을 주게 될 것입니다.

　　『어린왕자』의 저자 생텍쥐페리는 그의 또 다른 저서 『야간비행』에서 이렇게 말했습니다.

인간의 진정한 행복은 자유가 아니라 의무의 수용에 있다.

진정한 의미의 자유는 우리에게 주어진 의무와 책임을 준수하고 실천할 때 누릴 수 있다는 것입니다. 지나치게 의무만을 강조하는 것 같아 거부감이 들었을지 모르겠습니다. 하지만 우리가 지금처럼 공동체를 일구어 살아간다면, 그 사회의 구성원인 우리는 반드시 이행해야 할 나름의 '신성한 의무'를 지고 있다는 것을 기억해야 합니다.

존 롤스와 무지의 베일

지금까지는 공동체주의에 방점을 두어 설명했지만, 공동체주의도 큰 틀에서는 자유주의 이론에 기반하고 있습니다. 또한 자유주의 철학자 존 롤스는 공동체주의자들에게도 매우 존경받는 대학자입니다. 그래서 마이클 샌델이나 찰스 테일러도 자신들의 이론적 틀을 자유주의적 공동체주의라고 설명합니다.

존 롤스가 동료 학자들에게 얼마나 많은 존경을 받았는지를 보여주는 매우 유명한 일화가 하나 있습니다. 존 롤스의 이론을 반박하며 자유주의의 한계를 주제로 박사학위를 받은 마이클 샌델이 막 교수로 임용된 후의 일입니다. 어디선가 걸려온 전화에 마이클 샌델이 전화를 받았습니다.

"당신의 논문을 매우 인상 깊게 보아 전화를 했습니다."

"실례지만 누구시지요?"

"저는 존 롤스라고 합니다."

마이클 샌델은 이미 자유주의 이론의 대가인 존 롤스라는 것을 알았지만 롤스는 이어서 이렇게 말했습니다.

"Rawls. R. A. W. L. S입니다."

마이클 샌델은 이날을 회고하며 이렇게 말했습니다.

"신God이 저에게 전화를 한 날이었습니다. 심지어 신은 자신을 알아보지 못할까봐 자신의 이름을 상세하게 말씀하셨죠. G.O.D 라고 말한 것처럼요."

비판은 쉽지만, 새로운 것을 만드는 것은 어려운 일입니다. 물론 롤스가 무에서 유를 창조한 이론가는 아니지만, 그가 집대성한 '정의론'은 거의 새로운 창조물과 같았습니다. 자유주의 vs 공동체주의의 논쟁을 가능하게 한 것도 결국 8장에서 설명한 롤스의 '무지의 베일'이라는 개념 때문입니다. 자유주의와 공동체주의의 첫 번째 논쟁은 결국 이것이 가능한지 불가능한지에 대한 이론적 논의이지요. 두 이론 모두 민주사회와 자유주의 가치를 중시하는 우리 사회에 매우 귀중한 자산임에는 틀림없습니다.

10

뉴스 100만 뷰의
비밀

뉴스가 우리에게 말을 건네는 방식은 지나치게 자극적입니다. 자극을 위해 확대 해석을 하기도 하고, 일반화의 오류를 범하기도 합니다. 뉴스가 자극적일수록 더 많은 사람들이 그 뉴스를 봅니다. 그러면 뉴스 생산자들은 더 자극적인 뉴스거리를 만들어내고, 이 악순환은 반복됩니다. 뉴스는 이렇게 여러 번의 가공 과정을 거치기 때문에 뉴스가 말하는 모든 것이 진실은 아닙니다. 우리는 뉴스를 제대로 알 필요가 있습니다. 뉴스는 우리가 세상을 바라보는 방식에 막대한 영향을 끼치니까요.

함께 읽을 책
『뉴스의 시대』, 알랭 드 보통 저, 최민우 옮김, 문학동네, 2014

뉴스는
모두
사실일까?

최근 10년 전에 비해 성범죄가 2.5배 증가했다는 기사를 본 적이 있습니다. 그러고 나서 생각해보니 과거에 비해 성범죄와 관련된 기사도 더 자주 접하게 된 것 같고, 국내에서 성범죄가 증가했다는 분석 보도도 어렵지 않게 찾을 수 있었습니다. 그렇다면 우리 사회에 이렇게 성범죄가 늘어나는 이유가 뭘까요? 왜곡된 성의식을 가진 사람들이 늘어났기 때문일까요? 일부는 그럴 수 있습니다. 하지만 그게 전부는 아닙니다.

과거에 비해 성폭행이나 추행 신고의 비율이 높아졌고, 수사 기관에서 성 문제를 다루는 인식이 개선됐습니다. 수사 기법 또한 발전해 드러나지 않던 성범죄의 범인을 잘 잡아내게 된 것도 증가의 이유일 수 있습니다. 성범죄를 보도하는 매체 수가 늘어났기 때문일 수도 있고요. 하지만 단순히 성범죄가 늘었다는 보도만 보면 우리 사회가 정말 위험해진 건 아닌지 걱정이 되곤 하죠.

여러분은 어떻습니까? 범죄가 늘었다는 것을 실제로 경험하시나요? 아니면 뉴스에서 들려주는 이야기를 통해 판단하고 있나요?

일반적으로 신문이나 뉴스와 같은 매체는 사회를 바라

보고 평가하는 우리들의 인식에 큰 영향을 미칩니다. 그래서 뉴스가 우리에게 심어주는 관점에서 자유롭고 싶다면 뉴스의 생산과정과 유통경로를 공부할 필요가 있습니다. "아니? 뉴스를 공부하다니…"라는 반응을 보이는 분들도 있을지 모르겠습니다. "사실만을 전달하는 뉴스에서 무엇을 공부한단 말인가?"라는 의문을 가지고 말이죠.

　뉴스가 사실 보도를 근간으로 하고는 있지만, 그것이 온전히 진실이라고는 말하기 어렵습니다. 우리는 뉴스가 세계를 비추는 투명한 거울이라고 생각하지만, 실상 뉴스는 몇 차례 가공을 거칩니다. 사회를 있는 그대로 보여주는 데 한계가 있지요. 무엇보다 그것을 전달받는 사람들의 판단이나 선입견, 전통적인 관습이나 사회적 입장에 따라 뉴스는 해석되고 그 의미가 재생산됩니다.

세월호, 우리가 분노한 이유

우리는 2014년 4월 16일에 발생한 사고를 잊을 수 없습니다. 노란 리본을 가슴에 단 사람이든, 그렇지 않은 사람이든 꽤나 오랫동안 이 사고를 잊을 수 없을 것입니다. 세월호라는 키워드는 우리 사회에 만연한 안전 불감증부터 사회적 부패, 시스템의 불안정성을 보여주는 총체적 문제의 전형이 되었습니다. 특히 많은 사람들이 언론에 대해 실망감을 갖기도 한 사건이었죠. 저도 마찬가지였습니다. 시시각각 쏟아지는 뉴스를 보며 미디어에 대해서 다시 생각하게 되었습니다. 미디어는 처음부터 우리를 혼란에 빠뜨렸으니까요.

"학생들 전원 구조"라던 오보誤報는 비극의 시작을 알리는 신호탄이었을 뿐입니다. 뉴스는 조금도 쉬지 않고 기사를 쏟아냈고, 그 사이 SNS에서는 "아직도 아이들이 살아 있다" "아이들에게 문자가 왔다"는 제보가 끊이지 않았습니다. 어디까지 사실인지 모르는 각종 제보에 현장은 이리저리 흔들렸습니다. 뉴스는 그러한 상황까지도 부지런히 실어 날랐습니다. 검증되지 않은 제보를 보도하는 곳도 있었지요. 우리는 현장에 가지 않고도 세월호와 관련된 상황을 24시간 내내 전해 들을 수 있었지만 도대체 어디까지가 진실인지는 가늠하지 못했습니다.

한참 후에 밝혀졌지만, 많은 내용이 사실 확인이 되지 않은 채 보도되었습니다. 하지만 이미 온라인에는 근거 없는 추측이 난무했고 분노만이 가득한 글로 도배되었습니다. 그리고 어느 순간부터 사람들에게 더 이상 '진실'은 중요한 문제가 아니었습니다. 그저 그때까지 보도된 내용들을 씹고, 뜯고, 맛볼 뿐이었죠.

수많은 이야기가 혼란스럽게 오가는 동안 세월호에 대한 진실은 서서히 모습을 감췄습니다. 많은 이들이 분노하고 통곡했지요. 그런데 그때 우리는 과연 무엇에 분노한 걸까요? '세월호' 사건에 분노한 걸까요? 아니면 '뉴스가 전해준 세월호' 사건에 분노한 걸까요?

뉴스가
종교를
대체한다

알랭 드 보통은 현대사회에서 뉴스를 빈번하게 접하면서도 뉴스의 논리에 대해 공부하지 않는 것은 귀머거리나 장님으로 사는 것과 같다고 했습니다. 그는 우리가 "현실 감각에 영향을 미치고 우리의 마음을 들었다 놨다 하는 (뉴스의) 능력에 대해 전혀 체계적으로 지도받지 못하고 있다"라고 말합니다.

뉴스는 그것을 만든 사람들의 의도와 추측, 그가 속한 사회의 맥락이 반영된 채로 생산됩니다. 그러나 그런 사실은 언급하지 않은 채 자신들의 보도를 사실이라 칭하며 객관적인 양 전달하지요. 꽤 많은 사람들은 그 사실을 진실로 받아들입니다. 뉴스가 전하는 정보를 성찰하지 않는다면 우리 스스로 우리의 삶을 해석하지 못하고 뉴스에게 그 역할을 빼앗기게 됩니다.

독일의 철학자 헤겔은 "삶을 인도하는 원천이자 권위의 시금석으로서의 종교를 뉴스가 대체할 때, 사회는 근대화된다"고 말했습니다. 실제로 우리는 종교를 대하듯이 뉴스를 대합니다. 뉴스에서 어떤 계시를 받고 싶어하고, 누가 착하고 악한지를 알고자 하며, 고통받는 자들의 아픔을 헤아리고 다양한 존재를 이해하는 마음을 얻기를 바라지요.

여기서 알랭 드 보통은 뉴스가 우리 삶을 지배하고 있으면서도 결코 뉴스 스스로를 다루지 않는다는 사실에 주목합니다. 그의 말처럼 "인류의 절반이 매일 뉴스에 넋이 나가 있다"라는 기사를 한 번도 접해본 적이 없지 않습니까? 아무런 성찰 없이 뉴스를 받아들인다면, 우리는 편향된 세계관을 갖게 될 것입니다.

국가적 위기 상황에서는 더욱 뉴스의 속성에 대해 잘 파악하고 있어야 합니다. 그래야 세월호와 같이 사회에 큰 파장을 일으키는 사건이 발생했을 때, 그에 현명하게 대처할 수 있습니다. 뉴스를 비판적으로 바라보지 못하면 추측성 유언비어에 휩쓸려 다니거나 무분별한 비판을 신뢰하는 사람들이 늘어나면서 사회적 갈등이 심화될 수 있습니다. 뉴스에서 보도한 몇 가지 단편적인 단서를 이용해 상황을 더욱 나쁘게 묘사하거나 검증되지 않은 사실을 SNS에 유포하는 것이 대표적인 사례라 할 수 있습니다.

이처럼 대중매체와 뉴스에 대해 제대로 알고 있지 못할 때, 위기를 돌파하기는커녕 혼란의 위험에 빠져들 가능성이 커지게 됩니다.

우리가
세계를 알아가는
방식

본격적으로 뉴스를 공부하겠다는 마음을 먹었다면, 먼저 우리가 어떻게 세계를 알게 되는지 그 과정을 살펴보아야 합니다. 그래야 뉴스의 역할과 한계뿐 아니라 앞으로 뉴스를 어떻게 다뤄야 할지를 알 수 있으니까요.

안다know는 것은 어떤 의미일까요? 이를 알아보기 위해 사회과학에서 기초적으로 다루는 내재화internalization, 외재화externalization, 그리고 사회화socialization라는 개념의 도움을 받도록 하겠습니다. 이 개념들은 비록 단순하지만, 매우 중요한 통찰을 담고 있습니다.

이제 막 세상에 태어난 아이에게는 모든 것이 새롭습니다. 그 아이는 새로운 환경에 적응하기 위해서 수많은 데이터를 흡수합니다. 처음에는 먹고 자고 배변하는 등의 기본적인 생존에 적응하겠지만, 조금만 시간이 지나면 사회적 규칙, 질서를 하나둘씩 익히게 됩니다. 주변 사람과 관계를 맺으며 예의범절이나 간단한 법규를 배우고, 좋은 것과 나쁜 것, 깨끗한 것과 더러운 것, 정당한 것과 부당한 것이 무엇인지를 판단하는 여러 가지 관습과 질서를 익히면서 사회인으로 자라납니다.

이러한 규칙들은 아이에게 단단한 건물처럼 자명하고 당

연한 세계가 되죠. 이러한 과정을 내재화라고 합니다. 말 그대로 사회적 규칙이나 규범을 내면화하는 것입니다.

그런데 인간의 사회화는 사회가 인간에게 영향을 미치는 쪽으로만 일어나지 않습니다. 그 반대로도 영향을 미치면서 이루어지기도 하죠.

여러분도 알다시피 사회적 규칙이나 질서는 시대와 장소에 따라 달라집니다. 아이가 태어나기 이전부터 있었던 언어, 이미지, 규범, 상징의 문법들은 하늘에서 뚝 떨어진 것이 아닙니다. 인간은 사회적 규칙을 내면화하기도 하지만, 그 질서를 끊임없이 만들어내기도 합니다. 그것이 바로 외재화의 과정입니다.

쉽게 설명하자면, 우리는 드라마를 통해서 사랑을 배우기도 하지만 동시에 이 시대가 공감할 만한 사랑 이야기를 드라마로 만들기도 합니다. 실제로 사람들은 드라마를 통해서 사랑의 형식이나 사랑할 때 하는 말을 학습하고, 그것을 다시 현실에서 사용하기도 하죠. 현실에서 사용된 사랑의 형식이나 말은 다시 드라마로 만들어지고 이 과정은 계속 순환됩니다.

여기서 드라마를 통해 사랑을 인식하고 배우는 것은 내재화, 현실에서 활용하거나 다시 드라마로 만드는 작업은 외재화에 해당합니다.

'3포 세대'는
어떻게
만들어졌을까?

외재화와 내재화의 상호작용은 끊임없이 발생합니다. 사회의 안정에 기여하기도 하고 때로는 사회변동에 영향을 주기도 합니다. 외재화가 진행되지 않는 사회는 정체되어 있는 사회이고, 내재화를 겪지 않는 사회는 불안정한 사회입니다. 외재화와 내재화가 끊임없이 상호작용하며 만들어낸 인간의 인식, 태도, 행위 자체가 바로 사회화입니다.

그런데 이 과정에 중요한 요소가 한 가지 더 있습니다. 세계를 표현하고 수용하기 위해서는 그것을 전달하는 매체나 도구가 필요합니다. 특히 내재화와 외재화는 직접적으로 교환되는 것이 아니기 때문에, 그것을 가능하게 하는 수단이 필요합니다. 그 수단이 바로 언어입니다. 여기서 언어는 문자언어뿐만 아니라, '상징' '기호' '이미지'와 같은 요소도 포함합니다.

만일 언어가 없다면 우리는 결코 세상을 인식하거나, 표현할 수 없습니다. 만일 제가 옆에 있는 사람에게 연필을 달라고 했는데, 망치를 준다면 어떻게 함께 살아갈 수 있겠습니까? 우리는 언어를 통해 대상을 인식하고, 언어를 통해 대상을 표현합니다. 이러한 과정을 도식화한다면 다음의 그림과 같습니다.

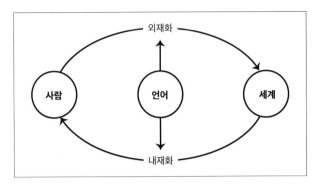

사회화가 이루어지는 과정

이렇듯 우리는 언어를 통해 내재화와 외재화를 거쳐 세계를 알아갑니다. 뉴스가 생산되고 소비되는 과정도 이와 마찬가지죠. 뉴스에서 보여주는 언어로 세계를 인식하기도 하고 그에 영향을 받기도, 영향을 주기도 합니다.

예를 들어 볼까요? 최근 우리 사회에는 젊은 세대들이 취업난, 불안정한 일자리, 높은 생활비 등의 이유로 연애, 결혼, 출산을 포기하는 흐름이 생겼습니다. 이 풍조를 한 뉴스 매체가 '3포 세대'라고 명명했죠. 그 후 우리는 우리의 상황을 '3포 세대'로 인식하고 규정할 수 있게 되었습니다.

그런데 언어는 과연 우리의 현실과 세계를 순수하고 정확하게 나타내고 있을까요? 언어의 속성을 한번 짚어보도록 합시다.

언어와 진짜 세계,
그 불편한 동거

근대철학의 가장 큰 목표는 인간의 순수 이성으로 진리를 '아는 것'이었습니다. 대상을 완전히 이해하고 싶어했죠. 철학에서 실증주의*라고 불렸던 몇몇 학파가 중요하게 여겼던 생각입니다. 세상을 완전히 이해할 수 있을 것이라 믿었던 실증주의자들에게는 중요한 전제가 하나 필요했습니다. 바로 "언어는 세상을 비추는 투명한 창이다"라는 전제입니다.

실증주의자들은 미학에서 세계를 '있는 그대로' 재현할 수 있다고 믿었던 사실주의자들realists처럼 세계를 이해하고 표현하는 절대적인 언어가 있다고 생각했습니다. 내가 본 세계를 조금의 왜곡도 없이 타인에게 전달할 수 있다고 믿었죠. 그것이 바로 '논리'와 '숫자'입니다. 완벽한 논리와 그것을 표현하는 순수한 수학이 세상을 이해할 수 있게 할 거라고 보았습니다. 그래서 논리실증주의라고 불리기도 했죠. 그러한 도전은 현재에도 진행 중입니다.

하지만 1950년대 후반, 이러한 주장에 반론을 제기한 학파들이 줄줄이 등장하게 됩니다. 이들을 하나로 묶는 것은

실증주의 실증주의는 형이상학의 사변을 배격하고 관찰이나 실험 등을 통해 검증 가능한 지식만을 인정하는 인식론적 태도를 말한다. 엄밀한 과학적 태도를 강조하는 실증주의는 19세기 후반 과학발전의 비약적인 성장에 큰 영향을 주었고, 이는 합리성과 과학주의를 중시하는 근대성을 대표하는 인식론이라고 할 수 있다.

불가능하겠지만, 분명 이들은 한 가지 관점을 공유하고 있습니다. 바로 '언어적 전환linguistic turn'입니다. 언어적 전환은 쉽게 말해 설명할 대상이 아니라 그것을 설명하는 언어에 주목해야 한다는 것입니다.

언어적 전환을 주장한 사람들은 실증주의자들과 정반대의 논리를 펼칩니다. 바로 "언어는 세계를 비추는 투명한 창이 아니다"라는 것입니다. 언어적 전환에 대해 심도 있게 이해하기 위해서는 추가적으로 책 한 권이 더 필요하겠지만, 이 새로운 인식론이 주장하는 바는 아래와 같이 몇 가지 내용으로 압축될 수 있습니다.

1 기호는 단지 하나의 언어체계에서 내적인 차이에 의해 구분되는 것일 뿐, 본질적으로 외부세계를 지시할 수 있는 기능이 없다.

'사과' '노란색' '열차'와 같은 단어는 '과일' '색상' '운송수단'이라는 더 큰 언어체계에 속해 있습니다. 각 기호는 그것이 지시하는 대상과 필연성이 없습니다. 사과가 꼭 사과여야 하는 이유는 없는 거죠. '과일'이라는 체계 안에서 임의로 구별되었기 때문입니다.

가령, '용산행 5시 열차'라는 기호는 운송체계 내에서 임의적으로 선택된 것이지, 그 열차의 길이, 색상, 제조사, 엔진의 종류와 같은 열차의 속성과는 전혀 관계가 없습니다. 때로는 A사에서 만든 열차가, 때로는 B사에서 제조한 열차가 '용산행 5시 열차'로 배정되더라도 사람들에게는 그것이 그저 '용산행 5시 열차'가 됩니다.

2 기호를 구성하는 이미지(기표)와 의미(기의)의 결합은 사회적인 약속에 의해, 자의적으로 이루어진 것이지 절대적이고 초월적인 의미를 내포하고 있지 않다.

하나의 기호는 이미지(기표signifier*)와 의미(기의signified*)로 구성되어 있습니다. '사과'를 예로 들자면, 사과라는 글자는 기표이고, 머릿속에 떠오르는 사과의 의미를 기의라고 합니다.

여기서 사과라는 글자는 사과라는 대상과 필연성이 없습니다. 우리가 '공'이라고 불렀다면 공이 되었겠죠. 마찬가지로 '정상근'이라는 이름(이미지)은 실제 '정상근'이라는 존재(의미)와 어떠한 필연성도 없습니다. 그 이름의 의미는 '이름' 자체가 아닌, '정상근'의 삶의 양식이나 습관을 통해서만 드러날 것입니다.

기표와 기의 구조언어학자 소쉬르가 구분한 기호의 두 가지 성분. 기표는 기호를 전달하는 물질적 부분으로 소리, 표기, 이미지라고 할 수 있다. 반면 기의는 기호를 전달받는 사람에게 전해지는 의미이다. '비행기'라는 표기가 기표라면 우리가 떠올리는 비행기가 기의라고 할 수 있다. 소쉬르는 기표와 기의의 결합이 필연적인 것이 아니라 자의적이고 관습적인 것이라고 주장했다.

3 'A'라는 대상이 'A´(A-prime)'이라는 기호로 옮겨지는 동안 '파열rupture'의 과정을 겪기 때문에 의미의 상실 없이 전달될 수 없다.

사회과학에서 어떤 연구를 하면서 "가격을 100원 내릴수록 만족도는 1만큼 증가한다"라는 가설을 세웠다고 가정해봅시다. 이 가설에서 1만큼 증가한다는 의미는 결코 답변자가 의도한 의미의 '1'이 될 수 없습니다. 설문지가 '매우 만족'은 7점, '매우 불만족'은 1점으로 되어 있다고 해도 이때 '1'이라는 간격은 온도계의 1°C와는 전혀 다른 의미를 가집니다. 답변자가 온전히 자신의 의사를 설문에 반영했어도, 그 의도의 결과가 숫자로 나타나는 이상 결국 그 의미를 손실할 수밖에 없지요.

이는 마치 휴대폰 충전기로 보조배터리를 충전하고, 그 보조배터리로 휴대폰을 재충전할 때, 에너지가 100% 옮겨질 수 없는 것과 같은 이치입니다. 에너지가 이동할 때, 그 에너지의 질량은 보존될지 몰라도 재생 가능한 에너지는 지속적으로 손실될 수밖에 없기 때문입니다.

4 "어떤 기호든 해석자가 없이는 전달될 수 없고, 의미는 해석자의 선입견, 사회적 위상, 해석자가 속한 조직의 문화와 불가분의 관계를 맺게 된다.

2008년 광우병 사태와 2015년 6월에 대한민국을 강타한 메르스 사태는 이러한 부분을 여실히 보여줍니다. 괴담도 문제였지만, 과거 사스SARS와 조류독감을 경험한 사람과 그렇지 않은 사람들, 정부와 시민, 전문가와 비전문가의 입장 차이는 동일한 현상을 둘러싸고 얼마나 다양한 해석이 가능한지를 보여준 대표적인 사례들입니다.

　　이러한 언어적 전환의 통찰은 매우 중요합니다. 우리는 세계를 있는 그대로 보는 것이 아니라 언어를 통해서만 알 수 있는데, 언어가 실제 우리의 세계를 정확하게 나타내기 어렵다는 것을 보여주죠. 즉, 언어가 대상을 얼마나 정확하게 표현할 수 있느냐에 따라 우리가 세계를 있는 그대로 받아들일 수도 있고, 왜곡된 상태로 받아들일 수도 있다는 것을 의미합니다. 언어는 결코 세계를 비추는 투명한 창이 아닙니다. 그 어떠한 도구도 완벽하게 세상을 있는 그대로 보여줄 수는 없다고 말해야 할지도 모르겠습니다.

　　하늘 위에 반짝이는 별을 바라본 적이 있나요? 누군가는 그 별을 보고 '음…지금 우주에서 별이 반짝이고 있군!' 하고 생각할 것입니다. 하지만 그 별이 지구에서 수억 광년 떨어진 별이라면 그 별빛은 현재의 빛이 아닙니다. 수억 년 전에 타올랐던 빛이 지금 우리 눈에 보이는 것뿐입니다. 그렇다면 그 별은 지금 어떻게 되었을까요? 그건 모르지요. 다만 우리가 보고 있는 그 별은 분명 '바로, 지금' 빛을 낸 별이 아니라는 점이 중요합니다.

쉽게 말해서, 우리가 별(대상)을 보기 위해서는 반드시 '빛(언어)'이 필요한데, 이 빛은 별을 '현재' 거기 있는 것처럼 보이게 합니다. 이 때문에 우리는 그곳에 있지도 않은 별을 바라보며 기도를 하고 아름답다며 감탄하기도 합니다.

이것은 인간이 가지고 있는 가장 큰 한계입니다. 대상을 완전히 표현할 수 있는 언어가 없다는 한계죠. 하지만 우리는 이 한계를 알고 있기에 늘 성찰해야 하는 운명을 타고났다고 할 수 있습니다. 이것은 인간이 가진 가장 큰 가능성입니다. 뉴스를 비판적으로 성찰해야 하는 이유도 여기에 있습니다.

언어의 한계가
곧
세계의 한계

영국의 철학자 비트겐슈타인은 『철학적 탐구』에서 "사회 행위의 의미는 기호로 환원되는 것이 아니라, 오로지 의미가 실천되는 현장에서, 즉 삶의 양식에서만 드러나게 된다"라고 주장했습니다. 그는 이를 '언어 게임language game'이라고 표현했는데, 우리의 삶이 마치 게임규칙처럼 구성되어 있다는 뜻입니다. 대상을 '아는 것knowing'보다 그 대상을 '실천하는 doing' 현장을 강조하며, 각각의 현장에서 발생하는 의미 하나하나를 각 현장의 규칙과 의미에 따라 이해해야 한다는 거죠.

가령, '소름'이라는 단어를 사전적으로 정의할 수는 있습니다. 하지만 "지난 주 오케스트라의 연주를 듣고 '소름'이 돋았다"라는 말에서 '소름'과 "그가 날 처음 보자마자 모든 것을 꿰뚫어보았기 때문에 나는 '소름'이 돋을 수밖에 없었다"라는 상황에서 '소름'은 그 기호는 동일하지만 전혀 다른 의미를 가지고 있습니다. "그 송곳을 좀 줄래?"라고 물을 때의 송곳과 "어디든 송곳처럼 튀어나오는 사람은 있다"라는 말에서의 '송곳'도 의미가 다릅니다. 우리가 느끼는 다양한 감정은 결국 몇 안 되는 언어를 통해 구체화됩니다. 결국 이 단어를 받아들이는 사람은 자신의 경험에 비추어 '소름'과 '송곳'을 해석할 것입니다.

이런 의미에서, 밀란 쿤데라는 인간의 모든 행위와 해석은 '메타포metaphor(은유)'에 불과하다고 말합니다. "인생은 일종의 연극이다"라는 표현처럼 인생 그 자체를 알 수 있는 언어는 없고 은유적인 표현을 통해서만 알 수 있다는 거죠. 그 메타포는 완전하지는 않지만 우리가 할 수 있는 최선의 노력입니다. 그래서 비트겐슈타인은 "언어의 한계가 곧 세계의 한계"라고 말했습니다. 세계와 존재에 대한 우리의 경험은 필연적으로 해석의 한계를 가지고 있다는 것입니다.

다음 기사의 한 구절을 볼까요?

좋은 직장 쉽게 들어간 486세대는 단물 다 빨아먹고 이제 자기들 기득권 지키려고 인턴, 비정규직만 잔뜩 양산하고 우리에겐 취업난과 가혹한 경쟁이란 쓰레기만 남겼다.[6]

이 내용에 얼마나 많은 메타포가 들어있는지 봅시다. '486' '기득권' '비정규직' '쓰레기'가 있죠. 그런데 이 글을 읽는 사람들은 이 글에 사용된 메타포를 자신의 경험과 현실에 맞추어 해석할 겁니다. 그리고는 공감하는 동시에 분노하거나 외면하거나 둘 중 하나를 하겠죠. 동일한 내용을 전혀 다르게 받아들이는 것은 바로 이 때문입니다.

뉴스
100만 뷰의
비밀

만일 비트겐슈타인과 밀란 쿤데라의 통찰이 사실이라면, 현재 우리 세계를 구성하는 뉴스는 사회를 있는 그대로 보여주는 창이 아님이 분명해 보입니다. 뉴스가 사용하는 다양한 이미지와 언어는 현상을 있는 그대로 보여주는 것이 아니라, 수많은 의미를 덧씌우기 때문입니다. 자막에 어떤 용어를 선택하느냐에 따라, 어떤 배경 음악을 삽입하느냐에 따라 그것

---

6   "취업난에 커지는 '486 vs 2030' 세대갈등", 『헤럴드경제』, 2015.04.29, 11면

을 바라보는 사람들의 인식이 달라질 수 있습니다. 수용자들은 실제만이 아니라 실제에 더해진 이미지를 받아들이는 것입니다.

그럼 현대의 뉴스가 사람들의 시선을 끌어당기기 위해 어떻게 의미를 덧씌우는지, 뉴스의 전략을 한번 살펴볼까요?

뉴스의 전략1 : 숫자

첫 번째 전략은 바로 '숫자'를 활용한 '객관화' 작업입니다. 사람들은 통계 수치를 매우 객관적이고 신뢰가 가는 정보로 인식합니다. 뉴스는 세상에 대해 매우 진지하게 설명하려고 애를 쓰는데, 특히 경제와 관련된 '객관적인 핵심지표'를 소개할 때 이러한 방식은 더욱 힘을 받습니다.

물가지수나 GDP를 이야기할 때 숫자가 등장하는 것을 자주 보셨죠? 이러한 숫자를 보여주는 뉴스는 전문적인 내용을 전달한다는 느낌을 주며 전문가적 권위를 차지하고, 수용자들의 방향감각을 상실하게 만듭니다. 전 세계 부채 규모가 50조 달러에 이른다거나, 은하수 안에 4,000억 개의 별이 있으며, 우주를 가로지르는 데 930억 광년이 걸린다는 등의 어마어마한 수치로 우리를 멍하게 만드는 것이죠.

언젠가 한 매체에서 학력이 높을수록 심각한 질병에 걸릴 확률이 낮다는 보도를 한 적이 있습니다. 통계의 논리를 잘 모른다면 이 뉴스를 보고난 뒤 "학력이 질환에까지 영향을 미치다니"라며 통곡할지도 모르겠습니다. 게다가 이 결과는 현대사회의 상식에 기반을 두고 있어 굉장히 그럴듯하게 들립니다. 학력이 소득과 깊은 관계가 있고, 소득이 높을수록 건강관리에 더 많은 투자를 할 수 있다는 상식 말이죠.

하지만 통계를 분석할 때는 몇 가지 주의해야 할 사항이 있습니다. 평균값을 해석해서는 안 됩니다. 뉴스에서 나오는 통계치는 보통 전체 집단을 대상으로 측정한 것이 아니라 몇몇 사람들을 선발해 조사한 것입니다.

통계를 바로 보려면 기술통계*뿐 아니라 추정통계*라는 과정을 거쳐야 합니다. 집단 간의 차이가 통계적으로 의미가 있는지를 살펴봐야 하는데, 때때로 뉴스는 이러한 정보는 쏙 빼고 단순하게 평균의 차이만 보여줍니다. 언론은 종종 퍼센트를 통계라고 생각하는 경향이 있는 것 같습니다.

뉴스는 때때로 객관적인 수치를 통해 정보를 제공하지만, 모든 것을 이야기하지 않음으로써 일부 사실이 손실된 '그럴듯한 사실'까지만 소개하는 경향이 있습니다.

기술통계 조사 대상의 특성을 분석할 때 쓰이는 기법으로 조사대상의 특정 정보에 대한 평균, 편차, 최대값, 최소값, 중앙값 등을 분석한다.

추정통계 기술통계가 조사대상의 특징을 분석한 것이라면, 샘플에 해당하는 조사 대상이 전체(모집단)를 얼마나 설명할 수 있는지를 통계적으로 추정하는 분석이다.

뉴스의 전략2 : 충격과 공포

뉴스의 두 번째 전략은 충격과 공포입니다. 다음에 나오는 몇 가지 뉴스 기사 제목을 봅시다.

명절 스트레스, 이혼 증가로 이어져

2030 3D업종 기피 옛말, 대학원 출신 목욕관리사도

이 기사에 대한 국민들의 일반적인 반응은 어떨까요? "이래서 명절은 없어져야 돼" "이제 대학을 나와도 3D업에 종사해야 하고, 대학원을 나와도 목욕관리사를 해야 하는구나!"라는 반응이 많았습니다. 어쩌면 뉴스는 이러한 반응을 원했을지 모르겠습니다. 충격을 주어 사람들의 이목을 집중시키는 것이죠. 이처럼 뉴스는 긍정적인 것보다 부정적이고 더 자극적인 것에 집중합니다. 긍정적인 글보다 부정적인 글에 더 시선이 가는 우리의 심리를 매우 잘 이용하고 있지요. 기사 제목 하나를 더 볼까요?

중2병 아이들, 고3 키우는 것보다 더 해

이 기사의 제목만 보면 마치 우리 주변의 중학교 2학년 학생들은 모두가 괴물처럼 느껴집니다. 하지만 오히려 이런 종류의 '낙인 뉴스'가 중학교 2학년 아이들을 괴물로 만들어버린

것은 아닐까요? 중학교 2학년생이 이상한 것이 아니라, 그즈음에 드러나는 몇몇 특징들을 '중2병'으로 묘사하고, 사람들이 그렇게 생각하게 되면서 아이들도 그렇게 변한 것일지도 모릅니다.

15세는 모두가 겪었을 나이입니다. 그런데 '우리 땐 안 그랬다'면서 아이들을 마치 특수한 병에 걸린 것처럼 만드는 것은 실제로 그래서 그런 것일까요? 아니면 뉴스의 힘일까요? 수도 없이 많은 매체가 빠르게 등장했다 사라지는 이 세상에서는 세계가 뉴스에 영향을 준 것인지, 뉴스가 세계에 영향을 주는 것인지 혼란스럽기만 합니다.

뉴스의 전략3 : 일반화

세 번째 전략은 일반화의 전략입니다. 다음의 기사 제목을 봅시다.

이 나이 먹도록 뭐했죠? 학력보다 무서운 연령에 대한 차별

이 기사 제목을 보면 현재 모든 기업이 연령 차별을 하고 있고, 이것이 새로운 사회적 문제로 등장한 것처럼 느껴집니다. 그런데 이 기사를 쓴 기자는 얼마나 오랜 시간 동안 이 문제를 검증하는 데 매달렸을까요?

사회과학에서 가장 중시하는 것은 2가지입니다. '연구

결과를 일반화할 수 있는가?' '연구 대상의 관계 속에 인과성이 있는가?' 이 과정은 매우 까다로운 검증 절차를 거칩니다. 전문가들조차도 자신의 연구가 일반적이고 인과성이 있다는 결론을 내리기 위해서는 수많은 연구를 합니다.

하지만 뉴스는 단편적인 사실을 일반적인 것처럼 포장해서 서둘러 기사를 작성합니다. 물론 다른 매체보다 늦게 기사를 보도하면 이슈를 선점할 수 없기 때문이겠죠.

아울러 '목사의 성폭행' '교수의 만행' '연예인 성 접대'처럼 매우 자극적인 제목으로 사람들에게 다가갑니다. 이런 사건들은 두 번째 전략인 '충격과 공포'와 세 번째 전략인 '일반화의 전략'을 동시에 사용할 수 있는, 매우 활용도가 높은 기사들입니다. 벌써부터 이 기사의 내용을 읽고 싶지 않으십니까?

뉴스를 대하는
우리의 자세

뉴스는 우리가 원하든 원치 않든 우리의 삶에 깊이 들어와 있습니다. 과거에는 몇 쪽짜리 신문과 한 시간 남짓한 방송만 봐도 우리가 알아야 할 중요한 사건들을 어느 정도 파악할 수 있었습니다. 딱히 변하는 게 많지 않은 사회였죠. 하지만 이제 뉴스의 공급량은 거의 무한대에 가깝습니다. 알랭 드 보통은 이 현상을 매우 적절하게 묘사하고 있습니다.

몇몇 지각 있는 사람들은 이미 신문과 뉴스 방송이 실은 '압박에 시달리는 기자'가 '평균적인 독자'라고 추정되는 사람들이 가진 욕망을 추측하면서 무한한 데이터의 바다에서 날마다 임의로 뽑아낸 한 줌의 정보에 불과하다는 사실을 알게 될 것이다.[7]

홍수가 나면 물이 넘치지만 막상 마실 만한 물은 오히려 줄어듭니다. 정보의 홍수도 마찬가지입니다. 뉴스에 지나치게 흔들리면 현실 세계에 대해 잘못된 편견을 갖게 될 수도 있습니다. 문제는 이러한 편견이 쉽사리 수정되지 않는다는 점입니다. 한번 그렇게 생각하기 시작하면 쉽게 마음을 바꾸지 않는 것은 인간의 본능이니까요.

　이러한 태도는 우리가 사용하는 언어와 깊은 관계가 있습니다. 미셸 푸코는 언어가 곧 권력이라고 생각했습니다. 그 권력을 잡기 위해 언론은 쉴 새 없이 이야기를 전파합니다. 이슈를 선점해야 더 많은 영향력을 행사할 수 있기 때문이죠. 이러한 구조에서 우리의 인식과 판단을 너무 쉽게 뉴스에 양보하지 말아야 합니다. 정보가 정확한지 검증하기 전까지는 하나의 뉴스가 보도한 사실에 대해 판단을 유보하는 자세가 필요합니다. 한 가지 사건을 바라볼 때, 다양한 매체

7　알랭드 보통 저, 2014, 『뉴스의 시대』, 최민우 옮김, 문학동네, p.277

를 통해 여러 가지 관점을 접하면서 다각도로 검토해봐야 합니다.

알랭 드 보통이 주장한 것처럼, 뉴스는 한 사람의 삶의 중요한 판단 근거를 착취할 수 있습니다. 우리는 우리의 실제 삶에 더욱 집중할 필요가 있습니다. 그것이 실제 현실과 뉴스가 보여주는 간극을 메우는 첫 번째 시도가 될 것입니다. 모든 미디어는 그것을 누가 어떻게 쓰느냐에 따라 성격이 달라집니다. 같은 물을 마셔도 독사가 마시면 독을 만들고, 젖소가 마시면 우유를 만든다는 유명한 비유처럼 말이죠.

이제 뉴스의 속성만 비판할 것이 아니라, 우리 스스로도 뉴스를 성찰할 준비가 되었는지 생각해볼 필요가 있습니다. 뉴스의 속성을 이해하고, 잘못된 정보에 현혹되지 않는 것은 현대사회를 살아가는 민주시민으로서 갖추어야 할 당연한 덕목일 것입니다.

유명론과 실재론

언어가 우리 세계를 정확하게 표현할 수 있느냐 없느냐를 두고 대립되었던 대표적인 논쟁 중 하나는 '실재론realism'과 '유명론nominalism'의 논쟁입니다. 실재론에서는 우리가 알고 있는 개념이 실제로 존재한다고 주장하고, 유명론에서는 실제로 존재하는 것은 없고 오로지 이름만 있다고 말합니다. '사회'라는 개념을 예로 들어보겠습니다. 실재론자는 사회를 구체적이고 측정 가능한 대상으로 바라봅니다. 반면, 유명론자에게 사회는 그저 이름, 혹은 이미지만 있고 실제로는 실체가 없는 것입니다.

한번 생각해볼까요? 유명론자들은 사회를 사과나 볼펜처럼 구체화할 수 없다고 생각합니다. 만일 사회가 실재론자들이 주장하는 것처럼 구체적이고 실제적인 개념이라면 사회를 만질 수 있어야 하고, 계량할 수 있어야 하는데 그 자체가 불가능하다는 주장이죠. 그래서 유명론자들은 사람들마다 사회를 인식하는 정도에 차이가 있을 수밖에 없다고 말합니다.

중산층이라는 개념에 비추어 생각해볼까요? 하나의 개념은 마치 체스게임처럼 다른 말과의 관계 속에서 영향을 주고받습니다. 중산층이라는 개념도 사회 바깥에 독립적으로 존재하는 개념이 아니라, 다른 개념과의 관계 속에서, 그리고 그 각 사회의 규칙에 따라 정해질 뿐입니다. 게임장마다 다른 규칙을 만들어낼 수 있듯이 다른 사회에서는 또 다른 정의를 갖게 될 것입니다. 이런 논리를 통해 유명론자들은 현대사회에서 하나의 개념이 보편성을 갖는 것은 거의 환상에 불과하다고 말합니다.

물론 보편성을 확보하는 것이 어렵다고 해서 개념을 정의하거나 언급하는 시도가 모두 무의미한 것은 아닙니다. 어쨌든 우리는 수많은 개념에 둘러싸여 있고, 그마저도 없으면 어떤 정책도 결정할 수 없을 테니까요. 대신 우리는 그만큼 보편성을 확보하는 게 어렵다는 점을 성찰할 수 있습니다. 나아가 상호간의 이해와 대화가 우리 사회에 필수적임을 깨달을 수 있는 것입니다.

III

함께하는
우리의 품격

11

참을 수 없는
존재의 허무함

정신없이 하루, 한 달, 일 년이 흘러가곤 합니다. 누군가는 취업 준비 때문에, 누군가는 거부하기 힘든 야근 때문에, 누군가는 장래에 대한 막연한 불안감 때문에 안절부절 못하고 바쁘게 살아가죠. 그런데 어느 날 우리는 끝도 없는 허무함을 느낍니다. 살아가는 의미를 잃어버리고 무기력한 기분이 들죠. 특이한 점은 이것이 단순히 이 시대를 살아가는 개인의 감정이 아니라, 우리 시대를 지배하는 사회 구조적인 현상이 되었다는 것입니다. 이 허무함의 정체는 무엇일까요? 어떻게 이 시대를 지배하게 되었을까요?

함께 읽을 책
『키치, 달콤한 독약』, 조중걸, 지혜정원, 2014

행복과 불행,
그 어딘가에서

여러분은 현재의 생활에 만족하며 행복하다고 느끼고 있습니까? 주변 분들은 어떠신가요? 밝고 긍정적인가요? 제 주변 사람들의 이야기나 언론을 통해서 듣는 요즘 시대의 분위기는 그리 좋지 않은 것 같습니다. 청년들은 취업 걱정과 더불어 소위 스펙 쌓기에 여념이 없고, 직장을 다니는 30대도 냉혹한 현실에서 경험하는 열등감과 우울함을 호소합니다. 소위 '더 잘 나가는' 친구들을 따라잡기 위해, 그리고 각자가 속한 조직에서 자신을 증명하며 생존하기 위해 머리 빠지도록 스트레스를 받고 있죠.

부모님 세대도 이러한 분위기에서 자유롭지는 않습니다. 기성세대들은 자녀들의 양육비와 교육비뿐 아니라, '행복한 노후'를 위한 비용 마련에 현실을 저당잡힌 채 하루하루 전전긍긍하며 살아가고 있습니다.

어쩌다 보니 다들 '행복'과는 거리가 먼 삶을 살아가고 있는 것처럼 보입니다. 신문이나 텔레비전 뉴스를 보고 있자면 실낱같던 희망은 사라지고, 그 자리엔 어느새 희미했던 무력감이 더 큰 무게로 짓눌러옵니다. 겉보기에는 다들 열심히 살고 있고, 꽤나 잘 살고 있는 것 같은데, 조금만 깊게 얘기를 나누다 보면 우리 시대의 많은 사람들은 알 수 없는 '무기력'과 '허무함'을 호소하고 있습니다.

이 허무함의 정체는 무엇일까요? 사실 허무함에 대해 이야기를 시작하면, 기존에 없던 허무함도 생기기 마련입니다. 자살 현상을 이해하기 위해 필드에 뛰어든 정신과 전문의가 어느새 우울해진 자신을 발견하는 것과 같은 이치입니다. 하지만 그렇다고 정체도 모르는 허무함에 놀아날 수는 없지 않습니까? 실제로 최근 출판된 인문학 책을 펼쳐보면 한 챕터 쯤에는 무기력과 허무함을 주제로 삼고 있고, 이제는 이 무거운 옷을 벗어야 할 때라고 목소리를 높이고 있습니다. 또한 학계에서도 현대사회의 무기력한 문화구조에 많은 관심을 갖고 다양한 관점에서 연구를 진행하고 있습니다.

많은 지식인들은 현대사회를 감싸고 있는 '허무주의'를 사회적 문제로 인식하고 있습니다. 이는 비단 지식인들만의 생각은 아닐 것입니다. 우리는 우리가 발딛고 살아가는 세상 속에서 무력감, 허무함, 혹은 무의미를 불러일으키는 세계의 조건을 쉽게 접할 수 있습니다. 그래서 누군가 대책도 없이 '밝은 미래와 전망'에 대해 이야기하면, 뭇매를 맞기 십상입니다.

허무함
vs.
허무주의

본격적으로 허무주의에 대해 이야기를 나누기 전에 먼저 한 가지 짚고 넘어가야 할 것이 있습니다. 바로 '허무함'과 '허무주의'를 구별하는 일입니다. 사실 허무함이라는 감정은 과거 어느 시대에나 존재했으며 현대사회만 가지고 있는 특징이 아니죠. 배가 고팠던 원시인이 사냥을 마친 후 마음껏 배를 불리고 석양이 지는 노을을 바라볼 때 허무함을 느꼈을지도 모릅니다. 중세의 기사들이 숱한 전투를 끝낸 뒤 말을 타고 고향으로 돌아오는 길에도 느꼈을지 모르겠습니다. 과거의 시와 노래를 살펴보면 그들도 다양한 종류의 허무함에 대해 이야기했다는 것을 알 수 있습니다.

그런데 현대사회의 허무함에는 또 다른 이름이 붙었습니다. 바로 '허무주의nihilism'입니다. 하나의 개념이 '-주의-ism'가 되었다는 것은 이것이 이론화할 수 있을 만큼 보편적인 현상이 되었음을 의미합니다. 즉, 허무함이 개인적 차원의 감정이라면, 허무주의는 그것을 부추기는 일정한 형태의 사회적·구조적인 시대의 조건을 말합니다. 꽤나 많은 지식인들이 이 허무주의에 주목했습니다.

왜 현대사회의 수많은 철학자들과 이론가들은 우리의 세계를 분석하면서 '허무주의'를 조명하기 시작했을까요? 이 분석이 우리에게 주는 의미는 무엇일까요? 다소 오래 걸리겠지만, 한번 탐색해볼 가치는 충분하지 않겠습니까?

모든 것이
신의 뜻이었다

우선 허무주의가 현대까지 흘러오게 된 역사적 경로를 살펴보겠습니다. 중세로 시간을 잠시 돌려 허무주의의 계보를 살펴봅시다.

많은 지식인들은 이 세계가 중세에서 근대로 전환되면서 매우 근본적인 변화를 겪었다고 주장합니다. 모두가 알다시피 중세는 '신 중심의 사회God-centered society'였습니다. 사실 엄밀히 말하자면, 신의 이름을 빌려 권력을 행사했던 몇몇 성직자들의 세계였지요. 당시 교황은 왕권도 흔들 수 있을 만큼 막강한 힘을 가지고 있었습니다. 이 세계의 가장 큰 특징은 오로지 '신'의 말씀만이 진리라는 것입니다.

중세 시대에 말의 이빨 개수가 궁금했던 한 수도승이 자신의 눈으로 직접 세려고 하자 처형을 당했다는 일화가 있습니다. 그가 처형당한 이유는 신의 계시를 기다리지 않고, 자신의 '이성'으로 확인하려 했기 때문이었습니다. 신 중심적 사고의 단면을 잘 보여주는 예화죠. 이처럼 중세는 인간의 이성이 아닌 신의 계시만을 기다렸던 시대였습니다. 그래서 혹자들은 중세를 '암흑의 시대dark age'라고 부르기도 합니다.

이 세계의 또 다른 특징은 모든 사물에 고유한 아우라가 있었다는 것입니다. 수도원에서 예배를 드리면서 사용했던 물을 '성수(성스러운 물)'라고 불렀는데, 누군가 몰래 그 물로 목을 축였다 발각되면 즉각 처형을 당했습니다. 당시 사람들은 그 물을 말 그대로 성스러운 신의 물이라 생각했으니까요. 성만찬 때 사용하는 빵과 음료도 마찬가지였죠. 신의 말씀을 전하는 성직자 역시 지금과는 비교도 할 수 없는 권위와 위엄을 가지고 있었습니다. 사물과 사람에게 신비로운 아우라가 존재했죠. 아우라가 있는 사물과 사람은 신이 정해준 '본질적인 가치와 의미' 안에서 매우 안정적인 위상을 누렸습니다.

그 세계는 신이 마련한 정교한 질서를 유지하고 있었습니다. 누구도 그 질서에서 벗어날 수 있다고 생각하지 못했습니다. 질서에서 벗어난다는 것은 자신이 속한 공동체에서 퇴출된다는 것이었고, 중세에 살았던 사람에게 공동체에서의 퇴출은 '영원한 죽음'을 의미했습니다. 현대의 기준으로 생각해보면, 중세의 사람들은 너무나도 어리석고 답답한 이들입니다. 그런데 중세시대 사람들이 그렇게 공동체의 족쇄에 갇혀 있던 데는 나름의 이유가 있었습니다.

가장 큰 이유는 모두가 성서를 볼 수는 없었다는 사실 때문이었죠. 당시 성서는 몇몇 성직자들의 전유물이었습니다. 어려운 히브리어나 라틴어로 되어 있었기 때문에 아무나 해석을 할 수도 없었고, 인쇄술이 발달하지 않아 필경사들이 값비싼 양피지에 일일이 필사를 해서 한 권씩 제작을 해야 했습니다. 그러니 일반 사람들이 이 성경을 직접 구해서 읽는다는 것은 상상조차 하지 못할 일이었고, 그저 성직자들의 말이 곧 신의 말씀이라 생각하며 믿고 따를 수밖에 없었습니다.

신이
죽어버린 시대

그런데 15세기 독일에서 역사상 가장 획기적인 발명품 중 하나가 등장했습니다. 구텐베르크가 활판인쇄기를 발명하며 인쇄술에 혁명적 변화를 가져온 겁니다. 때마침 기존 교회의 권위에 반기를 들며 개혁의 움직임을 보이던 이들은 성경을 누구나 읽을 수 있도록 독일어와 영어로 번역했습니다. 그리고 이 번역본은 구텐베르크의 인쇄술을 바탕으로 일반인들에게까지 널리 퍼지게 되었죠.

특히 첫 번째로 번역된 '로마서Romans'가 큰 역할을 했습니다. 각지로 전파된 로마서에는 당시 가톨릭 교회의 주장과 다른 내용이 담겨 있었습니다. 당시 가톨릭은 오로지 성직자를 통해서만 하나님과 교제할 수 있다고 주장하며 폐쇄적인 구조를 유지하고 있었죠. 심지어는 '면죄부'를 판매해 구원을 돈으로 사도록 할 만큼 부패해 있었습니다. 그런데 번역된 로마서에서는 개인이 선행을 하거나 율법을 지켜야 구원을 얻을 수 있는 게 아니라 오직 믿음으로만 구원이 가능하다는 내용이 담겨 있었습니다. 또 개인이 매개자 없이 직접 하나님께 죄를 고하며 회개할 수 있고, 누구나 하나님 혹은 성령을 체험할 수 있다고 기록되어 있었습니다.

물론 그동안 타락한 가톨릭에 저항했던 신학자들은 많았습니다. 대중적인 공감을 받지 못해 화형을 당했지만요. 하지만 이제 성경의 진짜 내용이 많은 사람들에게 전파되면서 신교, 즉 가톨릭 교회를 비판해오던 프로테스탄트protestant 세력이 힘을 얻었습니다. 그리고 1517년, 마틴 루터가 기존 가톨릭을 반박하는 '95개의 반박문'을 비텐베르크 성문 앞에 붙이는 사건을 계기로 마침내 종교개혁이 시작되었습니다. 사람들이 직접 성서를 읽고 해석하면서 스스로 사유할 수 있는 이성의 횃불이 타오르기 시작했고, 비로소 근대의 싹이 움트게 된 것입니다.

근대를 대표하는 '계몽사상'을 영어로는 '인라이튼먼트 the Enlightenment'라고 합니다. '인en'이라는 접두어는 '안에'라는 뜻이고, '라이트light'는 빛을 의미하죠. 어원 그대로 해석하면 '안에 빛을 던지다'라는 뜻이 됩니다. 다시 말해 계몽사상을 통해 어두웠던 중세에 '이성'과 '합리성'이라는 빛이 던져졌음을 의미합니다. 그리고 이것은 곧 '신본주의'에서 '인본주의'로 나아가는 사회적 흐름을 형성하게 됩니다.

그래서 우리는 근대를 '합리성의 세계', '인본주의의 세계'라고 부릅니다. 이제 더 이상 모든 것의 의미가 하나로 고정되지 않습니다. 해석이 가능해졌기 때문이죠. 이로써 인류는 신의 뜻에 따라 '거대한 존재의 고리가 상실된 시대', '고유한 의미를 가진 아우라가 사라진 시대'를 맞이하게 되는데, 니체는 이 시대를 "신은 죽었다"라는 한마디 말로 표현했습니다.

이성을 얻은
인간은
행복해졌을까?

중세에는 모든 것이 신의 뜻이었습니다. 인간은 신이 마련한 질서 안에서 신이 정해준 운명에 따라 살아갔죠. 그 틀에서 벗어나는 것은 생각조차 할 수 없었습니다. 중세의 세계는 유일한 신이 세운 단일한 가치, 단 하나의 진리에 따라 일사불란하게 움직였습니다. 하지만 근대로 들어서면서 이 유일한 질서가 파괴되었습니다. 근대의 학자들은 이를 '탈주술화 disenchantment*'라고 부릅니다.

근대에는 인간이 주술에서 풀려나는 데 결정적인 역할을 한 것이 과학입니다. 이전에는 큰 자연재해가 일어나면 신이 화가 나 인간에게 벌을 주는 것이라고 생각했습니다. 하

탈주술화 계몽주의 정신을 가장 잘 표현한 개념. 계몽주의자들의 관점에서 전근대에 살았던 사람들은 주술에 걸려 있는 존재, 이성보다는 토템이나 미신과 같은 비이성을 믿는 마법에 걸려 있는 존재였다. 근대의 합리성과 과학의 발전을 통해 사람들은 '주술'에서 벗어나 미지의 세계를 보다 분명히 알고 해석할 수 있다고 믿었다.

지만 과학을 통해 사람들은 그런 자연현상의 원인을 하나씩 밝혀낼 수 있었습니다. 신의 저주라고만 생각했던 흑사병의 원인을 밝혀낼 수 있었고, 예방할 수 있는 방법까지도 찾을 수 있었습니다. 과학은 '최소한의 가설'과 '증명'을 통해 우리가 마주하는 현상을 설명하며, 세상을 새롭게 해석하기 시작했습니다. 이 시기 과학의 발전을 '과학혁명'으로까지 표현하는 이유가 여기에 있습니다.

인간은 과학의 발전에 힘입어 사회제도를 만들고, 자연을 활용하며 모든 것을 인류의 역사로 흡수하기 시작했습니다. 과학혁명은 산업혁명에도 박차를 가했고, 산업혁명 이후 인간은 진보에 진보를 거듭해 유토피아에 이를 수 있으리라는 또 다른 신앙을 갖게 되었습니다. 신에게서 도망친 인간은 한번 달리면 멈추지 않는 마차처럼 신나게 내달렸고, 근대의 프로젝트를 하나씩 하나씩 완성해가는 듯 보였습니다.

그런데 전통적인 질서에서 벗어난다는 게 늘 좋은 것만은 아니었습니다. '존재의 거대한 고리'에서 벗어난 인간은 기댈 곳을 잃은 채 홀로 서야 했습니다. 갑작스럽게 전통과 결별하며 생겨난 '텅 빈 공간'에 인류는 이제 무엇이라도 가득 채워야 했습니다.

전근대 사회의 인간은 자신을 증명할 필요가 전혀 없었습니다. 모두 각자의 자리에서, 고유한 역할과 의미를 가지고 있다고 여겨졌죠. 임금은 임금답게, 신하는 신하답게, 부모는 부모답게, 자식은 자식답게 행해야 한다는 '군군신신부부자자君君臣臣父父子子'라는 공자의 말처럼 전근대 사회에서는 자신의 주어진 위치를 지키는 사람이 모범적인 인간이었습니다.

반면, 근대사회의 개인은 신이 부여한 고유한 위치에서 탈출한 존재입니다. 그러니 각자가 자신의 존재 이유와 의미를 증명해야 했습니다. 스스로를 증명하기 위해 활용되는 대표적인 지표가 '생산성productivity'과 '인격personality'인데요, 이런 말들이 근대에 와서 생긴 것은 전혀 이상한 일이 아닙니다.

여기서 인간이 "왜 꼭 존재를 증명해야 하지?"라고 묻는 분들은 조금 더 인내심을 갖고 이야기를 들어주시기 바랍니다. 분명 이 질문은 매우 중요합니다. '존재의 증명', 이것이 현대사회의 허무주의와 허기짐을 해결할 수 있는 주요한 열쇠이기 때문입니다. 어찌되었건 근대 이후부터는 자기 증명을 하지 못하는 사람은 밥을 굶어야 했고, 무엇보다 인간은 자신의 정체성을 알기를 원했으며, 존재의 실체를 밝히고자 했습니다.

카오스,
고개를 들다

중세에서 근대로 전환하면서 세계는 조금씩 본질이 흐릿해졌고, 의미의 부재가 커졌습니다. 그 본질과 의미의 텅 빈 공간을 '인본주의' '합리성' '진보' '과학'과 같은 근대의 프로젝트가 채워나갔죠. 그런데 시간이 흐르면서 신을 저 세계 밖으로 던져버리고 왕좌에 오른 '과학'과 '합리성'도 위기를 맞이했습니다. 근대의 프로젝트가 신을 위협하고 그 자리를 대신한 것처럼, 새로운 관점들이 근대의 프로젝트에 문제를 제기하기 시작했습니다.

먼저 모든 것을 측정하고, 설명하고, 예측할 수 있다고 자신했던 과학주의와, 한 치의 오차도 허용하지 않고 완벽한 유토피아를 만들 수 있다고 장담했던 합리주의라는 견고한 틀에 조금씩 금이 가기 시작했습니다. 인본주의를 통해 모두가 평등하고 행복한 세계를 꿈꿨지만, 그 세계에는 차별과 소외, 물상화, 계급 갈등과 같은 또 다른 문제가 등장했습니다.

모든 것을 해결해주겠다던 근대적 기획의 가장 큰 위기는 다름 아닌 세계대전과 경제 대공황이었습니다. 두 번에 걸친 잔혹한 전쟁은 인간의 어리석음과 잔혹함을 확인시켜주었고, 그토록 믿었던 경제체제도 대공황을 겪으면서 근대적 기획에 빨간불이 켜졌습니다.

이성의 횃불을 들고 본질과 진리를 탐구할 수 있다던 합리주의는 실존주의와 포스트모더니즘post-modernism의 도전에 직면하게 됩니다. 1950년대 당시 사르트르가 이끌었던 실존주의는 "본질은 없고, 실존만 있다"라는 슬로건으로 많은 이들에게 큰 반향을 일으켰습니다. 또한 탈근대주의자들은 근대의 프로젝트가 획일성과 정초주의foundationalism*를 바탕으로 차별과 배제, 불평등과 소외를 강화했다고 비난하면서, 진보가 남기고 간 그림자와 야만성을 폭로했습니다.

오로지 순수한 진리만을 탐구한다고 여겨졌던 과학도 그 위상이 조금씩 흔들리기 시작했습니다. 과학철학자들과 과학사회학자들은 객관적 사실이라고만 여겨졌던 과학적 발견 또한 사회적 합의의 결과일 뿐이며, 각 사회의 학문적 토양에 따라 서로 다르게 '해석'될 수 있다고 주장했습니다. 이것은 과학에 대한 매우 심각한 도전이었습니다.

신을 지구 밖으로 내쫓으며 유토피아를 세우겠다던 과학주의와 합리주의가 서서히 그 왕좌를 위협받으며 세계는 다시 한 번 기존의 질서를 대신할 새로운 질서를 만들어야 했습니다. 그에 따라 세계는 조금씩 카오스chaos로 향하는 듯했죠.

이 이후의 이야기는 현대의 이야기입니다. 그리고 우리 대한민국은 서구사회가 약 500년 동안 이룬 근대화를 70년에 걸쳐 압축적으로 겪으면서, 서구사회가 500년 동안 겪었

정초주의 누구나 옳다고 믿는 지식이 있음을 인정하는 사고방식. 가령 '남자는 과묵해야 한다' '학문은 순수해야 한다' '학생은 공부하는 존재이다' 등을 전제로 하고 현상을 평가하는 것. 이러한 사고방식에서 벗어나는 것은 비정상적인 것으로 낙인찍히게 된다. 그리스 신화에 등장하는 악독한 강도 프로크루테스의 일화가 정초주의를 잘 묘사한다. 프로크루테스는 사람들을 자기 침실로 데려가 침대의 길이에 비해 다리가 짧은 인간은 억지로 늘리고, 침실보다 긴 다리는 잘라버렸다고 전해진다.

던 아픔도 단시간에 함께 경험해야만 했습니다. 건축과 해체, 그리고 다시 해체와 건축을 반복하며 서구의 근대를 빠른 속도로 좇아온 것이죠.

텅 빈 공간을
잠식한
가짜 세계

여기서 저는 오늘의 주인공 키치를 소개하려 합니다. 키치를 이해하지 않고서는 현대사회의 '구조화된 허무주의'의 정체를 완전히 파악할 수 없기 때문입니다.

키치Kitsch는 주로 미학에서 사용하는 용어로 19세기 말 무렵 등장했습니다. 키치적인 예술이란 '진짜가 아닌데 진짜처럼 보이게 만든 위조품'을 의미합니다. 예술은 일반적으로 각각의 고유한 특성과 기능에 따라 고급예술, 통속예술, 그리고 현대예술로 구분됩니다. 예술사와 수리철학 박사 조중걸 교수는 키치를 '고급예술을 위장한 저급예술'이라고 정의했습니다.

앞서 근대에는 합리주의와 과학주의가 모든 것을 설명하고, 모두를 행복하게 하며, 진리를 발견하려는 야망이 싹텄다고 말씀드렸습니다. 그 야망이 이룬 성취는 결코 무시할 수 없는 것이었지만, 부작용도 만만치 않았습니다. 신이 사라진 텅 빈 공간을 완벽하게 메꿔줄 줄 알았는데 말이죠. 키치도 텅 빈 공간에 들어찬 근대의 부작용 중 하나였습니다. 키치는 사람들에게 끝없는 행복을 누릴 수 있을 거란 기대를 심어주었고, 사람들은 그에 유혹되었습니다.

그런데 키치에는 근대성이 남긴 부작용보다 더 큰 문제가 있습니다. 하나는 개인에게 은밀히 접근하기 때문에 그것이 내 안에 있는지 없는지를 알아차리기 어렵다는 것이고, 다른 하나는 조금씩 세상의 실제 모습을 일그러뜨려 위선의 가면을 씌운다는 것입니다.

키치로 인해 생기는 위선의 가면, 그것이 허무주의의 정체입니다. 가면을 계속 쓰고 있자니 헛헛하고, 가면을 벗자니 진짜 얼굴이 두렵고, 어쩌면 제일 무서운 것은 가면을 썼는지도 모르고 살아가는 거겠죠. 도대체 키치가 무엇이기에, 제가 이리도 호들갑을 떠는 것일까요?

이제 키치와 함께 현대사회의 이상이 어떻게 무너지고 왜곡되었으며, 그것이 우리를 위협하는지를 알아보겠습니다.

키치,
진짜가 되어버린
가짜

키치의 등장은 근대 이후에 등장한 사상과 무관하지 않습니다. 근대에는 과학주의와 합리주의가 세계의 본질을 보여줄 것이라는 기대와 믿음이 충만했습니다. 그런 흐름 속에서 미술에서도 사실주의가 중심을 차지하고 있었습니다. 하지만 이후 포스트모더니즘 사상이 등장하며 과학주의와 합리주의에 문제를 제기했습니다. 미학에서 사실주의가 의심을 받게 된 것도 이 시기입니다.

사실주의는 현상을 있는 그대로 재현할 수 있을 것이라 믿는 관점입니다. 마치 실증주의가 언어와 수식으로 세계를 완벽하게 재현할 수 있다고 주장한 것처럼 말이죠. 하지만 모든 것의 의미는 해석에 기반을 두고 있으며 사회적으로 구성될 수밖에 없다는 주장이 등장함에 따라 사실주의도 완벽한 재현이란 있을 수 없다는 관점에 자리를 내주어야 했지요. 이때 등장한 것이 인상주의*와 다다이즘*입니다.

키치 또한 이런 사회적 흐름 속에서 나타납니다. 이제 신이 정해준 의미도 없고, 그렇다고 실제 세계를 완전히 재현할 수도 없으며, 신이 죽었기 때문에 예술의 본질을 이야기할 수도 없었죠. 근대성의 붕괴와 함께 기댈 곳이 없어진 미학은

인상주의 19세기 후반 프랑스를 중심으로 등장한 예술사조. 고정된 사물을 완전히 재현하려는 고전주의나 사실주의 화가들과는 달리 인상주의 화가들은 시시각각 움직이는 색의 변화 속에서 대상을 묘사하고, 순간적 효과를 기록하는 데 심혈을 기울였다. 미술뿐 아니라 음악, 문학 등에도 큰 영향을 미쳤다.

다다이즘 20세기 초반 유럽과 미국을 중심으로 전통적 예술을 부정하고 반反이성, 반反도덕, 반反예술을 표방하며 등장한 예술 운동. '다다'란 본래 아이들이 타고 노는 목마를 뜻하는데, 다다이즘 예술가들은 무의미함을 암시하고자 특별한 의미 없이 이 이름을 붙였다. 기존의 통념을 거부하고, 다양한 예술 재료를 통해 표현함으로써 지배적인 미술 사조에 도전했다.

스스로가 무엇인지를 증명해야 했습니다. 그래서 키치라는 매혹적인 악마를 탄생시키기에 이릅니다.

키치는 근원적인 의미가 해체된 곳에 아우라를 불어넣으면서 마치 진짜인 것처럼 등장했습니다. 텅 빈 공간을 메꿔줄 수 있는 것처럼, 무의미에 의미를 불어넣어줄 수 있는 것처럼 말입니다. 그래서 조중걸 교수는 키치를 '순수를 원하는 창녀'라고 표현했습니다. 거짓된 환각이자 아무 의미도 없는 모조품이 마치 원본인 것처럼 가증스럽게 등장한 것입니다.

키치는 가짜를 원본보다 더 원본처럼 보이게 만들어서 더 이상 원본을 필요하지 않게 만들어 버립니다. 그러고는 자신이 곧 유일한 원본이라고 주장합니다. 『시뮬라시옹 *Simulation*』의 저자 장 보드리야르의 관점을 그대로 받아들이자면, 세계에는 더 이상 원본은 없고 '시뮬라크르Simulacre'만 존재합니다. 시뮬라크르는 모든 실제의 인위적인 대체물이자 현실의 이미지를 뜻합니다.

그런데 키치는 이 세계 속에서도 자신은 여전히 이미지나 허상이 아닌 본질이라고 주장합니다. 이런 의미에서 키치를 바라보면, 근대적 이상이 남긴 정신병자라고도 볼 수 있겠군요. 문제는 이 정신병자에게 치명적인 매력이 있다는 것입니다.

키치,
진짜인 듯
진짜 아닌 세계

여기서 잠시 키치를 이해하기 위해서 미학의 몇 가지 관점을 살펴보겠습니다.

사실주의를 표방한 근대의 화가들이 사용했던 기법은 달리는 마차 바퀴의 살을 또렷이 그려넣는 것이었습니다. 때문에 달리는 마차도 그 자리에 멈춰선 것처럼 보입니다. 하지만 '실제'의 모습을 떠올려보면 바로 알 수 있듯이, 애당초 달리는 마차 바퀴살은 우리 눈에 보이지 않습니다. 실제를 그리려 했으나 실패한 거죠.

반면 인상주의 화가들은 마차의 바퀴살을 일일이 그려넣지 않고, 그 바퀴살을 슬쩍 흐릿하게 그려 넣었습니다. 그러자 그림 속 마차는 실제로 달리는 것처럼 보일 수 있었죠. 그렇다고 그것이 실제를 재현했다고 할 수 있을까요? 그것도 단지 실제의 한 부분일 뿐입니다. 그래서 인상주의 화가들은 그저 실제의 한 부분만을 담아낼 수 있다고 주장했습니다.

프랑스 인상파의 거장 클로드 모네가 그린 〈수련〉은 250장이 넘는 연작물입니다. 그런데 모네가 그린 수련을 자세히 살펴보면 고운 연꽃을 섬세하게 묘사하지 않았습니다. 인상파답게 모네는 꽃을 '있는 그대로' 혹은 '원래대로' 본 것이 아니라 한 폭의 인상印象에 속한 부분으로만 보았습니다. 가까이서 보면 더덕더덕 발라놓은 물감 덩어리에 지나지 않지만, 한 발자국 떨어져서 보면 신기하게도 꽃의 형상이나 색채가 더욱 선명하게 드러납니다. 이처럼 인상파의 작품은 다양한 방식으로 사물과 풍경의 인상을 담아냈습니다.

근대의 화가들이 사물을 '있는 그대로' 그렸다면, 인상주의 화가들은 '보이는 대로' 그렸습니다. 근대의 화가들이 '객관실증주의'을 지향함으로써 현상을 '재현representation'하려 했다면, 인상주의 화가들은 '주관'을 지향함으로써 '현시presentation'를 시도했습니다. 근대의 화가들이 재현의 올바름을 최우선 가치로 두었다면, 그것에 도전했던 화가들은 위계 없이 현재의 모습만을 그렸습니다.

따라서 포스트모던의 세계에서는 하나의 원본이 수많은 원본 속에 흩어져 사라지고 맙니다. 세계는 더 이상 단 하나의 그림 안에 한꺼번에 재현되는 것이 아니라, 여러 장이 모여서 그 모습을 보여줄 뿐입니다. 더 나올 수도 있고, 그만둘 수도 있지만, 그중에 하나만 진짜라는 확증, 혹은 정초적인 입장은 더 이상 발 디딜 곳이 없게 된 것입니다.[8]

그러나 키치는 오만한 태도로 자신이 세계의 그림을 한 번에 보여줄 수 있다고 단언하며, 그것으로 정초를 세우려고 시도합니다.

8　진중권, 2004, 『미학 오딧세이3』, 휴머니스트, pp.35-39

키치,
자기중심적인
오만한 세계

키치의 또 다른 특징은 바로 기만입니다. 특이한 점은 남을 속이는 것뿐만 아니라, 자기 자신마저도 속인다는 점입니다. 스스로가 "나는 키치로소이다"라고 참회의 고백을 터뜨리는 순간, 그는 키치의 세계에서 빠져나오는 것이죠. 가령, 한 예술가가 부모를 잃은 아프리카의 난민 아이를 사진이나 그림으로 표현했고, 그것을 본 감상자가 동정의 눈물을 흘렸다고 합시다. 그때 불행에 빠진 어린 아이에 대한 연민으로 시작해서 어느덧 울고 있는 자신의 모습에 연민을 느낀다면, 대상 그 자체보다 자신의 그 감정에 도취되어 '아! 난 참 자비로운 사람이다'라고 생각한다면, 그 사람이 바로 키치적 감상자입니다.

스스로가 그것이 진짜라고 믿으며, 자기 자신이 그 감정에 사로잡히는 것을 즐기는 것이 키치의 대표적인 특징입니다. 대상이 아닌 대상이 조성하는 다른 표상으로 감정이 전이되었을 때, 혹은 어떤 음악을 듣다가 그 음악 자체가 아닌 자신의 감상에 젖어 환각적인 환상에 사로잡힐 때, 그때 바로 키치적인 정서에 몰입되어 있는 것입니다. 이러한 점에서 조중걸 교수는 키치를 '이차적인 눈물the second tear'이라고 표

현했습니다.[9]

　이러한 키치의 이차적인 눈물은 자기중심적입니다. 조중걸 교수는 예술을 대할 때 나를 버리고 예술품에 완전히 심취하면서 세계에 대한 심미적 요청을 보내는 사람이 좋은 감상자라고 말합니다. 그러나 키치적 독자는 그곳에서 애잔해하고 있는 자신만 바라봅니다. 그러고는 대견해하고 뿌듯해합니다. 우아한 공간에서 고급스러운 그림을 보고 있다는 자신의 고결함을 만끽하면서 말입니다.

　자연에서 말린 곶감과 표백된 곶감의 차이를 알고 계십니까? 감을 자연 그대로의 바람에 말린 곶감은 그 위에 하얀색 가루 같은 것으로 덮여 있습니다. 그런데 표백된 곶감은 아주 먹음직스럽게 선명한 자홍색을 띠고 있습니다. 아마도 더 먹음직스러워 보이는 것은 표백된 곶감이겠죠. 그러나 실제로 당도가 높고 식감이 좋은 것은 자연에서 말린 곶감입니다. 볼품은 없지만 있는 그대로의 모습을 보존하고 있고요.

　여기서 표백된 곶감이 바로 키치의 세계입니다. 키치는 끊임없이 자신이 애초부터 어떤 순수함에 기초하고 있으며, 순결하다고 주장합니다. 그러나 그 순결함을 만들어내기 위해 표백제를 몸에 묻히고, 새로운 모습으로 둔갑합니다. 그리고 우리에게 순수한 곶감인 척 위장을 하죠.

9　조중걸, 2014, 『키치, 달콤한 독약』, 지혜정원, p.29

병든 행복과
건강한 불행,
무엇을 택해야 할까?

키치를 표현하는 재미있는 비유가 하나 있습니다. 우리 몸에 요산uric acid이 많이 쌓이면 무릎이나 팔꿈치에 통풍을 느끼게 됩니다. 이때 요산 제거제를 사용하면 통풍이라는 통증은 사라질 것입니다. 그러나 문제는 요산이 우리의 신체에 필수 불가결한 요소라는 점입니다. 요산은 우리의 수명과 연관이 있습니다. 즉 요산을 완전히 제거하면, 우리의 수명은 단숨에 줄어들지도 모릅니다. 따라서 요산이 체내에 쌓이는 것과 그에 따라 통증을 호소하는 것은 삶을 살아가는 생명체에게는 숙명입니다.

이때 좋은 의사는 요산을 완전히 없앨 수 없으니, 식습관을 바꾸고 운동을 하면서 통증과 더불어 사는 방법을 익히라고 말할 것입니다. 그러나 키치는 우리에게 요산 제거제를 투입해서 통증을 완전히 없앨 수 있다고 유혹합니다. 즉, '정상적인 불행'을 '병든 행복'으로 둔갑시켜주겠다고 유혹하는 거죠.[10]

〈매트릭스〉라는 영화를 보셨나요? 그 영화에서 매트릭스의 세계가 다름 아닌 키치의 세계입니다. 진짜보다 더 진짜

10　같은 책 p.8.

같지요. 심지어 그곳에 사는 사람들은 태어나서 죽을 때까지 그곳이 실존하는 세계라고 믿고 살아갑니다. 하지만 빨간약을 먹고 새로운 감각을 얻은 사람들은 시온Zion이라는 진짜 세계를 알게 됩니다. 그런데 시온에 사는 사람들이 아무리 소리쳐도 매트릭스에 있는 사람들은 자신이 환각의 세계에서 살고 있다는 사실을 믿지 않습니다. 심지어 실존하는 세계인 시온을 경험한 사람조차도 다시 매혹적인 매트릭스(키치)의 세계로 돌아가길 원합니다.

영화에서 진짜 세계를 경험한 뒤 다시 매트릭스로 돌아간 인물인 사이퍼는 매트릭스 세계의 고급스러운 레스토랑에서 스테이크를 먹으며 이렇게 말합니다.

내가 먹는 이 스테이크는 그저 컴퓨터가 뇌에 자극을 줘서 '맛있다'는 착각을 일으키는 것뿐인데, 그것을 알고 있지만 이 꿈에서 깨어나기 싫다.

그는 매트릭스의 세계가 너무 황홀해서, 무미건조하고 칙칙한 회색빛으로 둘러싸인 시온으로 돌아가길 거부합니다. 여러분은 어떤가요? 여러분이 마주하고 싶은 세계는 병든 행복으로 가득 차 있는 매트릭스의 세계입니까? 아니면 건강한 불행으로 마주해야 하는 실존의 세계입니까?

허상을 좇는
우리의 삶

지금까지 허무함이 태동되던 시점과 그것이 어떻게 형성되어 개인에게까지 미세하게 이식될 수 있었는지를 살펴봤습니다. 근대에는 신이 죽었고 본질적인 의미가 없어졌죠. 그 속에서 개인은 어느 것에도 기대지 못하고 자기 스스로를 증명해야 했습니다.

저는 현대사회의 구조적인 허무함이 이러한 시대적 전망과 무관하지 않다고 생각합니다. 인간은 신이 죽은 텅 빈 공간에 다양한 문화적 인공물을 채우고 있습니다. 더 멋있고, 더 화려해 보이고 싶은 욕망을 재현하면서 자신의 정체성과 정당성을 증명하려고 하는 겁니다. 하지만 타인보다 우월한 지위를 갖거나 문화적 인공물을 많이 채우는 삶이 마치 신의 자리를 얻은 삶인 것처럼 느낄 때 위기는 찾아옵니다. 그 문화적 인공물은 실체가 없는 허상일 때가 더 많기 때문입니다.

그래서 다음 장에서는 키치가 어떻게 그 텅 빈 공간에 은밀하게 발을 들여놓고 우리의 삶에서 주인 노릇을 하는지 살펴보려고 합니다. 아울러, 우리 스스로가 만들어 놓은 키치의 왕국에 균열이 찾아왔을 때, 근대의 구조적 무의미와 키치의 가면이 만났을 때, 어떻게 허무주의가 고개를 드는지를 자세히 살펴보겠습니다.

진짜 앨빈 찾기

키치에 대한 이해를 돕기 위해 저와 함께 사는 고양이 앨빈을 소개하겠습니다. 위의 첫 번째 그림은 앨빈의 사진입니다. 두 번째 그림은 제 아내가 앨빈의 사진을 보고 그린 스케치입니다.

이 중에서 어떤 것이 제가 키우는 앨빈의 '원형archetype'일까요? 만일 이곳이 강연장이어서 앨빈을 여러분에게 데리고 나온다면, 여러분은 실제를 보는 것입니까? 정말 그렇다고 할 수 있을까요?

답은 '아니다'입니다. 고양이는 촉감과 질감, 냄새가 때에 따라 달라집니다. 또 장소에 따라 극단적으로 달라지는 고양이 특유의 몸짓이 있죠. 언제 어디서 앨빈을 보느냐에 따라 우리가 기억하는 앨빈의 모습이 달라질 겁니다. 우리는 그저 앨빈의 무수한 움직임을 보면서 앨빈이라는 고양이의 코드를 수집할 뿐입니다. 그것을 통해서 앨빈을 이해하는 것일 테지만, 결코 우리는 "그것만이 앨빈이다"라고 주장할 수 없을 것입니다.

하지만 키치는 여러 장치를 동원해 앨빈다움을 그럴싸하게 포장하고, "이것만이 앨빈이다"라고 주장할 겁니다. 물론 여기서 판단을 멈추는 사람은 그저 그것이 앨빈이라는 착각 속에 살아가겠죠. 그래서 조중걸 교수는 그의 책 『키치, 달콤한 독약』에서 키치에 대해 "실재의 존재와 포착에 대한 신념이며 표현"이라고 정의했고, "고급예술임을 주장하는 실재의 포착에 대한 오만한 신념의 심미적 표현"이라고도 했습니다.

특정 대상에 대해 도무지 후퇴할 생각이 없는 강한 선입견과 편견을 갖는 것, 어쩌면 그것이 키치적 태도의 전형일지도 모르겠습니다.

12

가짜 세상 속에서
진짜 나를 찾는 법

가수 이효리 씨가 힐링캠프에서 이런 이야기를 한 적이 있습니다. 집에 가면 쌀통에 쌀도 없고, 깨끗하게 빨아놓은 수건도 하나 없는데 자신의 삶은 여전히 '화려해야만' 했다고 말이죠. 그러면서 이렇게 고백합니다. "내가 나 자신을 내팽개친 채 남의 눈만 의식하며 살았구나" 우리도 종종 더 멋있고 더 화려해보이길 원하곤 합니다. 그런데 그런 것들이 진짜 중요한 것일까요? 정말 중요한 것을 발견하기 위해서는 가장 먼저 있는 그대로의 내 모습을 바라볼 용기가 필요합니다.

함께 읽을 책
『참을 수 없는 존재의 가벼움』, 밀란 쿤데라 저, 이재룡 옮김, 민음사, 1990

발전과 불행의
상관관계

근대 최초의 혁명이 종교개혁이었다는 것은 우연이 아니었습니다. 신을 쫓아내야만 인간이 지구라는 별에서 주인 행세를 할 수 있었기 때문입니다. 이후 오랜 시간에 걸쳐 발생한 시민혁명과 산업혁명으로 인류는 진보를 향한 대항해를 시작했습니다. 만일 지구 어딘가에 CCTV가 있었다면, 당시의 발전 속도는 인류가 지난 1만 년 동안 이룩했던 것보다 더 빨랐다는 것을 알 수 있을 것입니다. 근대 세계는 그렇게 더욱 합리적이고, 더욱 혁신적으로 질주했습니다.

하지만 앞서 설명한 것처럼, 인류는 근대적 이상이 꿈꾸던 목적을 완전히 실현하지 못했습니다. 곳곳에서 부수적인 사회문제가 발생했기 때문이죠. 이러한 사회병리 현상을 보고 지그문트 프로이트는 『문명 속의 불만』이라는 책을 내며, 제목으로써 그 시대를 진단했습니다. 그는 문명이 발전할수록 만족도 증가해야 하는데, 오히려 억압과 그에 따른 불만이 더 커졌다고 주장합니다. 분명히 어느 지점에서는 멈춰서야 했는데, 그 시기를 알지 못해 멈추지 못했다고 말입니다.

물론 문명의 발전 속에서 기회는 많았습니다. 누구라도 자본만 있으면 과거의 그 어떤 귀족보다 더 호화로운 삶을 누릴 수 있으니까요. 많은 사람들은 바로 그 기회를 잡기 위해 인류 최후의 방주인 자아에 더욱 깊이 심취했습니다. '보이지 않는 손의 역사를 믿으며 말입니다.

차별과 소외에
저항하다

끝없는 진보의 질주 속에서, 근대성의 프로젝트에 문제를 제기했던 전 지구적인 저항운동이 있었습니다. 바로 '68운동'입니다. '68운동'은 1960년대 유럽과 미 대륙을 중심으로 일어났던 '인간해방운동'입니다.

2차 세계대전이 끝나고 전쟁의 참혹함과 근대의 합리적 기획에서 폭력성을 발견한 사람들은 가장 먼저 전쟁 반대를 외쳤습니다. 그런데 이러한 반전운동은 다양한 방식으로 확산되었습니다. 민족해방운동, 인종차별 폐지운동, 여성운동, 노동운동, 환경운동 등을 통해 그동안 숨죽이고 있던 사람들이 인간을 옥죄고 있었던 문화적 구성물과 장치들을 공격하기 시작한 것입니다.

당시의 사람들은 근대성이 음지에 남긴 찌꺼기를 날것 그대로 꺼내볼 것을 제안했습니다. 근대라는 인격이 겉으로 멋있어 보이기 위해 집안 구석구석에 묻어두었던 먼지들, 오물들을 날것 그대로 사회 공론의 장으로 끄집어낸 것입니다. 이처럼 사람들은 험상궂은 근대의 이면을 있는 그대로 바라볼 것을 요구했고, 차별과 소외를 부추기는 제도적·문화적 장치를 철폐하자고 주장했습니다.

68운동은 그 성공 여부를 떠나 서구사회에 커다란 정신적 유산을 남겼습니다. 실제로 프랑스는 대학의 학력 위계를 철폐하기 위해 대학의 이름을 없애고 번호를 붙였고, 여성, 흑인, 장애인 등 소수자들의 인권이 신장되었습니다. 수많은 소수민족들이 해방되기도 했죠. 정치인들을 풍자하며 권위주의 청산에 앞장선 것도 68운동 이후 본격적으로 생겨난 문화였습니다.

이처럼 68운동은 일회적인 혁명이 아니라, 세계를 또 다른 통로로 인도하는 안내자 역할을 했습니다. 분명 이 운동은 근대의 찌꺼기를 바라보며, 인간의 새로운 해방을 주도했습니다.

그렇다면 이 해방운동은 온전히 좋은 것만 남겼을까요? 지난날 역사가 우리에게 남겨준 교훈이 하나 있습니다. 인간이 하는 것이라면 어떠한 시도든 '풍선효과'처럼 또 다른 문제를 가지고 온다는 것입니다. 68운동 이후 사람들은 그동안 창고에 꾹꾹 담아두었던 다양한 가치들을 사회공론장이라는 테이블 위에 꺼내두었습니다. 문제는 절대적인 신이 죽어 다양한 의견들이 여기저기서 튀어나오는 마당에 훨씬 더 많은 가치가 난립하게 된 것입니다. 이제 우리는 뒤에 꿍꿍이를 숨긴 채 깔끔하게 차려입은 신사뿐만 아니라 눈에 코를 붙이고, 팔 다리를 바꿔들고 온 사람들의 이야기까지 담아내야 하는 사회로 진입한 것입니다.

실제로 이들은 지금도 대답하기 매우 곤란한 문제들을 꺼내들고 왔습니다. "내가 낳았다고 해서 왜 내가 이 아이를 책임져야 하지?" "왜 근친상간이나 동성연애가 잘못된 것이지?" "왜 인간은 게으르면 안 되지?" "사랑에도 국경이 없는데 왜 우리의 사랑은 안 되는 거야?" "왜 내 결혼을 국가에 신고해야 하는 거지?" "아무에게도 피해를 주지 않았는데, 왜 담배는 되고 대마초는 안 된다는 거야?" "왜 학생은 공부만 해야 하지?" 근대성의 모순을 타파하고, 다양한 가치를 인정하자고 일어난 68운동이었는데, 여전히 어디까지 그 다양한 가치를 인정해야 하는지는 누구도 정해줄 수 없었습니다.

가짜 세상의
등장

지금까지 살펴본 것처럼 근대성은 강한 빛을 발산한 만큼, 어두운 그림자도 거대했습니다. 이때 키치는 화려한 빛을 발산하며 섹시한 가면으로 위장한 채 고통 없이 행복한 삶을 살 수 있다고 사람들을 유혹하기 시작했습니다. 실존의 존재는 온갖 해체와 다양한 가치의 난립 속에서 무의미와 허무주의에 빠지지 않기 위해 또 다른 재현의 도구를 필요로 했습니다. 잠시라도 자신의 정체성을 대신해줄 키치 같은 가면들이죠. 68운동 이후에도 여전히 문화적 위계는 존재했고 사람들은 그 위계에서 자신의 존재를 증명하기 위해 사활을 걸고 오로지 개인만을 탐닉하기 시작했습니다.

9장에서 살펴본 것처럼, 찰스 테일러는 자기 자신의 요구 이상의 것을 바라보지 못하고 키치만 탐닉하는 현대사회의 개인에게는 '가련한 안락'만 남게 되었다고 주장했습니다. 니체는 이러한 사람들을 '최후의 인간'이라고 묘사했고, 68운동의 스승으로 불리던 허버트 마르쿠제는 『일차원적 인간』이라는 책으로 현대인의 규정을 대신했습니다.

그렇다면 현대사회에서 가련한 안락밖에 남지 않은 사람들에게 키치가 제공하는 문화적 인공물은 무엇이 있을까요? 저는 대표적으로 학력, 직업, 패션, 인테리어, 백화점과 놀이공원, 인터넷을 포함한 대중매체, 그리고 그 대중매체를 통해 공개된 유명 인사들의 화려한 생활 등을 꼽습니다. 이 세계에 당연히 존재하고 있고, 존재해야 하는 요소들을 키치의 주범으로 꼽은 이유는 이들이 하나의 공통점을 가지고 있기 때문입니다. 바로 '보여주기 위한 위장의 역할'을 할 수 있다는 것입니다. 저는 이것들을 현대사회의 문화가 만들어 놓은 '태그Tag(꼬리표 혹은 딱지)'라고 부르려고 합니다.

브랜드의
시대

물론 좋은 대학에 진학하기 위해, 더 나은 직업을 갖기 위해 열심히 노력하는 이들을 비난하는 것은 아닙니다. 수많은 대중매체 또한 현대사회에 꼭 필요한 부분이며, 순기능을 하기도 합니다. 즉 이러한 코드 자체가 '키치' 혹은 '속물'은 아니며, 코드를 추구하는 사람의 마음에 따라 그 속성은 정반대로 달라질 수 있죠.

가령, 어느 시대에나 사람들은 학식이 있는 사람들을 존경했습니다. 그러나 그것은 학력이라는 태그가 아니라, 실제로 학식이 높은 사람의 말과 행동을 보고 경의를 표한 것입니다. 그러나 교육열이 높아짐과 동시에 학력은 그저 더 화려한 태그를 몸에 부착하기 위한 목표로 전락하고 있습니다. 왜 대학에 가야하는지 모르지만, 그렇다고 너도나도 다 가는데 안 갈 수 없으니 대학을 선택하는 사람들이 너무나 많은 것이 현실입니다.

이렇게 학력은 일종의 자기 브랜드가 되었습니다. 대학에 진학하는 목표가 진리를 탐구한다거나, 학문 그 자체를 좋아해서가 아니라 남들보다 더 좋은 태그를 몸에 부착하고 '학식 있는 사람'으로 위장하기 위한 것이 되어버렸습니다. 즉, 순수를 바라는 창녀처럼, 명문대에 입학한 자신을 보면서 스스로를 '명문'으로 여기고 이차적인 눈물을 흘리는 것이죠.

한국사회에서 왜 이리도 교육열이 높은지는 진지하게 생각해볼 필요가 있습니다. 단순히 고등 교육을 받은 사람이 소득이 높아서라는 이유만으로는 설명이 되지 않는 부분이 많기 때문입니다. 어쩌면 타인에 대한 우월감으로, "내가 너보다 더 뛰어난 사람이다"라고 자신의 존재를 증명하기에 학력보다 더 좋은 도구가 없었을지도 모르겠습니다. 사람들은 그것을 소유하기 위해 많은 것을 투자했고, 소유하지 못한 사람들은 깊은 박탈감에 시달려야 했습니다.

이런 측면에서 패션도 마찬가지입니다. 이제 옷은 몸을 보호하는 기능에 더해 나를 드러내고 입증하는 하나의 표상이 되었습니다. 값비싼 핸드백, 구두, 보석류 등등 사람들은 자신의 존재가치를 '소유물'에서 찾게 된 것입니다.

백화점이나 놀이공원은 키치의 종합선물 세트입니다. 그곳에 입장하는 순간, 물건을 바라보기만 하더라도 우리는 그 모든 물건의 소유주가 된 것과 같은 착각에 빠집니다. 일상생활에서 밥은 굶더라도, 그곳은 연례적으로 반드시 가야 하는 곳이 되었습니다. 가련한 일상을 벗어나 자신의 존재감을 확인할 수 있는 곳이기 때문이죠. 백화점 직원은 그 사람이 어떤 사람인지 전혀 관심이 없습니다. 그저 잠재적 구매자로서 최상의 서비스로 모실 뿐입니다. 물론 내가 어떤 사람인지 알아봐주길 바라는 사람들에게 백화점이나 놀이공원은 지상낙원이 따로 없을 것입니다. 그때 느끼는 우월감은 현실세계에서 느꼈던 모든 모멸감을 씻어주고, 새로운 존재로 바꿔줄 테니까요. 물론 이는 잠시 동안의 위장일 뿐이지만요.

그러나 현실과 위장의 간격이 커질수록 허무함도 함께 성장하기 마련입니다. 그래서 사람들은 더 자주, 더 빠르게 새로운 상품과 새로운 장소를 찾고 그 마법이 풀리지 않도록 끊임없이 새로운 것을 추구하는 것인지도 모르겠습니다.

신의 자리를 대신한
미디어

대중매체의 발달은 인류의 삶에 큰 변화를 가져왔습니다. 특히 인터넷의 발달과 스마트폰의 만남은 시간과 공간을 더욱 압축시켰고, 수만 킬로미터 떨어진 사람과 사물을 마치 바로 옆에 있는 것처럼 대할 수 있게 되었습니다. 언제 어디서든 원하는 지식, 상품, 이미지, 다양한 소식들을 시시각각으로 얻을 수 있게 되었고, 그것은 '신체의 일부'가 되었습니다. 이런 시대적 흐름을 '포스트 유비쿼터스post-ubiquitos*'의 시대라고도 합니다.

『무엇이 우리의 성과를 방해하는가』의 저자이자 사회비평가인 토니 슈워츠는 '미디어가 신의 자리를 대신했다'고 주장했습니다. 독일의 철학자 헤겔도 이와 같은 주장을 한 바 있습니다. "조간신문은 현대인의 아침 기도이다"라고 말이

포스트 유비쿼터스 과학기술의 발달로 어디에서나 정보를 접할 수 있는 유비쿼터스 시대에서 한 걸음 더 나아가 웨어러블 컴퓨터와 같은 기술을 통해 컴퓨터가 인간의 신체의 일부가 되는 시대를 의미한다.

죠. 어쩌면 이 세계에서는 대중매체를 장악하는 사람이 정말로 신이 될 수 있을지도 모르겠습니다. 아침부터 신의 계시를 받으려는 사람들이 많으니까요.

미디어의 확산 또한 빛이 커질수록 그림자도 짙었습니다. 미디어는 현실세계와 가상세계의 경계를 더욱 흐리게 했습니다. 앞서 다룬 학력이나 패션과는 또 다르게 미디어의 세계는 그곳에 참여한 사람에게 거의 항구적으로 키치의 세계에 살 수 있다고 유혹합니다. 아예 '낙차'가 발생하지 않는 공고한 매트릭스의 세계인 것처럼 포장하죠. 정말로 이 세계에 있으면 쓸데없이 사람을 만날 일도 없이 세계의 모든 것을 접할 수 있습니다. 이 세계에서 우리는 원하는 방식으로 보일 수 있고, 마음껏 자신의 몸에 태그를 붙일 수 있습니다.

군대에 있을 때 키치와 같은 문화적 상징물이 무엇이 있을까 둘러보니 '계급'이 가장 먼저 눈에 들어오더군요. 오해는 하지 마시기 바랍니다. 계급 자체가 저급한 속물이라는 것이 아니라, 계급을 바라보는 마음에 따라 그것은 명예와 의무의 상징이 될 수도 있고, 속물이 될 수도 있기 때문입니다.

계급에서 어떤 신성한 의무를 발견하고, 그 덕을 추구하는 사람은 모두에게 존경받는 훌륭한 군인입니다. 하지만 계급을 폭력의 수단으로 정당화하는 경우에는 문제가 됩니다. 사회적 관계에서 하나의 위치는 그저 잠시 맡겨진 것에 불과합니다. 이것을 깨닫지 못하는 사람은 전역 이후, 즉 키치가 씌워준 가면을 벗고 맨 얼굴을 감당해야 할 때, 갑작스럽게 찾아온 현실과 이상의 인지부조화로 허무함을 겪게 될 것입니다.

실제와 동떨어진
현실의 고백

앞서 찰스 테일러는 이러한 현대인들을 두고 '가련한 안락'만 누리는 존재로 묘사했는데, 정말로 그럴까요? 명문대를 나와 벤츠를 끌고, 프라다 백을 메고, 알마니 정장을 입고, 스타벅스에서 에스프레소를 마시고 있는 사람을 가련하다고 할 수 있을까요? 적지 않은 사람들이 그 사람의 '실제 삶'과 상관없이 그를 부러워할 것 같습니다.

　명문대를 졸업했지만, 그에 걸맞는 학식이 있는지, 전공은 무엇인지 그 차가 리스lease인지, 어마어마한 대출을 받아 산 것인지, 프라다 백은 짝퉁 시장에서 구매한 것인지, 여러 가지 진위 여부를 파악하기 전에 그는 우리의 시야에서 사라질 것입니다. 그리고 우리는 이렇게 말합니다. "아…멋있다." 이것이 키치가 우리 앞에 등장했다가 사라지는 방식입니다. 키치는 너무나 달콤해서 그것이 매트릭스의 세계인지, 진짜 세계인지를 구별하지 못하도록 하고, 더욱 더 황홀한 무언가를 추구하도록 유혹합니다. 자신의 삶을 스스로 구원할 수 있고, 믿을 것은 자신밖에 없다고 속삭이면서 말이죠.

미디어가 소개하는 유명 인사에게서 어떠한 인간적 미덕을 본받으려 한다면 그것은 미디어의 위장이더라도 결과적으로 좋은 역할을 할 것입니다. 하지만 키치의 세계에 사는 사람들이 유명 인사에게서 훔쳐오고 싶은 것은 '화려함에 대한 욕망'입니다. 이 시대의 허무함을 모두 덮어버릴 화려한 치장 말입니다.

가수 이효리 씨가 힐링캠프에 나와 이런 이야기를 한 적이 있습니다. 집에 가면 쌀통에 쌀도 없고, 깨끗하게 빨아놓은 수건도 하나 없는데 자신의 삶은 여전히 '화려해야만' 했다고 말이죠. 그러면서 이렇게 고백합니다.

내가 나 자신을 내팽개친 채 남의 눈만 의식하며 살았구나.

영화 〈매트릭스〉에서 주인공 네오가 시온의 세계에 처음 들어갔을 때, 걷지도, 보지도, 느끼지도 못했던 이유는 자신의 '실제 몸'을 사용해본 적이 없기 때문입니다. 이처럼 키치는 실존과 가상의 간격을 더욱 벌어지게 만듭니다. 허무함은 이러한 간극과 낙차에서 오는 것입니다. 너무나 황홀한 꿈을 꾸었는데, 깨어보니 먹다 남은 음식과 쓰레기가 가득한 작은 방에 홀로 있는 것을 발견하는 것처럼 말이죠. 몸에 바람을 잔뜩 불어넣어서 마치 하늘로 곧 날아갈 것처럼 부풀려 놓았다가, 일순간 바람을 빼면 순식간에 바닥으로 내쳐지게 됩니다.

있는 그대로의
자신과
마주하기

만일 우리가 추구하는 모든 것들이 이차적인 눈물을 위한 것이고, 태그를 통해 실존의 존재를 증명하고자 하는 것이라면, 언젠가 마주하게 될 맨 얼굴은 어떻게 감당할 수 있을까요? 여러분은 모든 것을 벗어던지고 화장을 지운 '있는 그대로의 자신'과 마주한 적이 있습니까? 과연 이미지로 넘쳐나는 현대사회에 '원래' 모습을 본다는 것이 가능은 한 것일까요? 그것은 어쩌면 하룻밤 꿈을 꾸었던 근대의 기획처럼 무모한 도전은 아닐까요?

어찌되었건 우리는 슬그머니 고개를 드는 실제의 세계와 종종 마주하게 됩니다. 이때 자신의 모습에서 실제와 가상의 간극 때문에 갑자기 들이닥치는 허무함을 보고 찰스 테일러는 '가련하다'고 표현한 것이 아닐까요? 백화점의 쇼윈도에 비친 나의 모습과 집에서 알몸으로 바라본 나의 모습 중 무엇이 나의 실존입니까? 놀이공원이나 해외여행을 다녀온 뒤 SNS에 수많은 사진과 함께 온갖 섹시한 언어로 사람들에게 광고하고, 결국은 미디어의 세계와 단절된 일상으로 돌아온 사람들은 어디서 자신의 진짜 세계와 모습을 찾게 될까요?

영원히 유지되지 않는 그 가면을 벗고 홀로 남겨졌을 때, 파도처럼 밀려오는 쓸쓸함과 상실감은 또 다른 환각을 불러오고, 이 환각이 깊을수록 허무함의 무게는 더 크게 다가올 것입니다. 물론 가면을 쓴 사람은 행복해 보입니다. 그러나 영구적인 가면은 존재하지 않기 때문에 끊임없이 바꿔줘야 합니다. 영원한 것처럼 보이기 위해서는 우리에게 필요한 것은 바로 '스피드'입니다. 그러니 더 빠르고 새로운 것을 원하죠.

현대 자본주의 상품의 주기가 이토록 빨라지게 된 것도 이러한 정신이 반영된 것입니다. 이제 느린 것은 도태되고 악한 것이며, 빠른 것이 진리가 되었습니다. 그래야 나의 이 불안전한 세계가 완전한 것처럼 보이지 않겠습니까? 빔 프로젝트의 '안시(빛을 뿜어내는 밝기의 정도)'가 높으면 높을수록 그 화면이 더욱 선명하게 유지되는 것과 같은 이치입니다. 전기 공급이 끊기거나, 안시가 낮아 화면을 밝게 전송하지 못하면, 환상의 세계, 즉 키치의 세계는 무너지고, 민낯의 얼굴을 마주해야 합니다. 그렇기 때문에 사람들은 죽어도 가면을 벗지 않으려 합니다. 가면을 오래 쓰고 있으면 있을수록 그동안 맨 얼굴은 썩어 문드러지는데도 말이죠. 그리고 키치의 속성처럼 스스로를 속입니다. 난 고상하고 행복하다고.

그렇다면 가면을 쓰지 않는 사람은 어떨까요?

고급 브랜드와 블링블링한 키치의 세계로 휘감은 가면을 쓰고 싶었지만 그러지 못한 사람들은 허무함에 더해 분노와 소외 그리고 상대적 박탈감이라는 패배감도 떠안게 됩니다. 그럼 이 사람은 가면을 벗고 실제 세계에 사는 사람일까요? 사실은 이 사람도 키치의 세계에 속한 백성입니다. 어쩌면 화려한 가면을 쓰고 사는 사람보다 키치에 대한 충성심은 더 높을지도 모르겠습니다. 가지고 싶었지만 소유하지 못했기 때문이죠.

그런데 소유하고 싶었던 것이 가면에 불과하다는 것을 깨닫는다면, 이 사람은 스스로 "내가 왜 저걸 쫓고 있었지?"라고 생각하지 않겠습니까? 이러한 물음을 던지는 것만으로도 키치의 세계에서 잠시 벗어날 수는 있겠지만, 화려한 키치 세계가 보장하는 쾌락을 포기하는 것은 쉬운 일이 아닙니다.

하지만 "왜 항상 의미를 추구해야 하지?" 혹은 "왜 꼭 위장을 해야 하지?"라는 질문을 던지며 가면 없이 맨얼굴을 감당하겠다고 선언하는 사람들도 분명히 있습니다. 병든 행복보다 건강한 불행을 몸소 버티겠다고 각오하는 사람들입니다. 머리가 벗겨지든 말든 '가발' 따위는 쳐다보지도 않고, 아무리 키가 작아도 '키 높이 굽' 따위에 의지하지 않는, '무소의 뿔처럼 혼자서 가는' 사람들이죠. 키치를 경계하는 독일의 철학자 니체는 자신의 주장을 다음과 같은 아포리즘으로 대신했습니다.

우리에게 필요한 것은 슬로건이나 깃발이 아닌 매일의 삶에서 마주하는 실천적 존재이다.

니체는 재현이 아닌 현재와 그 '순간'을 살아야 한다고 주장합니다. 자신을 둘러싼 거대한 문화적 인공물을 몸에서 떨구어내면서 말이죠.

나는
어떤 인간인가?

앞의 관점에 따르면 이 세계에는 3종류의 사람이 존재합니다.

첫 번째로 키치의 화려한 치장을 사랑하는 사람들입니다. 한껏 있어 보이기 위해서 자신의 본래 모습을 감추고 이런 저런 태그를 부착하고 사는 사람들이죠. 키치를 얻었든지, 혹은 얻지 못했든지 이들은 키치가 주는 행복감 때문에 현실세계로 돌아오는 것을 거부합니다.

두 번째로 키치에 빠진 사람들을 비난하는 사람입니다. 이들은 삶에 대한 근본적인 질문을 하지 않고, 일차원적으로만 사는 사람들을 비난합니다. 68운동이라는 문화대혁명에 참여하지 않고 자신의 세계에만 빠져 있는 사람들을 꾸짖은 이들이 대표적이라고 할 수 있겠군요. 당시에는 독일의 프랑크푸르트 학파가 주로 이런 역할을 담당했습니다. 하지만 이들도 대안을 제시하지 못했던 것은 마찬가지입니다. 키치가 아니라면, 근본적인 삶의 의미를 제시해줘야 하는데, 정작 신을 이 세계 밖으로 몰아낸 장본인이 다시 신을 복권시킬 수도 없는 노릇이고, 새로운 기반을 건설하자니 근거가 미약했기 때문입니다. 근거를 제시한다 해도 모든 것을 녹여버리는 탈근대성의 성격 때문에 곧장 해체될 것입니다.

마지막으로 인생에 궁극적인 목적은 없고 오로지 실존만 있다고 믿으며, 때로는 기쁨 속에서, 때로는 모래알을 씹어 먹는 텁텁함으로 현재를 있는 그대로 살아야 한다는 사람입니다. 물론 이들도 완전히 키치를 벗어났는지 늘 묻고 성찰해야 하는 숙제를 안고 있습니다.

참을 수 없는
존재의 가벼움

밀란 쿤데라의 소설 『참을 수 없는 존재의 가벼움』은 제목 그대로 '존재의 무게'에 대해 이야기하고 있습니다.

사실 이 책은 그저 이야기로서의 소설이라기보다 오히려 그의 사상이 깊숙이 반영된 철학서에 가깝습니다. 밀란 쿤데라는 현대사회가 인간이라는 존재에 지나치게 과장된 의미를 부여하고 있다고 생각합니다. 어쩌면 우리도 살면서 종종 느꼈던 감정일지도 모르겠네요. 인간의 한계나 가벼움에 대해서 말이죠. 큰 의미가 있는 줄 알고 모든 것을 쏟아부으며 헌신했는데, 결국 아무것도 이루지 못한 초라해진 자신의 모습을 발견하거나, 대단한 인과관계가 있는 줄 알았는데 그냥 우연에 불과했던 그런 모습 말입니다.

어쨌든 이 책에서 밀란 쿤데라는 인간 존재의 가벼움에 대해서 이야기하고 있습니다. 그런데 그는 단순히 신에게 부여받은 천부인권이나 신성성의 상실 때문이 아닌, 더 '심오하고 본질적인 무게의 상실'에서 오는 인간 존재의 가벼움에 대해 이야기하고 있습니다.

밀란 쿤데라는 네 명의 주인공, 토마스와 테레자, 그리고 사비나와 프란츠의 사랑 속에서 가장 극적으로 존재의 가벼움을 드러냈습니다. 토마스는 지난날 사랑했던 여자를 잊지 못하고, 자신의 삶의 모든 무게를 더한 것보다 강하게 짓눌러 오는 '무거움' 때문에 매우 큰 상실을 맛보았습니다.

그러던 어느 날, 토마스는 비 내리는 창밖을 바라보았습니다. 창가에 내려앉은 빗방울 때문에 밖을 '선명하게' 바라볼 수 없었죠. 그래서 그는 창문 밖에 있는 빗방울을 닦아내었습니다. 마치 세상을 뿌옇게 가리는 그림자를 하나씩 거둬내듯 말이죠. 그러자 빗줄기를 떨궈낸 창문은 세상을 전혀 다른 모습으로 비추었습니다. 바로 그때, 그는 뜻밖의 슬픈 감정과 해방감을 동시에 느꼈습니다.

빗줄기를 닦아내니 창밖이 선명하게 보이는 것처럼, 자

신의 마음속을 짓누르고 있던 그 무거운 감정이 사실은 실체도 없이 스스로 만들어낸 이미지와 기호였기 때문입니다. 그는 자신의 삶도 자신의 시간을 무겁게 짓누르던 사랑처럼 이미지에 불과하다는 것을 깨달았습니다. 사랑하는 여인의 그림자와도 같았던 이미지와 기호를 모두 지우고 나니, 그 사람의 존재가 전혀 느껴지지 않는 것처럼, 자신을 둘러싼 이미지를 모두 지워버리면 존재는 아무런 무게도 가질 수 없다는 것을 말이죠. 바로 여기서 토마스는 '참을 수 없는 존재의 가벼움'을 느끼게 됩니다.

진정한
삶을
산다는 것

실존이 아닌 기호와 이미지를 통하지 않고서는 세상을 바라볼 수 없는 인간이라는 존재. 밀란 쿤데라는 존재에게 부여된 모든 태그를 떼어내면 벌거숭이가 되는 인간의 본질을 꼬집은 것입니다. 그는 그저 그것이 인생이라고 말하고 싶었는지도 모르겠습니다. 우리가 무겁게 머리에 이고 있는 꿈, 연애, 생존, 사람과의 갈등과 같은 수많은 문제들은 그저 기호에 불과하고, 만일 그저 '현재, 바로 여기'만 바라본다면 그런 문제들은 실체 없는 빈 깡통과도 같다는 것을 말입니다.

실상 우리가 고민하는 것들은 대부분 과거에서 빌려오

거나 미래에서 미리 끌어온 것들입니다. 사랑하는 여인인 테레자를 다시 만났을 때, 토마스는 깨닫습니다. "도대체 나는 누구를, 혹은 무엇을 사랑한 것인가…" 그는 여기서 키치의 은밀한 공간을 발견합니다. 그녀를 사랑한 것이 아니라, 그녀를 사랑한다는 그 감정을 사랑했다는 것을 말이죠. 그는 자신이 만든 '사랑이라는 렌즈'를 통해 테레자를 바라보았고, 테레자의 존재를 무겁게 만든 것이 자기 자신인 것처럼, 세계와 자신의 무게를 만든 것도 자기 자신이라는 것을 깨닫습니다. 그리고 이내 자신의 인생에서 스스로 부여한 키치의 허영을 모두 벗기고 나니 아무것도 걸치지 않은 참으로 '가벼운 존재'를 마주한 것입니다.

그의 소설 거의 마지막 장면에는 이들이 키우는 강아지 한 마리가 등장합니다. 테레자에게 이 강아지는 참 특이했습니다. 매일 아침마다 베이글을 주는데, 강아지가 단 한 번도 시큰둥한 반응을 보이지 않았기 때문입니다. 그 강아지는 단 하루도 거르지 않고 최선을 다해서 베이글을 향한 열정을 불태웁니다. 심지어 주인이 베이글을 사러가는 것을 잊으면, 짖어서 그 시간을 알려주기도 합니다.

여기서 밀란 쿤데라는 그 강아지의 시간을 원의 형태로, 반면 인간의 시간은 직선의 형태로 묘사합니다. 그 강아지의 모든 경험은 하루가 지나면 다시 제로베이스zero base(원점)에서 시작됩니다. 강아지에게는 작년, 어제, 내일, 내년의 개념이 없습니다. 24시간 중 오로지 '지금'만 있을 뿐입니다.

그러나 인간은 과거와 현재 그리고 미래를 사는 존재입니다. 인간은 과거를 통해서 현재를 해석하고, 타인의 언어를 통해서 자신의 삶을 규정하며, 미래를 향해 현재를 담보로 잡습니다. 밀란 쿤데라에게 강아지는 실존을 사는 존재, 인간은 과거의 회상과 미래와의 치열한 사투 속에서 '이차적인 삶'을 살 수 밖에 없는 존재입니다. 『참을 수 없는 존재의 가벼움』은 이차적인 삶 속에서 투쟁하며 살아가는 인간의 궤적과 무거운 키치의 갑옷을 벗어던지지 못하는 인간의 가련한 운명을 묘사하고 있습니다.

이처럼 키치가 주는 달콤함, 즉 학력, 패션, 치장, 화려한 삶 등은 우리가 생각한 것처럼 큰 무게를 지닌 것이 아니라, 창문을 한번 쓱 하고 닦아내면 지워지는 것들입니다. 마치 500만 원짜리 '명품' 백에서 '명품'만 떼어내면 몇 만 원짜리 백으로 전락하는 것처럼 말이죠. 그렇다고 그 태그들이 영속적으로 우리의 삶에 진짜 무게를 주는 것도 아닙니다. 만일 이 세계에서 '명품'이라는 단어가 지워진다면 그 가방의 무게뿐만 아니라, 가방 소유주의 무게도 가벼워질 것입니다.

신이 죽은 무의미의 사회에서 우리는 오로지 재빠르게 변화하는 트렌드에 자신을 맞추려 합니다. 그러고는 그것을 신이라고 믿습니다. 그 환각이 주는 진통제에 익숙해져가면서 말이죠. 진짜 얼굴이 문드러져가는 동안에도 우리는 계속 위장의 세계에서 가면을 쓴 채 살아가고 있습니다.

진짜 나를
발견하는
길

삶의 매 순간은 우리의 세계를 열어주는 새로운 문입니다. 그것은 허무함도 아니고 그렇다고 최종적인 문도 아닙니다. 그저 지나가는 문이지요. 그러나 그 순간을 살지 못하면, 다른 문도 통과할 수 없습니다. 그저 그 문에 들어가서 그 시점에 자신이 채워야 할 존재 양식을 하나둘씩 채워나가는 것입니다. 다른 이들과 비교하는 순간 키치는 우리에게 이렇게 유혹할 것입니다. "더 멋있게 해줄게, 이리와!" 그래서 수많은 철학자들이 현재를 살아가라고 충고하는 것입니다. 마치 영원회귀의 수레 속에 사는 강아지처럼 말이죠. 매 순간에 모든 감각을 동원해서 세계와 나를 깨우는 것입니다.

극한의 스포츠를 생각해 볼까요? 스킨스쿠버나 스카이다이빙 같은 스포츠에 몰입하게 되면 그 순간에는 다른 것이 침범할 수 없고, 오직 자신만 있습니다. 모든 정념과 고통, 화려함이 치고 들어올 곳이 없습니다. 그러다가 어느새 자기 자신도 없어집니다. 생존을 위해서 오로지 현재 그 순간만을 사는 것입니다.

많은 철학자들은 병든 행복보다 건강한 불행을 추천합

니다. 건강한 불행을 겪어야 성찰도 하고, 성숙한 인간으로 자라날 수 있으니까요. 물론 구체적인 삶의 현장에서 무엇이 병든 행복인지, 무엇이 건강한 불행인지는 각자가 발견하고 견뎌내야 합니다. 맨 얼굴을 마주하는 것은 자신만이 할 수 있으니까요. 그것은 아무리 인문학 강의를 많이 듣고, 책을 많이 읽거나 글을 많이 써도 해결되지 않는, 각자가 져야 할 십자가입니다. 물론 그때 지각 있는 동료들이 곁에 있다면 큰 힘이 되겠지요. 그러기 위해서는 결국 키치의 세계 속에 살고 있는 자신을 먼저 인정할 필요가 있습니다 그리고 자신을 둘러싸고 있는 많은 태그들과 이별하십시오.

자꾸만 지난날 내가 성취했던 것들이 생각날 때, 타인이 가진 먹음직스러운 문화적 인공물이 탐날 때, 여러분은 다시 키치의 세계로 들어간 것입니다. 그것이 바로 환원주의*이고 키치가 좀먹고 살아가는 둥지입니다. 그저 한때 잘나갔던 자신의 모습에 흠뻑 취해 있거나 자신을 둘러싸고 있는 태그에 기생하려는 사람은 이 말에 귀를 기울여야 합니다. "동력이 없는 인간은 기생한다." 자기 동력을 가지고 있지 못한 채 늘 그렇게 타인이 기준이 된다면 '지금, 현재, 여기에' 존재하는

> **환원주의** 모든 현상을 하나의 원리로 설명하려는 태도. 가령 '경제환원주의'는 사회현상을 모두 경제 원리로 설명하는 것이다. 한 생물학자가 "인간의 모든 행동은 DNA에 내장되어 있는 특성을 발현한 것에 불과하다"라고 말했다면 그는 종종 "당신은 환원론에 빠져 있다"라는 비판을 받게 될 것이다.

자신을 바라보지 못할 것입니다. 그리고 10년 후에 또 다시 자신의 과거 속에서 기생하겠죠.

지금
현재를 살아라

자신의 맨 얼굴을 당당히 바라보라고 주장하는 니체는 영원불멸이 아닌 영원회귀의 세계관을 주장합니다. 그래서 그는 나중을 위해 지금을 희생하는 것을 중단하라고 말합니다. "이 굴욕만 벗어나면, 내가 저 자리에 오른다면 그때 갚아주리라." 하지만 그런 일은 결코 일어나지 않습니다. 지금 하지 못하면 먼 미래에도 하지 못합니다. 지금 노예로 살면 10만 년 뒤에도 노예로 살고, 지금 불행하면 미래에도 불행하다는 것이죠. '카르페 디엠carpe diem(현재를 즐겨라)'은 바로 이런 의미입니다. 그저 현재를 아무 생각 없이 방만하게 살라는 말이 아닙니다. 그리고 카르페 디엠 뒤에는 늘 '죽음을 기억하라'는 '메멘토 모리memento mori'가 있습니다. 그렇기 때문에 카르페 디엠의 가치가 더 커지는 것일지 모르겠습니다.

조중걸 박사는 키치를 떠난 실존의 삶을 다음과 같이 묘사합니다. 연역적 추론방식에 대한 경계, 원형original type이나 기원origin에 대한 환원주의를 경계하라고 당부한 것입니다.

우리는 매번 뿌리 뽑힌다. 갱신만이 살 길이다 ⋯ 연속된 파산만이 우리가 살아 있다는 증거이다 ⋯ 우리는 대지에서 쫓겨났다. 그러나 새로운 유영의 자유를 쥐게 되었다 ⋯ 한 순간의 태만, 한 번의 타협, 한 번의 자기만족도 없어야 한다. 무언가를 딛고 섰다고 믿는 순간 이미 타락은 시작된다.[11]

허무함은 새로운 가능성이자 인간을 겸손하게 만드는 미덕을 가지고 있습니다. 반면 오만하고 역겨운 가면을 쓸 가능성도 있었지요. 이제 현실의 실존을 어떻게 꾸려나가야 하는지는 우리 손에 달려 있습니다. 바로, 지금 여기에 말입니다.

11   조중걸, 2014, 『키치, 달콤한 독약』, 지혜정원, p.36

키치에서 벗어나는 길

만일 키치가 언어와 이미지로 구성되어 있는 것이 분명하다면, 키치에서 완전히 벗어난 삶은 불가능할 것입니다. 키치를 구별해내는 것 자체에서부터 혼란이 올 수 있거든요. 우리 삶은 언어와 이미지로 가득 차 있으니까요. 하지만 우리 삶에 영향을 미치는 키치에 대해 성찰할 수는 있어야겠죠.

키치가 정말 나쁜지에 대해서는 키치의 의미와 범위를 완전히 한정시킬 수 있을 때 대답할 수 있을 것입니다. 키치를 어떻게 정의하느냐에 따라 그것이 나쁜지, 혹은 그것을 완전히 제거할 수 있는지 결정할 수 있기 때문이죠. 키치 자체가 좋은지 나쁜지는 각자의 가치에 따라 다릅니다.

하지만 우리는 나쁜 키치를 가려낼 수는 있습니다. 만일 우리가 키치의 효과가 어떤 것인지를 알고 있고, 어떤 키치적인 상황에 처했을 때 "난 이것이 키치의 효과라는 것을 알아"라고 말할 수 있다면, 적어도 키치의 가장 나쁜 부분인 '나 스스로를 속이는 무지와 교만함'에서 벗어나게 됩니다. 즉, 성찰이 키치의 세계를 부수는 가장 강력한 도구가 됩니다.

결국 성찰을 통해 키치의 세계를 예의주시하기만 해도 키치에서 벗어날 수 있습니다. 얼마나 성숙한 인간이 되는지가 아니라, 얼마나 키치를 성찰하고 있는지가 중요하죠. 키치를 주의 깊게 바라볼 때, 우리는 키치의 노예가 되지 않고 우리 삶의 주인이 될 수 있습니다.

앞서 이야기한 것처럼 허무주의, 그 자체는 가치 평가의 대상이 아닙니다. 좋을 것도 나쁠 것도 없습니다. 어쩌면 인생을 살면서 느끼는 당연한 감정이겠지요. 오히려 문제는 허무의 빈 공간에 나와 타인을 파괴하는 폭력과 교만함이 들어서고, 우리가 스스로의 위치를 성찰하지 않은 채 오로지 감각의 노예가 될 때 발생합니다. 그때 우리의 삶은 키치의 먹잇감이 되고 마는 것입니다.

13

모두가
특별한 존재인 이유

지구상에 인간이라는 존재가 특별하게 번성할 수 있었던 원동력은 무엇이었을까요? 왜 우리는 때로는 협력하고 때로는 갈등하며, 때로는 같은 현상을 다르게 해석하는 것일까요? 저는 그것이 인간만이 가지고 있는 독특한 '문화' 때문이라고 생각합니다. 이 문화는 인간을 지구상에서 가장 우월한 종족으로, 그리고 가장 번성한 종족으로 만들어주었습니다. 동시에, 인간 사이에 갈등을 만드는 원천이 되기도 했습니다. 문화는 '인간현상'이라 불릴만한 거대한 변화를 몰고 왔습니다.

함께읽을 책
『문화의 해석』, 클리퍼드 기어츠 저, 문옥표 옮김, 까치, 1998

인간을
특별하게
하는 것

함께 살아가자는 모토는 늘 우리 사회의 주요한 이슈였습니다. 왜 그럴까요?

분쟁이나 갈등이 없는 곳에서는 굳이 함께 살아갈 의무나 그것의 가치에 대해 이야기할 필요가 없습니다. 그만큼 우리 사회에서 갈등과 반목 현상이 눈에 띤다는 의미겠죠. 그럼에도 우리는 늘 공동체성을 회복하고 공존해야 한다고 이야기합니다.

다른 반론이 있을 수도 있지만, 저는 인간이 지구상의 수많은 동물 중에 가장 우월한 종족이며 매우 특별한 생명체라고 생각합니다. 무엇이 인간을 그토록 특별하게, 혹은 우월하게 만들었을까요? 단순히 제가 인간이라는 종에 속해 있기 때문에 인간 중심적인 사고에 빠져 있는 것일까요? 조금 더 논의를 진행해보고 판단하도록 하죠.

저는 인간을 특별하게 만든 힘의 근원이 '문화'에 있다고 봅니다. 우리는 언어를 통해 의사소통하고, 습관을 공유하기도 하며, 후대에 정신적 유산으로 남겨 문화를 재생산하기도 합니다. 때로는 문화라는 힘에 전적으로 영향을 받기도 하고, 때로는 그것을 조금씩 변화시키기도 하죠. 저는 문화야말로 공존을 가능케 하는 주요한 열쇠이자, 공존을 방해할 수도 있는 위협 요소라고 생각합니다.

이는 어쩌면 매우 상식적인 이야기입니다. 고차원적인 동물일수록 혹은 지능이 높을수록 문화를 발전시키며 이를 통해 더욱 선해질 수 있는 동시에 가장 악해질 수도 있기 때문입니다. 거북이보다 강아지가, 강아지보다 어린 아이가, 어린 아이보다 성인 어른이 더욱 선해질 수 있는 반면, 더욱 악해질 수도 있습니다. 인간만의 독특한 삶의 양식이 어떻게 구성되는지에 따라 조화롭게 살아갈지 서로 등지며 갈등할지가 결정되는 것이죠.

여기서 저는 인간을 인간답게 만드는 그 문화적 특징을 '인간현상'이라고 부르겠습니다.

공통의 습관,
문화

어쩌면 문화만큼 다양하고 혼란스러운 정의를 가진 개념도 없을 것입니다. 문화에 대해 가장 포괄적이고 전형적인 정의를 내린 사람은 영국의 문화인류학자 에드워드 타일러입니다. 그는 문화를 "일정 지역에 살고 있는 사람들에 의해 습득된 지식, 신앙, 예술, 도덕, 관습 등의 모든 능력과 습관을 포함하는 총체적 삶의 양식"이라고 정의했습니다.

분명 현대사회에 존재하는 모든 국가의 시민들은 개인적인 사고방식이나 습관, 삶의 유형을 뛰어넘는 집합적이고 공동체적인 삶의 양식을 공유하고 있습니다. 이러한 문화를 우리는 일상적으로 가치, 규범, 관습, 인습, 관행, 사고방식이라는 말로 표현하곤 합니다. 학술적으로는 행위양식, 문화구조, 문화코드, 문화 유전자, 문화적 문법 등으로 표현하기도 합니다.

타일러의 포괄적인 정의를 넘어서, 문화의 핵심을 잘 표현한 사람들도 있습니다. 바로 미국의 인류학자인 클리포드 기어츠와 사회학자인 로버트 벨라입니다. 클리포드 기어츠는 문화란 "행위의 추상abstraction이자 의미를 전달하는 상징체계symbolic system이며 공적인 것"이라고 주장했고, 로버트 벨라는 문화를 집합적으로 공유하고 있는 제1의 언어, 즉 마음의 습관이자 생각의 습관이라고 주장했습니다.[12] 두 사람의 주장을 요약하면 "문화란 개별화된 인간들이 구체적인 상황에서 보여주는 공적인 마음의 습관"이라고 할 수 있습니다.

일반적으로 문화를 문학예술, 일상문화, 심층문화와 같이 3가지 차원으로 분류합니다. 문학예술과 일상문화는 가시적인 문화입니다. 눈으로 볼 수 있는 현상으로 나타나며 제도적으로 구축할 수도 있습니다. 이에 반해 심층문화는 한 사회의 기저에 흐르는 무의식적인 삶의 양식입니다. 눈에 보이는 실제적인 문화적 현상이라기보다, 문학예술과 일상문화

12   클리퍼드 기어츠, 1998, 『문화의 해석』, 문옥표 옮김, 까치, pp.23-24와 Bellah. Robert N. et. als. 1996, *Habits of the Hearts*(updated Edition with a new Intro.) Berkeley, University of Berkeley Press, pp.27-51 참고.

에 강력한영향을 끼치는 문화적 토양이자, 언어, 상징, 의례 등을 통해 만들어진 문화적 에토스*ethos(성격 혹은 관습)를 말합니다.

우리가 주목할 문화의 종류는 바로 모든 문화현상의 기저에 흐르는 심층문화입니다. 저는 이것이 바로 지구상에 인간현상을 가능케 했던 가장 큰 특징이라고 생각합니다.

막스 베버는 '인간은 자신이 뿜어낸 의미의 그물 가운데 고정되어 있는 거미와 같다'고 주장했습니다. 이 '의미의 그물망'은 개인이 만든 것이 아니라 집합적인 요인이 모여 생겨난 것이고 그 거미줄이 바로 문화가 됩니다. 즉, 그 누구도 집합적인 의미의 망에서 쉽게 도망칠 수 없죠.

여러분의 생각은 온전히 여러분의 생각이 아닙니다. 어떤 의미에서는 역사적, 맥락적 생각의 총체가 바로 우리 자신입니다. 대개의 경우 사회와 영향을 주고받는 개인들의 행동은 무無에서 나오는 것이 아닙니다. 무의식적으로 선택을 하더라도 이미 존재했던 전통의 틀 위에서 생각이 구성되죠. 문화는 구체적인 상황에서 하나의 연장통처럼 행위의 스타일과 습관, 그리고 전략을 제공하는 원천이 됩니다.

에토스 개인의 성격이나 집합적 관습을 뜻하는 철학 용어. 그리스어에서 파생되었으며, 사람에게 도덕적 감정을 갖게 하는 보편적인 도덕적 이상을 의미한다. 이밖에도 이성과 논리를 의미하는 로고스logos와 감각적이고 충동적인 인식을 의미하는 파토스pathos가 있다.

'인간현상'의
특별한 속성

문화의 정의만큼이나 문화를 바라보는 이론적 접근 또한 매우 다양합니다. 여기서는 가장 고전적이고 전형적인 몇 가지 입장만 살펴보겠습니다.

첫 번째는 '기능주의'라고 불리는 입장입니다. 기능주의적 관점은 인간사회를 집합적 유기체, 즉 한 몸으로 바라보고 구성원들의 의무와 역할에 대한 순기능을 강조했습니다. 두 번째는 '갈등주의'로, 인간의 사회와 문화가 근본적으로 갈등과 대립에 놓여 있다는 입장입니다. 세 번째는 문화를 상징적 상호작용으로 보는 입장입니다. 인간의 문화는 화석처럼 굳어 있는 것이 아니라 상징의 끊임없는 상호작용 속에서 구성되고 해석된다는 주장입니다.

문화는 사실 위의 속성을 모두 지니고 있습니다.

기능주의자들의 주장처럼 구성원들이 마치 하나의 유기체와 같이 자신에게 맡겨진 역할과 고유한 기능에 순응하기도 하고, 갈등주의자들의 주장처럼 대립과 반목으로 행위를 구성하기도 합니다. 또한 수많은 상호작용 속에서 순응과 갈등을 지속하고 재생산하며 우위를 점하기 위한 투쟁을 벌인 결과가 문화이기도 합니다.

우리는 이러한 문화적 특징이 현실에서 어떻게 '인간현상'으로 발현되는지를 이해해야 합니다. 만약 제 주장처럼 문화가 공존을 가능케 하는 주요한 전제라면 말이죠.

한 몸처럼
움직이는
세상

먼저 기능주의적 관점으로 인간현상을 살펴보겠습니다.

앞서 이야기한 것처럼 기능주의는 우리 사회를 하나의 유기체로 바라봅니다. 인간이 자신이 속한 공동체라는 울타리에서 벗어날 수 없다는 것은 인간현상에서 매우 중요한 특징입니다.

인간의 공동체 문화는 다른 동물처럼 단순히 무리지어 군집을 이루는 것을 의미하지 않습니다. 근본적으로 인간은 자신이 태어나기도 전부터 있었던 언어, 규칙, 상징, 제도, 체계에 둘러싸여 살아가기 때문에, 한 인간은 공동체와 불가분의 관계를 맺고 있습니다. 우리 사회가 안전하게 성장하기 위해서는 건강한 공동체 의식이 반드시 필요하고요.

건강한 공동체를 편대를 지어 항해하는 선단船團에 비유해 볼까요?

항해가 성공하기 위해서는 무엇보다 먼저 항해하는 배들이 서로 충돌하지 말아야 하고, 서로의 항로를 방해하지 말아야 합니다. 둘째로는 각각의 배들이 항해에 적합한 조건을 갖추어야 하고 엔진 상태를 양호하게 유지해야 합니다. 첫 번째 조건은 각 개인이 서로 공평하게 처신하며 조화를 이루는 일에 비유할 수 있고, 두 번째 조건은 각 개인의 내면에 있는 것들을 정돈하는 일에 비유할 수 있습니다.

바로 이 지점에서 우리에게 왜 성숙한 공동체 문화가 필요한지 알 수 있습니다. 건강한 사회를 이루기 위해서는 우리가 함께 항해하고 있다는 공동체 의식이 필요합니다. 그리고 서로에게 불편을 주지 않도록 최선의 노력을 다해야 합니다. 또한 선단에 포함된 모든 배의 상태가 건강해야 합니다. 그런데 요즘 우리는 대부분 첫 번째 조건만 지켜도 만족하는 것 같습니다. "다른 사람에게 해를 끼치는 일은 아니니까 괜찮아"라고 생각하는 거죠.

반면 두 번째 조건, 즉 '각각의 배들이 항해에 적합한 조건을 갖추어야 한다'는 것에는 무관심합니다. 여기서 말하는 '각각의 배'는 자기 자신의 배만을 의미하지 않습니다. 내 옆에서 항해하고 있는 동료의 배도 포함됩니다. 아무리 공동체 의식을 가지고 옆에 있는 배에 나쁜 영향을 주지 않는다 하더라도 저 멀리서 불에 타고 있는 고장난 배를 돌보지 않으면, 결국은 전체 선단에 악영향을 줄 수밖에 없습니다.

성숙한 공동체 문화란 나에게 주어진 역할에 충실할 뿐만 아니라, 이웃해 있는 배가 건강히 항해하고 있는지, 불편을 겪고 있는 것은 없는지 살펴보는 것입니다.

『미생』과
땅콩회항

두 번째로 갈등주의적인 인간현상을 보겠습니다.

앞서 갈등주의에서 설명했듯이, 인간의 삶에는 근본적으로 갈등의 요소가 내재되어 있습니다. 아마도 이러한 관점은 누구나 쉽게 인정할 것 같습니다. 인간의 역사는 '구별 짓기'의 역사라 해도 과언이 아니니까요. 인간은 남보다 더 많이 누리고, 더 많이 가지기 위해서 '너와 나', '우리와 타자'라는 경계를 끊임없이 나누었습니다.

공동체와의 연결고리를 끊고 너와 나라는 이분법에 기초해서 아군과 적군을 구별하는 지도가 완성되면, 한 집단은 다른 집단에게 모멸감을 주기 위해 다양한 수단을 동원합니다. 이러한 갈등은 인간의 역사와 늘 함께 했습니다. 최근 우리 사회에서는 '갑과 을'이라는 키워드로 설명되는 현상도 여기에 속합니다.

2014년 드라마로도 제작되어 큰 인기를 누렸던 『미생』이라는 만화는 현대 사회를 살아가는 사회적 약자들이 어떻게 강자에게 철저하게 외면받고, 버림받는지에 대해 다루어 큰 공감을 이끌어냈습니다. 또한 땅콩 하나로 온 나라를 들썩이게 만들었던 한 사건은 우리에게 큰 충격을 주었습니다. 하지만 동시에 갑과 을이라고 하는 개념을 실제적으로 이해하는 데 도움을 주기도 했죠.

하지만 사실『미생』, 땅콩 회항에서 나타나는 모습은 우리 모두의 모습입니다. 실제로 우리 주위를 둘러보면, 택시나 버스 기사 분들에게, 경비실 아저씨에게, 식당 아주머니나 대형마트 캐셔 분들에게 막말을 하는 사람들의 모습을 쉽게 볼 수 있습니다. 어디에선가 을의 위치에서 무시를 당했던 사람들이 마치 분풀이를 하듯이 갑의 행세를 하는 모습은 우리 사회가 얼마나 극단적인 갈등을 겪고 있는지를 보여줍니다.

여러분 주변의 모습은 어떻습니까? 여러분들도 갑의 위치에서 고통을 주거나, 혹은 을의 위치에서 고통을 받아본 경험이 있습니까?

왕관의
무게를
버텨라

한때 "왕관을 쓰려는 자, 그 무게를 버텨라"라는 말이 유행처럼 돌았습니다. 왕관을 쓴다는 것은 참으로 영광스러운 일입니다. 누구나 다 왕관을 쓰고 싶어합니다. 그 누구도 가시 면류관이나 작고 초라한 왕관은 사양할 것입니다. 쓸 수만 있다면 누구나 더 크고 화려한 왕관을 원하겠죠. 다소 투박한 방법이지만, 왕관을 쓰고 싶어하는 사람들이 지녀야 할 자세를 알기 위해 왕관의 크기에 비유해 그들에게 필요한 의무를 이야기해볼까 합니다.

　지금 눈앞에 밀가루가 있다고 해보죠. 그 밀가루 위에 왕관을 놓으면 자연스럽게 경계가 생깁니다. 왕관을 경계로 왕관 안에 있는 밀가루와 밖에 있는 밀가루로 나뉘게 될 것입니다. 왕관의 크기에 따라 얼마나 더 많은 밀가루를 가질 수 있을지 쉽게 짐작할 수 있습니다. 왕관이 작으면 소량의 밀가루가, 왕관이 크면 클수록 더 많은 밀가루가 왕관 내부에 남게 될 것입니다.

　자! 그럼 이제 그 왕관을 머리 위에 써볼까요?

　왕관의 속성이 동일하다면 당연히 더 큰 왕관이 더 무겁습니다. 왕관을 쓰려는 자가 그 무게를 버텨야 한다는 말은 얼마나 더 많은 밀가루, 즉 주변 사람들을 포용할 수 있는가 하는 문제를 의미합니다. 작고 가벼운 왕관을 썼다는 것은 더 적은 사람을 포용한다는 의미이고, 크고 무거운 왕관을 썼다는 것은 더 많은 사람을 담는다는 의미입니다. 내 왕관이 왜 이렇게 작은지를 밀가루에게 따져 물은들, 밀가루는 아무런 말도 해줄 수 없습니다. 그것은 전적으로 왕관을 쓴 자의 책임입니다.

　가벼운 왕관으로 의무는 덜 지고 권력은 더 많이 누리려 하는 자들이 많은 사람들을 힘들게 합니다. 아마 후에는 자신 스스로도 괴로울 것입니다. 사회적이고 도덕적인 의무를 다하지 않으면, 자신의 왕관은 작아질 수밖에 없다는 점을 기억해야 합니다. 쓸데없이 권한을 남용하는 것은 자신의 왕관이 작다는 것을 스스로 인정하는 거죠.

만일 이 책을 읽는 사람 중에 스스로가 소위 '갑'이라는 위치에 조금이라도 서 있는 사람이 있다면 스스로 어떤 크기의 왕관을 쓰고 그 힘을 남용하려고 했는지 되돌아볼 필요가 있습니다. 그 모습이 바로 우리 사회에서 미생을 만들어내고, 땅콩 하나로 비행기의 경로를 바꾸며, 개그보다 더 우스꽝스러운 모습을 연출하기 때문입니다.

'뿌리'가 있기에
'열매'가 있다

세 번째로는 상징의 교류로 나타나는 인간현상입니다.

앞서 상징적 상호작용이라는 이론적 입장을 잠시 설명했는데요, 인간이 끊임없이 상징을 교류한다는 주장을 하려면 우리가 다른 동물과 달리 역사를 가지고 있다는 큰 전제가 필요합니다.

물론 역사와 족보를 가지고 있는 동물도 있습니다. 차이가 있다면, 동물은 역사를 만들기만 하지만 인간은 역사를 만드는 동시에 그것을 다음 세대에게 물려줍니다. 우리는 각자가 속한 사회의 역사를 만들어가고 그 역사를 통해 정체성을 형성합니다. 또 나아가야 할 방향을 잡기도 합니다.

사실 '인간현상'이라는 용어는 오래 전에 쓰인 철학책의 제목입니다. 테야르 드 샤르댕이라는 프랑스의 철학자가 쓴 책이죠. 샤르댕은 이 책에서 인간이 모든 동물과 마찬가지로 진화를 이루었음에도 불구하고, 어떻게 지구를 지배하는 종족이 되었는지를 설명합니다. 그는 주로 진화론을 바탕으로 인간의 역사를 설명했지만, 결국 인간만의 독특한 문화가 거대한 문명과 번영을 이루는 데 결정적인 역할을 했다고 주장합니다.

여기서는 샤르댕의 철학을 모두 소개하지는 못하겠지만 상징의 교류를 이해하는 중요한 관점 하나를 소개하겠습니다.

생물시간에 조금이라도 주의를 기울였던 사람이라면 계통수phylogenetic tree를 기억할 것입니다. 계통수란 동물이나 식물의 진화과정을 수목의 줄기와 가지의 관계로 나타낸 것입니다. 어떻게 인간이 오랜 시간 진화하여 아메바에서 어류로, 어류에서 조류로, 조류에서 파충류와 포유류로 진화했는지를 한 눈에 보여주는 지도입니다.

샤르댕은 만일 인간이 진화론에 따라 '오랜 시간' '어마어마한 우연'에 의해 진화한 것이 사실이라면 계통수의 최종 단계에 있는 인간은 진화 단계의 모든 생물들이 되길 바랐던 결정체일 것이라고 말합니다. 다시 말해 그것이 자연선택의 결과이든, 하늘의 계시이든 모든 생명체에는 무언가 최종적으로 되길 바라고 되기 위해 애썼던 마지막 단계의 종족이 있다는 것이 샤르댕의 주장입니다.

상징적 교류란 바로 현재를 있게 해준 지난날의 모든 시간과 노력, 그리고 그것을 가능하게 해준 사람들을 이해하고 교류하는 태도를 말합니다. 따라서 열매는 항상 뿌리에게 감사하는 마음을 잊지 말아야 합니다. 동시에 뿌리도 열매를 바라볼 수 있어야 합니다.

혼자가 아닌
우리

만일 샤르댕의 주장이 사실이라면 인간은 어떤 마음으로 살아야 할까요? 오랜 시간 모든 생물들의 애씀과 바람, 그리고 바람과 물과 토양의 기가 막힌 도움으로 지구상에 출현한 인간은, 자신을 존재하게 한 모든 생명을 경외하고 존중하는 마음을 가져야 하지 않을까요?

샤르댕의 말대로 우리 인간은 다른 모든 생명의 주목을 받는 결정체일지도 모릅니다. 그러하기에 우리는 우리가 존재하기 이전의 모든 수고와 노력을 기억해야 하고, 모든 것이 함께 어우러져 지금의 우리가 만들어졌다는 것을 잊지 말아야 합니다.

『논어』 헌문 편에 보면 수기안인修己安人이라는 사자성어가 소개되어 있습니다. '자기 수양을 통하여 사람들을 편안하게 해주어야 한다'는 뜻입니다. 여기서 수양은 몸과 마음을 갈고 닦는 것으로 자기 책임을 다하는 것이라 할 수 있습니다. 자기의 책임을 다하여 타인을 편안하게 하는 것, 이것이 오늘날 우리들이 마음에 새겨야 할 자세이며 '건강한 개인주의와 성숙한 공동체의 문화'를 가꾸는 방법입니다.

상징적 상호작용론

20세기 초반 사회과학자들은 산업혁명과 시민혁명에 이어 급격히 변화하는 시대 속에 살았기 때문에, 대부분 사회변동의 원리를 규명하는 데 천착했습니다. 이러한 이론적 관심은 세계대전, 민족 갈등, 계급 갈등이 분출된 20세기에 들어서도 지속되었고, 사회질서의 문제를 해명하려는 이론적 관심으로 구조기능주의와 갈등이론이 등장하게 되었습니다.

특히 구조기능주의는 2차 세계대전 이후 약 20년간 학계의 지배적인 관점으로 위상을 떨쳤습니다. 이 관점은 사회현상을 거시적으로 해석합니다. 사회 전체의 안정적인 유지와 존립을 위해 사회 각 부분에서 기능적인 분화와 통합이 어떻게 이뤄지는지에 주목하면서 사회통합 기능을 강조했죠.

구조기능주의가 지배적인 사회이론으로 자리 잡고 있던 1960년대에는 또 다른 사회변동의 사건들이 눈에 띄게 급증했습니다. 시민권운동, 인종차별철폐운동, 여성운동, 학생운동, 반전운동들이 격렬하게 발생했는데, 이러한 사회적 상황이 구조기능주의를 비판하는 급진적인 학문 경향을 만들어냈습니다. 결국 1970년대에 이르러서는 구조기능주의가 거시적인 사회체계에 방점을 두고 있음을 비판하며 미시적인 사회현상에 관심을 기울이는 이론들이 등장했습니다.

블루머와 미드의 상징적 상호작용론, 호만스의 교환 이론, 가핑클과 기어츠의 민속방법론이 대표적인 시도입니다. 이들은 거시적인 체계를 설명하기보다 개인 행위의 의미와 의도에 대한 이해를 중시했습니다. 동시에 개인들이 상호작용을 통해 자아와 지식을 형성하고, 의례와 대화를 교류하면서 사회적인 관념을 공유하고 있다는 것에 관심을 가졌습니다.

구조기능주의가 학급의 수와 그 학급에 존재하는 책상과 의자에 관심을 가졌다면, 상징적 상호작용은 책상과 의자의 구조적 배열이나 시스템의 문제보다 그것을 해석하는 주체에게 더 주목했습니다. 한 개인이 어떻게 상징, 규범, 의례, 언어를 해석하여 규칙을 따르거나 따르지 않는지, 그래서 어떻게 그 구조가 정착되고 변화하는지를 추적한 것이죠.

14

못 믿을 세상에서
더불어 사는 법

국제투명성기구가 발표한 부패인식지수 조사 결과에 따르면
한국은 2014년 기준으로 조사 대상이었던 175개국 중 43위
를 기록했습니다. OECD 국가 내에서는 최하위 수준에 머물
렀죠. 그런데 20년 전, 세계적인 정치경제학자 프란시스 후쿠
야마는 그의 저서 『트러스트』에서 한국사회를 고비용의 '저
신뢰사회'라고 규정했습니다. 높은 도덕적 가치를 공유하지
못하고 공동체의 연대가 낮은 사회를 말하죠. 오래전의 연구
결과이지만, 어쩐지 최근의 부패인식지수의 결과와 일맥상통
하는 부분이 있는 것 같습니다.

함께 읽을 책
『트러스트』, 프란시스 후쿠야마 저, 구승희 옮김, 한국경제신문사, 1996

얼마나
신뢰하는가?

매년 국제투명성기구TI:Transparency International에서는 공공부문에 대한 부패인식지수CPI:Corruption Perceptions Index를 조사하고 있습니다.

2014년 기준으로, 우리나라는 6년 연속 국가 청렴도가 정체되거나 하락했고, 100점 만점에 55점을 받으면서 조사 대상인 175개국 중 43위를 기록했습니다. 처음 조사가 시작된 지 15년 이상이 흘렀지만, 우리나라는 좀처럼 40위권을 벗어나지 못하고 있습니다. 소위 '선진국 클럽'이라 불리는 OECD 회원국을 기준으로는 34개국 중 27위로 하위권에 머물렀습니다. 덴마크, 뉴질랜드, 핀란드, 스웨덴이 1위부터 4위를 차지했고, 아시아에서는 싱가포르가 7위(84점), 일본이 15위(76점), 홍콩이 17위(74점)를 기록하는 등 좋은 평가를 받았습니다.

부패인식지수는 공직사회와 정치권 등 공공부문에 부패가 얼마나 존재하는지에 대한 인식을 측정한 결과입니다. 여기에는 조사대상 국가에 거주하는 전문가를 포함한 전 세계의 기업인과 분석가들의 견해가 반영되죠. 이 말은 실제로 얼마나 부패했는지를 조사한 것이 아니라 얼마나 부패했을 것 같냐고 물은 결과를 취합했다는 겁니다. 다시 말하자면, "얼마나 대한민국의 공직 사회를 신뢰하십니까?"라고 물은 것과 같습니다. 여기에 대해 대부분의 응답자들이 별로 신뢰하지 않는다고 답변한 거죠. 이런 의미에서 부패지수를 신뢰지수라고 표현할 수도 있습니다.

여러분들은 한국사회를, 특히 공공기관을 얼마나 신뢰하십니까? 혹은 우리 주변에 얼마나 부패와 비리가 만연해 있다고 생각하십니까? 위와 같은 조사 결과를 참고해보면 꽤 많은 사람들이 우리 사회를 그렇게 깊이 신뢰하고 있지는 않은 것 같습니다.

『트러스트』, 함께하는 사회의 덕목

일본계 미국인이자 정치경제학 교수인 프란시스 후쿠야마의 저서 중 『트러스트』라는 책이 있습니다. 이 책에서 후쿠야마가 사용하는 '트러스트'라는 용어는 우리가 흔히 의미하는 신뢰라는 말과는 조금 차이가 있습니다.

일반적으로 신뢰는 "나 믿지?"라고 할 때처럼 1 대 1의 관계에서 사용하는 상호적 믿음을 의미하지만, 후쿠야마는 트러스트를 일종의 사회적 덕목social virtue이자 집합적이고 구체화된 문화현상으로 보았습니다. 우리나라를 분석하는 데 많은 분량을 할애했기 때문에, 신뢰를 이야기하는 데 좋은 참고문헌이 될 것 같습니다.

후쿠야마의 책 『트러스트』의 내용을 간략히 소개하도록 하겠습니다.

일반적으로 문화는 경제학뿐만 아니라, 사회과학에서도 중요한 개념이 아니었습니다. 과거에는 문화를 그저 경제적 상황에 종속된 부산물이라고 생각했죠. 즉, 경제구조에 따라 문화구조가 변화한다고 생각했습니다. 그러나 후쿠야마를 비롯한 몇몇 학자들은 어떤 특정한 문화적 태도가 경제 성장과 번영에 영향을 끼친다고 주장했습니다. 문화를 독립변수로 바라본 거죠. 특히 후쿠야마는 문화 중에서도 신뢰의 수준과 형태를 매우 중요한 것으로 간주했습니다.

그는 사회를 그 사회가 가지고 있는 신뢰도에 따라 고신뢰사회와 저신뢰사회로 구분했습니다. 다시 말해 강한 공동체적 연대를 바탕으로 높은 도덕적 가치를 공유하고 있는 사회를 고신뢰사회로, 도덕적 기반이 두텁지 못하고 공동체적 연대가 약한 사회를 저신뢰사회로 보았죠.

고신뢰사회의 사례로는 일본과 독일을 소개하며 그들 경제의 공동체적 속성과 사업상의 신뢰관계를 매우 소상하게 밝히고 칭찬했습니다. 반면, 저신뢰사회의 전형으로 한국과 중국을 꼽으면서 혹독하게 비판했습니다. 특히 한국은 신뢰가 낮아 비용이 많이 들고 효율은 낮은 사회라고 지적하며, '불신 비용'을 줄이는 것이 가장 시급하다고 강조했습니다.

우리 사이에
왜 이래?

그런데 조금 이상하지 않나요? 한국사회는 공동체를 중시하고 집합주의적인 문화를 갖고 있다고 평가됩니다. 우리 스스로도 그렇게 생각하곤 하죠. 그런데 후쿠야마는 '공동체의 연대'를 기준으로 고신뢰와 저신뢰를 구분하면서, 한국사회를 저신뢰사회로 평가했습니다. 왜 그런 걸까요? 이에 대해서는 설명이 더 필요합니다.

우리 사회는 유교의 영향으로 개인보다는 집단, 가족 구성원보다는 가족이라는 집단 그 자체를 더욱 중시하는 문화를 가지고 있습니다. 하지만 집단을 더 중시한다고 해서 공동체적 연대가 더 강한 것은 아닙니다. 여기서 말하는 공동체는 전체 집단을 의미하는 것이지, 몇몇 특수집단만을 의미하는 게 아닙니다. 그래서 후쿠야마는 가족·친족주의적 문화를 가지고 있는 한국과 중국은 보편적인 공동체의 이익을 생각하기보다 나의 가족, 혹은 가족이라 부를 만큼 친밀성이 높은 집단끼리만 이익을 나누려 하기 때문에 전체적인 신뢰는 낮다고 분석합니다.

보편적 언어보다 특수한 언어가 더 발달하고, 공적인 관계보다 사적인 관계를 더 중시하는 사회라고 보았죠. 사람을 선발할 때도 보편적인 기준보다 그 사람과 개인적인 친분이 있는지 없는지가 기준이 되었던 지난날 우리 사회의 모습을 생각하면 후쿠야마의 지적이 전혀 근거 없는 주장이라고 할 수는 없을 것 같습니다. 또한 한 조직 내에 예규나 규율이 명백하게 존재하고 있음에도, "우리 사이에 왜 이래?"라고 하면서 스스럼 없이 보편적 언어인 법규보다 특수한 언어인 사적 관계에 의존하는 모습을 어렵지 않게 볼 수 있었습니다.

후쿠야마는 중국과, 프랑스, 이탈리아, 그리고 우리나라를 '가족주의적' 사회로 규정하고, 이런 사회에서는 가족이 경제조직의 기본단위가 되며, 가족 혹은 유사quasi 가족의 테두리를 넘어 대규모 조직을 건설하는 데 어려움을 겪었다고 분석했습니다.

반면 일본과 독일 사회는 친족관계에 바탕을 두지 않고, 외부 집단이 내부로 들어올 수 있는 장벽이 훨씬 낮았기 때문에 현대의 경영 방식에 쉽게 적응했을 뿐만 아니라, 직업 현장에서도 보다 효과적이고 만족스러운 작업환경을 만들 수 있었다고 주장합니다.

거대한 부패와
작은 부패

영화 〈범죄와의 전쟁: 나쁜 놈들 전성시대〉는 지난 날 한국 사회의 문화를 잘 묘사하고 있습니다. 범죄를 저지르고도 혈연과 지연을 이용해서 쉽게 사면되고, 정상적인 방법보다 편법적인 방법을 통해 부를 축적하는 모습이 생생하게 담겨 있죠. 물론 영화이기 때문에 다소 과장된 측면도 없지 않았지만, 한국사회가 고속으로 성장하는 과정에서 이러한 부패의 문제는 늘 우리 사회를 병들게 하는 악습으로 지목되곤 했습니다.

정치권이나 공직자들이 연루되어 사회적 이슈로 번지는 부패를 거대한 부패grand corruption라고 합니다. 우리 사회에서도 고위 공직자들의 비리 소식은 하루 이틀의 일이 아니었고, 군대 내에서도 각종 군납비리, 청탁 등의 문제가 일어나곤 했습니다.

그런데 부패는 늘 고위 공직자들이나 상류층에서만 일어나는 것일까요? 사실 우리 주변에서도 매우 쉽게 부패의 증거를 찾아볼 수 있습니다. 시험 시간에 커닝을 시도하는 것도 부패 행위의 한 모습입니다. 세금을 덜 내기 위해 각종 편법을 일삼는 것부터 원산지를 속여 파는 것, 공식적인 절차보다 정에 호소하는 것, 상습적으로 고속도로 요금을 미납하는 것까지 일상에서도 작은 부패는 끊임없이 발생하고 있습니다. 이런 부패를 작은 부패petty corruption라고 합니다.

어느 대학생이 학교에서 교환학생을 선발한다기에 지원서를 제출했습니다. 선발 기준에서 가장 중요했던 것은 학과 성적과 영어 성적이었죠. 나름 영어 점수가 높던 이 학생은 자신이 뽑히리라 기대했으나, 결과적으로는 영어 점수가 아예 없는 동료가 발탁되었습니다. 동료들 사이에서는 선발된

학생이 교수와 친분이 두터웠기 때문에 뽑혔다는 뒷말이 돌았고요. 우리에게는 이런 '작은 부패'의 사례들이 익숙합니다. 늘 정에 호소하고 그것을 참작하는 문화가 담겨 있죠. 공식적이고 보편적인 규칙보다, 사적이고 특수한 관계에 따라 좌우되는 우리 마음의 습관은 한국을 저신뢰사회로 정의했던 후쿠야마의 분석에 어느 정도 고개를 끄덕이게 합니다.

못 믿는
이유가
있다

왜 우리 사회는 이러한 부패와 비리의 문제에서 오랜 시간 자유롭지 못했을까요?

첫 번째 이유는 제도system에서 찾을 수 있습니다. 모든 과정을 투명하게 공개하지 않았고, 관계된 사람들만 내용을 알았으며, 절차가 진행되는 동안 조직의 구성원들과 소통하지 않았죠. 과거에는 많은 사람들이 이러한 제도의 틈을 이용해서 이득을 취하기도 했습니다. 하지만 이제는 사회 곳곳에서 투명성의 바람이 불고 있고, 제도의 문제는 어느 정도 안정적으로 정착되고 있는 것으로 보입니다.

두 번째 원인은 앞서 말씀드린 것처럼 공적인 언어보다 사적인 언어를, 보편적인 규칙보다 특수한 관계를 더 선호했던 우리 사회의 가족주의 문화를 지목할 수 있습니다. 전통적으로 아버지는 '권위', 어머니는 '희생', 아이들은 '순종'이라는 덕목이 요구되었습니다. 가족주의 문화를 바탕으로 한 사회에서도 조직 최고 권력자가 아버지 같은 역할을 하고, 구성원들이 희생자, 순종자의 역할을 부여받습니다. 이런 조직은 역시 가족처럼, 공식적인 규칙보다는 사적인 관계를 이용해 감정적으로 문제를 처리하게 됩니다. 가족처럼 어떤 문제가 발생하더라도 용인하고 묵인하려고 하죠. 이러한 조직 환경에서는 부패가 발생하기 쉽습니다.

세 번째 이유는 개인의 존엄과 관련된 것입니다. 우리 사회는 개인의 존엄을 지키는 것이 얼마나 중요한지 학습할 기회가 거의 없었습니다. 급속한 경제 성장을 겪으면서 우리의 문화에는 성장과 결과만을 중시하는 풍토가 조성되었습니다. 그 목적을 달성하기 위해서 다른 모든 수단을 정당화하는 것에 익숙해졌고, 그 과정에서 자신의 내면을 지키기는 어려웠죠.

불신의
대가

그렇다면 이런 저신뢰사회가 겪게 되는 사회적 문제는 무엇일까요?

가장 먼저, 신뢰가 낮아지면 사회적 비용이 높아집니다. 후쿠야마는 그의 책 전반에서 저신뢰에 따른 고비용 문제를 다루고 있습니다. 이는 어쩌면 당연한 문제입니다. 가령, 영어 시험장에서 모두가 부정행위를 하지 않는다고 가정한다면, 우리는 더 이상 감독관이 필요하지 않을 것입니다. 감독관을 고용하지 않아도 된다면, 당연히 영어 시험에 응시하는 비용이 낮아지겠죠. 부정행위를 방지하기 위해 이중, 삼중으로 대책을 마련해야 하고 그만큼 비용도 많이 들게 됩니다.

저신뢰에 따른 고비용 문제는 사회 전반에서 찾아 볼 수 있습니다. 우리 주변에서 쉽게 볼 수 있는 CCTV나, 출입문을 통과할 때 겪어야 하는 까다로운 절차가 왜 생겼을까요? 또 많은 기관에서 감찰 부서를 두고 있기도 하죠. 만일 신뢰가 보장된다면 이러한 기관의 활동은 자연스럽게 축소될 것입니다. 이렇듯 저신뢰사회일수록 신뢰를 확인하기 위해서 여러 가지 장치가 필요합니다. 사회적 비용이 높아지는 것을 피할 길이 없죠.

신뢰가 하락하면 교육 효과가 떨어진다는 문제도 발생합니다. 저는 군대에서 정훈장교로 복무하면서 이런 문제를 피부로 느낄 수 있었습니다. 아무리 좋은 콘텐츠로 교육을 한다고 해도 가르치는 사람과 배우는 사람 간에 신뢰가 없다면, 교육 내용 자체에 대한 신뢰도도 떨어지게 됩니다.

가령, 사회의 정의에 대해 강의하는 교수가 있다고 합시다. 그런데 그가 학생들과 함께 한 술자리에서 술에 취해 육두문자를 쓰며 사회에서 성공하는 편법을 설명하거나, 어떤

여학생을 희롱하는 발언을 했다면 어떨까요? 다음 수업부터
는 그 누구도 이 교수의 말을 듣지 않을 것입니다. 아무리 그
교수의 강의가 명품이라 할지라도 말입니다.

세상이
그대를
속일지라도

신뢰는 사회의 중요한 자산입니다. 사회자본이라 부를 수 있
죠. 우리는 이 신뢰를 과연 어떻게 회복할 수 있을까요?

첫 번째로, 제도의 투명성을 통해 회복할 수 있습니다.
현실적으로 모두가 양심에 따라 살 수 없다면, 그 절차와 과
정을 투명하게 공개해서 부정을 방지해야 합니다. 최근에 누
구나 용량을 확인할 수 있도록 컵 표면에 용량을 표시해놓은
맥주잔을 본 적이 있습니다. 투명성이란 바로 이런 게 아닐까
요? 모두에게 공개되고, 누구에게나 동일한 절차와 과정을
제공하는 것 말입니다. 하지만 이는 앞서 말씀 드린 것처럼
사회적 비용이 높아진다는 단점이 있습니다.

두 번째 해결책은 우리의 가족주의 문화를 성찰하는 것
입니다. 성찰의 다른 말은 '물음'입니다. 스스로에게 끊임없이
물어보는 것이죠. 만일 우리 문화에 대한 성찰을 통해 상호
간에 신뢰를 회복한다면, 사회적 비용이 절감될 수 있을 것
입니다. 하지만 문화가 바뀌는 데에는 오랜 시간이 걸린다는

단점이 있지요. 한두 사람이 결심한다고 해결되는 문제가 아니니까요. 그럼에도 우리는 더욱 열심히, 어떤 행동이 잘못된 것인지, 어떤 관계가 부끄러운 것인지 끊임없이 생각해야 합니다. 지속적인 성찰은 결과적으로 우리 스스로 우리 마음을 감찰할 수 있게 하는 장치가 될 것입니다.

마지막으로 자기 존엄dignity에 대한 교육을 강화해야 합니다. 신뢰는 결국 나 자신의 존엄을 위해서 지키는 것입니다. 다른 무엇보다 우리의 존엄을 지키기 위해 신뢰받을 행동을 해야 한다는 거죠. 사회 정의를 실현하겠다는 거창한 구호를 외치기보다, 오늘 하루 나의 양심을 위해서, 그리고 나의 존엄을 실천하기 위해서 무엇을 해야 하는지 배워야 합니다.

산수에서는 100 마이너스 1이 99가 되지만 신뢰사회에서는 0이 되는 경우가 많습니다. 신뢰를 잃는다면 모든 것을 잃게 되는 거죠. 신뢰받는 행동 하나가 신뢰감을 증폭시키고 그 신뢰감이 새로운 신뢰의 행동을 유발합니다. 반면, 부패의 행동 하나가 그 조직 전체가 부패했다는 인식을 심어주고, 더 큰 부패로 지속되다 결국 사회 전체를 불신의 사회로 치닫게 합니다.

처음부터 완벽한 신뢰, 완벽한 부패는 없습니다. 작은 행동 하나가 우리가 속한 사회를 신뢰사회로 만들 수도 있고 부패사회로 만들 수도 있습니다. 대한민국의 물질문명은 이제 세계적인 수준에 이르렀습니다. 이제는 그에 걸맞은 고품격의 정신문명, 혹은 높은 수준의 소프트웨어가 필요하지 않을까요?

해답은 우리의 의지와 실천에 있을 것입니다.

문화가 중요하다

사회과학이 전통적인 철학과 결별한 후, 사회과학에서 지배적인 관점은 주로 "물질이 의식을 지배한다"였습니다. 마르크스가 주장한 '사회구성체론'도 결국 경제적 요소인 하부구조가 문화적 요소인 상부구조를 결정한다는 주장입니다. 이로 인해 "한 사회의 지배적인 문화는 지배계급의 문화다"라는 주장이 제기되었습니다. 이 뿐만 아니라 정치, 경제, 사회학에 걸친 다양한 학문에서 물리적인 구조, 체계, 제도가 문화를 결정하는 주요한 변수라고 주장했습니다. 문화는 사회 제도나 구조에 부속된 것으로 보았죠.

하지만 1980년대 후반 공산주의 사회가 붕괴되면서 사회변화의 요소 중에서 문화에 대한 관심이 급증했습니다. 대표적으로 새뮤얼 헌팅턴의 『문화가 중요하다』라는 책이 있습니다. 이 책은 어떻게 문화적 의식이, 특히 특정 종교에 따른 '태도'가 경제 혹은 정치 질서에 영향을 주었는지를 밝히고자 했습니다. 이 책의 주제는 "문화적 가치가 인류 발전을 결정한다"라는 책의 부제 그대로를 반영하고 있습니다.

이 책의 서문에서 헌팅턴은 가나와 한국을 비교합니다. 1960년대까지 가나와 한국의 GNP 수준이 비슷했으며, 1차 제품, 2차 제품 서비스의 경제 점유분포도 비슷했습니다. 게다가 양국은 동일하게 국제적인 경제 원조를 받고 있던 상황이었습니다. 그런데 30년 뒤 한국은 세계 15위의 경제 규모를 가진 산업 강국으로 발전했지만, 가나의 GNP는 한국의 약 15분의 1 수준에 머물렀습니다. 여기서 헌팅턴은 문화가 결정적인 요인이었다고 주장합니다. 한국인들에게는 검약, 근면, 기강, 극기정신이라는 가치가 있었고 이를 실천하려는 의지가 있었다는 겁니다. 결국 동일한 경제 구조 속에서도 발전에 결정적인 영향을 끼친 것은 가치의 문제, 즉 문화에 달려 있다고 할 수 있습니다.

문화를 강조한 이들의 입장은 많은 비판을 받기도 했고, 설명에 한계를 드러내기도 했습니다. 하지만 문화를 사회 변동과 발전에 핵심적인 위치로 끌어올렸다는 데에는 이견이 없을 것입니다.

15

편 가르는 사회,
내 자리는 어디?

세상에는 수많은 비교 기준이 있습니다. 나보다 더 좋은 학벌, 직장, 집안 등등이죠. 우리 사회는 종종 이런 비교기준에 따라 사람들을 서열화하고, 더 나아가 기준에 못 미치는 사람들을 배타적으로 대하기도 합니다. 이런 한국 사회의 배타적인 문화는 지속적인 발전을 저해하고 갈등을 조장합니다. 또 극단적으로 이기적인 개인을 양산하죠. 그런 배타적 문화를 답습하다보면 그 집단에 속한 개인은 스스로의 가치를 알지 못하게 됩니다. 어디에도 기댈 곳을 잃은 채 갈팡질팡하게 되죠.

함께 읽을 책
『한국인의 문화적 문법』, 정수복 저, 생각의 나무, 2012

우리만의
문법

코끼리가 당나귀와 곱해져서 저울질이 해녀이다

이 문장이 이해가 되시나요? 이 문장을 이해할 수 있는 사람은 아마 없을 겁니다. 우리가 사용하는 언어에는 그 언어를 쓰는 사람이면 누구나 알고 있는 논리와 구조가 있습니다. 그게 바로 문법이죠. 언어에도 문법이 있듯이 행동에도 문법이 있습니다.

우리는 어떠한 장소에서 누군가와 함께 있을 때 반드시 지킬 것이라고 기대하는 규범의 제약을 받습니다. 이것을 '준거의 틀'이라고도 하고 에티켓이라고도 합니다. 의도적이든 비의도적이든 말이죠. 대부분의 한국 사람들은 처음 만나는 어른을 보면 어떻게 인사해야 하는지, 술잔을 받을 때는 어떻게 해야 하는지, 수업 시간에 어떤 말과 행동을 해서는 안 되는지에 대해 잘 알고 있습니다. 법으로 정해진 것도 아니고, 교과서에 적혀 있는 것도 아닌데 말입니다. 한국인들이 공유하고 있는 한국인만의 문법인 거죠.

이 장에서는 한국식 문법 중 하나인 배타주의에 대해서 이야기를 나눠보겠습니다. 공존을 저해하는 가장 큰 걸림돌이 바로 너와 나를 가르는 적대적인 경계, 배타성입니다.

편 가르기
본능

먼저 배타주의의 정의부터 내리고 시작하지요. 하나의 개념을 밝히기 위한 효율적인 방법은 사전을 찾아보는 것 또는 유사한 개념과 비교해 차이점을 알아보는 것입니다. 여기서는 배타주의와 유사하지만 구별해야 하는 개념을 알아보겠습니다. 바로 집합주의입니다. 집합주의라는 말은 배타주의보다 더 익숙한 용어입니다. 특히 타인을 의식하는 데 많은 노력을 기울이는 한국사회에서는 더욱 두드러지는 현상이죠. 식사 자리에서 회사 대표가 짬뽕을 주문하면 다른 직원들도 모두 짬뽕을 선택하는 풍경이 우리에게는 익숙합니다. 한국 사회는 모두가 '예스'라고 할 때, '노'라고 말하기 어려운 문화를 가지고 있는 것은 분명한 것 같습니다.

집합주의는 에너지가 한쪽 방향으로만 진행합니다. 대다수가 오른쪽으로 가면 나머지도 함께 오른쪽으로 가고, 왼쪽으로 가면 다 같이 왼쪽으로 갑니다. 반면 배타주의는 에너지의 방향이 쌍방향입니다. 외부에 있는 집단에게 '노'라고 선을 긋는 동시에, 내부에 속해 있는 구성원들에게는 '예스'의 신호를 보냅니다. 풀어 설명하자면, 집합주의가 특정 순간에 대다수의 사람이 선택한 결정이나 행동을 마치 모방하듯이 따라가는 것이라면, 배타주의는 자신이 속한 공동체 내부의 응집력을 바탕으로 외부의 세력에게는 적대적인 태도를 취하는 것입니다.

최규석 작가의 만화 「송곳」에는 "사람들은 편 가르는 건 누가 안 가르쳐줘도 엄마 뱃속에서부터 배워 나오는 것 같다"라는 대사가 있습니다. 실제로 우리는 남성과 여성, 정규직과 비정규직, 대졸과 고졸, 그리고 병사와 간부 등 수많은 경계를 만들어 구분하고, 그에 따라 배타적이고 차별적인 시각을 견지합니다. 여러분은 이러한 한국사회의 배타주의에 대해 얼마나 공감하시나요? 혹은 그러한 배타성을 기반으로 한 차별을 경험한 적이 있으신가요?

배타주의는 경계를 지어 경계 밖의 사람들에게 차별을 가하는 것입니다. 이러한 배타주의는 공존을 저해하는 요소이자 화합하지 못하는 사회의 특징이기도 합니다. 파벌, 붕당정치*, 지역이기주의 등이 바로 배타주의가 현실에서 드러내는 모습입니다. 배타주의의 정체가 무엇이며, 그 기원이 어디에서 비롯되었는지 알기 위해서는 앞 장에서 언급한 한국사회의 (유사)가족주의 문화부터 이야기를 시작해야 할 것 같습니다. 꽤나 많은 학자들이 배타주의가 가족주의 문화에서 파생된 도덕적 산물, 혹은 문화적 태도라고 지적했습니다.

> **붕당정치** 조선 시대 관료들이 파벌을 이루어 정권을 다투던 정치 형태. 초기에는 특정한 학문적, 정치적 입장을 공유하는 양반들이 모여 정치 집단을 이루는 모습이었지만, 이후 타 집단에 대한 배척과 음해를 통해 자신들의 세력을 공고히 하는 모습으로 변질되었다.

온 사회가
가족이다

한국사회의 대표적인 문화로 가족주의만큼 자주 언급되고 분석되는 요소도 없었을 것입니다. 적어도 조선 후기부터 일제강점기를 거쳐 압축적 경제성장과 급격한 민주화를 경험한 근대화 이후까지 가족주의는 한국사회의 대표적인 문화로 여겨졌고 비판과 성찰의 표적이 되어왔습니다. 대부분의 학자들은 한국사회의 전근대적인 모습, 즉 가족을 최우선에 두며 가족을 생활무대의 중심으로 삼은 가족중심성의 경향이 근대화 이후에도 그대로 관철되어왔다고 주장합니다.

백과사전에서는 가족주의를 "집단으로서의 가족을 개개의 가족 구성원보다 중시하고, 가족적 인간관계를 가족 이외의 사회관계에까지 의제擬制적으로 확대·적용하려는 주의"라고 설명하고 있습니다. 가족주의에 대해 논하는 대부분의 학자들은 가족주의의 기원을 유교적 전통과 그에 따른 정치·사회체제 그리고 언어형식 등에서 찾습니다. 특히 경제 및 정치체제와 같은 구조적인 요소보다 유교적 전통에 담겨 있는 문화와 언어형식에 그 기원을 두고 있다고 분석합니다.

유교적 전통이 가족주의적 문화를 뿌리내리게 했다는 주장은 대부분 유교의 종법從法적 위계질서에 기초한 제사의 문화로 거슬러 올라갑니다. 혈통으로 연결된 조상에게 예를 갖추는 제사라는 상징적 의례를 통해 가족끼리의 정서적 친밀감을 고조시키고 강한 신뢰감을 형성하죠. 이는 혈족을 중심으로 한 가족 간의 결속과 신분적 차등질서를 보다 효율적으로 구현하기 위한 배타적인 사회·문화적 장치들이 사회 저변에 확산된 결과로 평가됩니다.

결국 유교는 훌륭한 덕목을 가지고 있음에도 그것이 실천되는 과정에서 가족중심적 가치만 큰 덕목으로 내세웠기에, 가족이기주의적 사고방식을 당연한 것으로 받아들이게 했습니다. 가족이 가장 중요하다는 이유로 사회의 일반적 요구나 공익을 무시하고 희생하는 것이 정당화되었죠.

또한 수직적인 관계를 통해 파생된 권위주의와 갈등기피주의, 가족세습 그리고 외집단에 대한 배타적 삶의 태도에까지 강력하게 영향을 끼쳐왔습니다. 다시 말하자면 가족주의와 유사한 '유사가족주의'가 사회적으로 확장됐고, 그러다 보니 유사가족 내부의 사적인 집단을 공적인 것에 앞세우는 연고주의와 정실주의가 아주 깊게 뿌리내린 것입니다.

따라서 우리 가족 혹은 내부의 집단은 나의 집단이고 그 밖의 다른 집단은 '남의 집단'이 됩니다. 고위 공무원이 자신의 자녀를 비롯하여 자신과 관계 있는 사람들의 자녀를 '특채'라는 이름으로 불법 채용한 사건은 어제 오늘의 이야기가 아닙니다. 이러한 사건들은 한국사회에 사적 집단의 네트워크가 강력하게 작동하여 공공적 장치가 제대로 작동하지 못했던 대표적인 사례라고 볼 수 있습니다.

이런 부패가 발생하는 주된 이유는 바로 유사가족관계에서 만들어지는 내집단과 외집단 사이의 관계를 조율하는 공공적 룰이 존재하지 않았기 때문입니다. 유교적 전통에서 지배적인 덕목인 인仁과 효孝에 따른 내집단의 룰, 예컨대 집안 어른에 대한 예와 집안의 구성원들 사이에 지켜지는 윤리가 사회 공동체적 윤리의 모든 것이 되었죠. 이에 대해 오랜 시간 한국사회의 가족주의를 연구해온 송재룡 교수는 '한국사회에서는 진정한 공공성보다 사사화된 공공성을 쉽게 찾아 볼 수 있다'고 분석했습니다.

편 가르기가
나쁜
3가지 이유

배타주의가 과연 그 어감만큼 우리에게 큰 해악을 끼치는 문화인지 잠시 살펴보겠습니다. 배타주의는 왜 나쁠까요? 우선 배타주의가 강한 문화에서는 지속적인 발전을 이루기가 매우 어렵습니다. 대표적인 사례는 멀리 갈 것도 없이 북한에서 찾을 수 있습니다. 내부와 외부를 엄격하게 구분하다 보면 내부의 조직, 문화, 사상, 제도 등이 모두 획일화됩니다. 다른 목소리가 들리지 않는 세계, 이처럼 획일화된 세계를 우리는 전체주의 사회라고 부릅니다.

북한의 모습을 보시죠. 북한은 매우 배타주의적인 나라

입니다. 외부의 국가에게도 배타적이지만, 내부의 배타성은 그보다 훨씬 심각한 수준입니다. 김일성, 김정일, 김정은 3대에 걸쳐 권력을 세습하고 자신들이 만든 체계를 고수하기 위해 외부의 목소리는 전혀 인정하지 않습니다.

전체주의 혹은 독재 국가의 장점이 하나 있다면 효율성이 높다는 것입니다. 모두가 하나의 목표를 위해서 일사불란하게 움직이기 때문에 성과도 금세 도출되고, 꽤나 빠르게 발전하는 것처럼 보이죠. 하지만 앞서 말씀드린 것처럼 지속적인 발전은 불가능합니다. 생태계에서도 개체가 다양하지 않으면 종국엔 그 종 자체가 멸종하게 되는 것과 같은 이치입니다.

또 배타주의는 사회에 갈등을 조장하고 더욱 증폭시킵니다. 내가 사는 지역에 혐오시설이 들어서는 것에 반대하는 님비NIMBY: Not In My Back Yard 현상이나 우호시설을 적극적으로 유치하려고 하는 핌비PIMBY: Please In My Back Yard 현상은 집단이기주의의 가장 대표적인 모습입니다. 집단이기주의는 배타주의의 대표적인 모습이고요.

함께 살아가는 데 문제가 없는 세계는 없습니다. 어떻게 서로 양보하고 해결할지가 중요할 뿐이죠. 그런데 배타주의가 강한 문화에서는 각 집단들이 양보하는 것을 그저 패배라고 생각하며 자신들의 주장만 관철하고자 합니다.

한국사회의 선거에서 표심을 결정하는 제1의 변수가 무엇인지 아시나요? 바로 지역입니다. 성별, 세대, 종교, 교육수준 등 그 어떠한 변수도 지역의 힘에는 미치지 못하죠. 이에 대해 송영배 교수는 개개인의 사심을 극복하고 공공선을 추구하기 위해 높은 도덕의식이 전제되어야 한다고 제언하면서, "공론의 사회적·제도적 보장이 밑받침되지 않는 '온정주의적인' 공동체주의는 언제나 '패거리주의'에 끌려다닐 수밖에 없다"라고 말했습니다. 이는 결국 가족주의의 한 단면인 배타주의에 대한 직접적인 비판일 것입니다.[13]

이밖에도 부서이기주의, 파벌정치 등의 모습은 각종 미디어 매체를 통해 쉽게 접할 수 있죠. 사회가 발전할수록 조직이나 구성원이 분화되는 정도가 더욱 깊어지는 것은 당연합니다. 문제는 분화되는 과정에서 '출신'을 강조하는 등의 차별이 생기는 것입니다. 실제로 과거에는 이러한 문제로 몸살을 앓기도 했습니다. 군대의 경우 사관학교 출신과 비 사관학교 출신 사이에 인사상의 갈등이나 차별이 있었죠. 또 일반직과 계약직, 혹은 전투요원과 비전투요원 등 마치 건널 수 없는 강 너머에 살고 있는 사람들을 대하는 양 여러 신분으로 엄격히 구분하며 차별을 두었습니다.

비록 과거에 비해 조금씩 줄어들고 있지만, 최근에도 출신에 따른 차별은 여전히 여러 조직에서 나타나고 있습니다. 우리 사회가 지속적으로 발전할 수 있었던 이유는 다양한 특

---

13 찰스 테일러, 2001, 『불안한 현대사회』, 송영배 역, 이학사, p.176

기를 가진 사람들이 모여 각자의 자리에서 최선의 노력을 다했기 때문입니다. 그런데 다시 화석처럼 굳어진 특정 집단의 이기주의 현상이 사회 곳곳에서 심각해진다면, 우리 사회의 지속적인 발전은 기대하기 어려울 것입니다.

마지막으로 배타주의는 극단적으로 이기적인 개인을 만들어내기 때문에 나쁩니다. 배타성이 극단으로 치달아 나와 너를 가르는 구분선이 하나둘씩 늘어나면, 결국 외부와 화해하지 못하고 혼자가 된 '원자화된 개인'만 남게 될 뿐입니다. 그리고 개인은 그 사회에서 향유할 수 있는 모든 권한과 권리는 누리면서도, 공동체를 위한 어떠한 의무도 하지 않으려는 괴물이 되겠죠.

끝없는 비교 경쟁,
내 자리는
어디였을까?

배타주의가 발생하는 요인에는 우선 개인적인 요인과 문화적인 요인이 있습니다. 개인적인 요인은 타인과의 비교를 통해 자기를 증명하고자 하는 교만함입니다. 상대방을 인정하지 않으려는, 그렇게 해서 자신을 더 높이려는 태도에서 배타주가 시작되죠.

실제로 사람들은 비교우위를 점할 때 제법 큰 희열을 느낍니다. 사람들의 화법을 가만히 살펴보면, 늘 이렇게 말하고 싶은 욕구를 가지고 있는 것 같습니다. "내가 당신보다 더 똑똑해" "내가 당신보다 더 잘살고 있어" "그러니까 무시 하지 마!" 그래서 그토록 프라이버시를 강조하면서도 자신이 얼마나 잘살고 있는지를 SNS를 통해 거의 실시간으로 알립니다.

돌이켜보면 우린 스스로의 기준을 통해 자신을 증명하는 방법을 배운 적이 거의 없는 것 같습니다. 늘 남의 밥그릇을 훔쳐보았죠. "더 필요한 것은 없나" 하는 마음이 아니라, "나보다 얼마나 더 많이 가졌나, 내가 더 많이 가져야 하는데" 하는 마음으로 말입니다.

문화적인 요인은 생존의 문제와 관련이 있습니다. 지난날 한국사회가 빠르게 성장하는 과정에서 개인적으로보다 집단적으로 움직이는 것이 훨씬 더 빨리 많은 것을 획득하는 데 유리했습니다. 우리는 언어에서부터도 개인보다 집단을 늘 먼저 생각해왔습니다. 나의 집, 나의 아버지가 아닌 우리 집, 우리 아버지라고 표현하죠. 또 조금 더 나이가 들면, 어느 지역 출신에 어느 대학 출신, 그리고 어느 회사 조직에 몸을 담고 있는지가 한 사람을 증명하는 데 매우 중요한 기준이 됩니다.

어느새 우리는 자신을 감싸고 있는 집단에 스스로 녹아들어 그곳에서 안정감을 갖는 것을 가장 우선적인 가치로 생각하게 되었습니다. 개인의 동력을 늘 집단에서 찾았던 거죠. 물론 최근에는 조직의 가치보다 개인의 가치를 더 중시하는 세대들이 등장했는데, 이마저도 앞서 언급한 것처럼 극단적인 이기주의의 형태를 띠고 있을 뿐 배타주의의 속성은 전혀 버리지 못하고 있습니다.

배타주의 문화는 어떻게 우리의 삶 깊숙이 자리 잡을 수 있었을까요? 앞서 가족주의 문화를 설명하면서 말씀드린 것처럼, 우리를 중시하는 우리주의weism와 남과 비교해 항상 우위에 서고 싶어하는 '비교우위' 문화적 관습을 학습한 결과일 것입니다. '엄친아'라는 용어를 다들 들어보셨을 겁니다. 이런 말이 만들어진 이유는 한국사회가 타인과 비교하는 정도가 매우 높은 사회이기 때문일 겁니다. 우리는 늘 타인과의 비교 속에서 우리를 발견하고 있죠. 개인 자체를 보는 것이 아니라 항상 구조 속에 녹아 있는 개인을 봅니다.

나는 우리 집의 대표 선수로 꼭 좋은 대학을 가야 하는데, 항상 엄마 친구 아들이 더 좋은 대학을 갑니다. 우리 집이 지는 거죠. 이 아이는 자신의 고유한 속성이 아닌 가족의 대표로, 가족의 명예를 위해 살았던 것입니다. 우리 문화에서는 개인보다는 우리를 더 중시하고, 비교를 통해 사회적 관계를 쉽게 서열화합니다. 서열화가 심화되니 권위적인 문화도 두드러지게 나타나죠. 이러한 문화에서는 만만하게 대해도 될 상대가 항상 정해져 있습니다. 강자의 표식이 전혀 없는, 나이가 어리거나 계급이 낮은 사람들이죠. 강자에게 약하고 약자에게 강한 문화를 우리는 계속해서 스스로 재생산해왔습니다.

건강하게
혼자되기

그렇다면 우리는 이러한 부정적인 문화적 관습을 어떻게 극복할 수 있을까요? 다소 역설적으로 보일지 모르지만 가족주의와 배타주의를 극복하고 다른 사회 구성원들과 공존하는 첫 번째 길은 건강한 개인주의의 형성에 달려 있습니다.

건강한 개인주의라는 말이 다소 모호하게 들릴 수도 있습니다. 듣기에 따라서는 서구의 개인주의를 무조건적으로 찬사하는 것처럼 들릴지도 모르겠습니다. 여기서 말하는 건강한 개인주의는 스스로의 내면을 돌볼 줄 알고, 어떤 소속과 기원으로도 환원되지 않는 개인주의입니다. 즉, 자신이 속한 집단이나 배경에 의존하는 것이 아니라 스스로를 정의하고 자신의 근거에 따라 행동하며 책임지는 것을 의미합니다. 아울러 스스로를 존중하는 것처럼 타인을 인정하고 존중하며, 고유한 개인 그 자체로 대하는 개인주의입니다. 자신과 타인을 개인 그 자체로 대할 때 우리의 공동체는 공적인 언어와 보편적인 관계 내에서 뿌리내릴 수 있는 것입니다.

앞선 챕터에서 저는 공동체를 편대를 이루어 항해하는 선단에 비유했습니다. 건강한 공동체를 유지하기 위해서는 먼저 자신의 배를 돌볼 줄 아는 능력이 필요합니다. 자신이 타고 있는 배의 상태를 누구보다 잘 알고, 어떤 조건이 항해하기에 최적의 상태인지 자각해야 합니다. 그러기 위해서는 무엇보다 스스로 존엄을 지키려는 노력이 필요합니다. 어떤 의미에서는 도덕 없이도 살 수 있는 사람이 되어야 합니다.

이는 이미 철학자 니체가 『차라투스트라는 이렇게 말했다』에서 '초인'*이라는 개념으로 언급 한 바 있습니다. 니체가 말한 초인은 자신을 둘러싸고 있는 전통, 규율, 역사를 초월한, 즉 구조를 꿰뚫는 자만이 도달할 수 있는 인간상입니다. 실제로 어떻게 이러한 인간이 될 수 있는지는 논쟁의 여지가 있습니다. 분명한 것은 스스로를 자각할 수 있는 사람만이 "나는 무엇으로 인해 행복한가?"라는 질문에 스스로 답할 수 있다는 것입니다. 그런 사람이 공동체 내에서도 폭력을 휘두르는 자가 아니라, 평화를 줄 수 있는 강인한 초인이 되겠죠.

조직 내에서 횡포를 부리는 사람들을 보십시오. 그들에게서 초인의 모습은 전혀 찾아볼 수 없습니다. 무엇보다 그들은 자기 자신을 잘 모릅니다. 자신이 분노하고 좌절하는 원인을 알지 못하고 그저 육체가 반응하는 대로 에너지를 발산할

> **니체의 초인** 니체가 내세운 초인은 플라톤이 이야기하는 이데아의 세계가 아닌 실존의 세계를 바라보는 존재다. 그렇다고 과학과 합리성이 말하는 것처럼 인생의 모든 것을 계산적으로 살아가는 존재도 아니다. 여기서 초인은 세계를 변화시킬 새로운 유형의 인간으로 인간 세상에 존재하는 수많은 이상과 전통적 믿음을 초월하여 공포나 편견에서 완전히 해방된 존재이다.

뿐입니다. 쉽게 낙담하고, 쉽게 화를 내며, 결과적으로 자신의 내면을 통제하지 못하는 사람입니다. 심지어는 자신이 그런 사람이라는 것을 인정하지 않고 오히려 다른 사람의 행동을 비난합니다. 우리가 우리의 악·폐습을 뛰어넘기 위해서는 그 악·폐습을 정면으로 마주하고 그 정체를 정확히 직면해야 합니다.

배타주의라는 주제와 매우 밀접한 『한국인의 문화적 문법』의 저자 정수복 박사는 그의 책에서 이렇게 말합니다.

나는 한국인의 오래된 문화적 문법을 해체하고 재구성하기 위한 뇌관이 '개인주의'에 있다고 생각한다. 어떠한 소속과 기원으로도 환원되지 않는 독자성과 존엄성을 지니는 개인을 있는 그대로 인정하는 개인존중사상이 없는 한 나이와 성별, 출신가문과 출신지역, 출신학교와 계급을 기준으로 하는 서열의식과 권위주의는 사라지지 않을 것이며, 개성을 말살하고 개인차를 묵살하는 획일주의도 없어지지 않을 것이다. 개인이 존중되지 않는 한 한국사회에서의 공동체의 논리 앞에 개인을 줄 세우는 오래된 문법은 계속 통용될 것이다.[14]

한 학자의 개인적인 생각일지 모르지만, 그의 제언은 분명

---

14   정수복, 2007, 『한국인의 문화적 문법』, 생각의 나무, p8.

집단의 문화에 용해되어 개인을 그 자체로 소중히 대하지 못하는 우리의 문화에 대한 일갈입니다.

나와 타인과
인류를 위하여

두 번째 방법은 타인과 화해하는 것입니다. 자신 내면의 집을 짓고 스스로를 존중할 때, 비로소 타인을 존중할 수 있게 됩니다. 타인을 존중하지 않는 사람들을 가만히 관찰해보십시오. 그 사람들은 사실 자신 스스로를 별로 사랑하거나 신뢰하지 않습니다. 그저 자신을 둘러싸고 있는 구조, 즉 학력이나 지위같은 자신의 배경에 매몰되어 행동할 뿐입니다.

이런 부류의 사람들은 개인을 있는 그대로 존중하지 못합니다. 그저 강자에겐 약하고, 약자에겐 강할 뿐입니다. '상처받은 사람들이 진짜 상처를 줄줄 안다'는 말이 있습니다. 반면 개인을 있는 그대로 바라보고 대접하는 사람들은 모두에게 동일한 태도를 보이게 됩니다. 그 사람이 어디에 속한 사람이기 때문이 아니라, 나와 같은 개인이기 때문에 존중하는 것입니다. 바로 이때 우리는 특수주의적 관계에 뿌리 박혀 있는 가족주의와 배타주의를 넘어, 보다 일반적이고 보편적인 관계를 맺게 되는 것입니다.

마지막으로 공동체의 준거 틀을 세우고, 기존에 가지고 있던 공동체의 영역을 더욱 확장시켜 나가야 합니다. 공동체의 준거 틀을 세운다는 것은 사사화私事化된 공공성이 아닌 보편적인 공공성을 확립한다는 것을 의미합니다. 그리고 이 공공성의 영역을 더 확장시켜야 합니다.

어쩌면 우리는 그동안 너무 작은 울타리 안에서 작은 그림만 바라보고 살았는지 모르겠습니다. 이제는 우리를 둘러싼 수많은 경계를 허물고 공존하는 방법을 찾아야 합니다. 우리의 소속과 기원을 가로막고 있는 장벽을 하나씩 걷어내다 보면 대한민국을 넘어 어느새 세계와 마주하게 됩니다. 이러한 장벽 너머에는 바로 '인류애', 즉 휴머니티Humanity가 있습니다. 지금 우리에게 가장 필요한 것은 바로 이것입니다.

자유주의의 시발점이었던 프랑스 혁명에서 가장 중요하게 내세웠던 3가지 가치가 있습니다. 바로 자유, 평등, 박애의 정신입니다. 현재 대한민국은 전 세계가 인정하는 자유주의 국가입니다. 그리고 복지국가로의 진입을 통해 사회적 평등뿐만 아니라 경제 민주화에도 많은 노력을 기울이고 있습니다. 우리가 더 좋은 국가로 발돋움하기 위해서는 이제 박애의 정신, 즉 인류애가 필요할 것입니다.

누구를 위하여
종은 울리나

영국의 시인 존 던은 자신의 시 「누구를 위하여 종은 울리나」에서 이렇게 노래했습니다.

누구든 그 자체로서 온전한 섬은 아니다. 모든 인간은 대륙의 한 조각이며 대양의 일부이다. 만일 흙덩이가 바닷물에 씻겨 내려가면 유럽의 땅은 그만큼 작아지며, 만일 모래톱이 그리 돼도 마찬가지, 만일 그대의 친구들이나 그대의 땅이 그리 돼도 마찬가지이다. 어느 사람의 죽음도 나를 감소시킨다. 왜냐하면 나는 인류 속에 포함돼 있기 때문이다. 그러니 누구를 위하려 종이 울리는지 알고자 사람을 보내지 말라! 종은 그대를 위하여 울린다!

과거 영국에서는 사람이 죽으면 종을 울리는 문화가 있었습니다. 이때 존 던은 공동체에 속한 누군가의 죽음을 타인이 아닌, 자신의 죽음으로 받아들이라고 주문함으로써 공동체의 중요성을 강조하고 있습니다. 그는 그 누구도 자신이 속한 조직에서 떠나 살 수 없고, 그것은 운명의 공동체라고 주장합니다. 따라서 나를 다듬는 것이 곧 우리 공동체를 다듬는 것이라고 말합니다.

전라남도 장흥군 삼선리에는 천연기념물 제481호로 지정된 후박나무가 있습니다. 약 400여 년 전, 이곳에 처음 정착한 사람들이 마을을 세우면서 함께 심은 나무죠. 높이가 11미터에 이르고 사방으로 무려 23미터씩이나 가지를 펼친 크고 아름다운 나무입니다. 마을을 대표하는 상징으로서 지금도 그 위용을 뽐내고 있습니다. 주민들의 편안한 쉼터로도 오랫동안 사랑받고 있죠.

그런데 가까이 다가가서 이 나무를 들여다보면 전혀 예상치 못한 신기한 모습에 깜짝 놀라게 됩니다. 얼핏 잘 다듬어 키운 한 그루처럼 보이는 이 나무는 사실은 바짝 붙어서 나란히 자란 세 그루가 합쳐져서 만들어졌습니다.

가운데에 자리한 나무는 옆으로 가지를 펼칠 공간이 부족했기 때문에 위로만 뻗어 올라 나날이 키가 커졌습니다. 반면 양끝에 있는 다른 두 그루의 나무는 바깥쪽으로 가지를 펼쳐 나가면서 나무를 더욱 풍성하게 만들었습니다. 만약 너나 할 것 없이 가지를 이리저리 뻗쳐 나가기만 했다면 나무의 겉모습은 볼품없었을지도 모릅니다. 하지만 서로 조화롭게 자라난 덕분에, 세 그루의 나무는 마치 솜씨 좋은 조경사의 손길을 거친 하나의 나무처럼 아름다운 반원 모양을 이루고 있습니다.

생태계의 모든 생물들이 생존을 위해 치열하게 경쟁하듯이, 나무들 역시 자기 영역을 확보하기 위해 보이지 않는 투쟁을 벌인다고 합니다. 무성한 숲에 사는 나무들이 홀로 서 있는 나무에 비해 수명이 짧은 이유도 서로 빽빽하게 얽혀서 가지가 부딪히거나 뿌리가 엉켜버리기 때문이죠.

하지만 조밀하게 붙어 있어서 자칫 서로를 해칠 수도 있었던 세 그루의 후박나무에서는 그런 모습을 전혀 찾아볼 수 없습니다. 적당한 양보와 타협을 통해 서로의 삶을 존중하고 배려하며 다른 나무와 함께 어우러져 사는 지혜를 발휘했죠. 그로 인해 홀로 있을 때보다 더 크고 풍성한 아름다움을 만들어내고 있습니다. 세 그루의 후박나무가 보여주는 이러한 '공존의 지혜'야말로 400년이 넘도록 사람들에게 귀하게 여겨지고 정성스런 보살핌을 받는 이유가 아니었을까요?

양보와 배려의 마음에서 우러나는 공존의 미덕을 실천하는 사람들이 많아질수록, 우리의 공동체는 마치 이 세 그루의 후박나무처럼 더욱 풍요롭고 아름다워질 것입니다. 다른 이를 존중하지 않는 이기적인 태도에서 잠시 눈을 돌려 주변 사람들과 함께 주위의 환경과 더불어 성장해 나간다면, 우리의 삶 속에서 행복과 즐거움은 보다 배가될 테니까요.

니체의 초인

"신은 죽었다."

독일의 철학자 니체가 말했습니다. 여기서 신의 죽음은 무엇을 의미할까요?

신이 절대적인 권위를 행사했던 시대에는 모든 인간이 기독교가 추구하는 인간의 모습만을 추구했습니다. 그러나 이성과 과학의 역할로 더 이상 세계는 신의 지배하에 '순종'하지 않게 되었죠. 신은 죽었다는 그의 표현은 일차적으로 인간은 더 이상 신이 요구하는 가면을 쓸 필요가 없어졌다는 의미입니다.

하지만 니체가 말한 신은 기독교의 신에만 국한되지 않습니다. 니체에게 신은 초월적 권위를 상징하는 개념입니다. 그래서 니체는 사회 관습, 자본의 힘 등 인간에게 강요하는 인위적인 권위를 벗어던지라고 주장합니다. 이것이 이차적인 의미입니다.

자본주의 세계가 주는 일체의 조건에 만족하며 사회적 관습에 순응하는 인간을 니체는 '최후의 인간'으로 묘사합니다. 이 최후의 인간은 니체가 가장 혐오하는 존재입니다. 그 세속적인 싸구려 만족도 인간에게 쓰인 새로운 굴레이고, 기만적인 가면이니까요. 그래서 니체는 세속적인 사람들에게서 자신의 초인적인 이상을 일깨우고 그들이 누리는 현재의 행복은 초라한 만족에 지나지 않는다는 사실을 자각시키겠다는 사명을 가졌습니다. 그것이 바로 니체가 주장하는 초인의 이상입니다.

과연 니체의 주장처럼 우리는 세계의 관습과 공동체의 주문에서 벗어나 완전히 홀로선 초연한 초인의 모습을 갖출 수 있을까요? 그가 이야기한 본래의 모습은 가능하기라도 한 것일까요? 이것이 니체가 말한 초인의 한계이기도 합니다. 이념으로는 설명할 수 있지만, 소외받지 않으려는 인간의 욕망과 본능이 끊임없이 우리에게 새로운 가면을 요구할 테니까요.

하지만 암묵적인 관습과 부조리한 전통에서 벗어나 용기를 가지고, 나를 둘러싼 욕망과 늘 마주해야 한다는 니체의 메시지는 현대를 살아가는 우리에게도 여전히 유효할 것입니다.

잠깐,
멈춰서,
생각